数林外传系列
跟大学名师学中学数学

统计学漫话
第 2 版

◎ 陈希孺　苏　淳　编著

中国科学技术大学出版社

内 容 简 介

本书以漫谈的方式，用大量通俗的例子引入和说明了统计学的基本概念、基本思想和基本方法，使读者对统计学的全貌有所了解，并且学会用统计观点去看待现实世界中的许多事物。

本书内容深入浅出、通俗易懂，可供具有中等文化程度的读者、从事实际工作的统计工作者阅读，也可供大专院校统计专业的师生参考。

图书在版编目(CIP)数据

统计学漫话/陈希孺，苏淳编著. —2版. —合肥：中国科学技术大学出版社，2016.1(2020.4重印)

(数林外传系列：跟大学名师学中学数学)

ISBN 978-7-312-03751-1

Ⅰ.统⋯ Ⅱ.①陈⋯②苏⋯ Ⅲ.统计学—青少年读物 Ⅳ.C8-49

中国版本图书馆 CIP 数据核字(2015)第 302661 号

出版	中国科学技术大学出版社 安徽省合肥市金寨路 96 号，230026 http://press.ustc.edu.cn https://zgkxjsdxcbs.tmall.com
印刷	安徽省瑞隆印务有限公司
发行	中国科学技术大学出版社
经销	全国新华书店
开本	880 mm×1230 mm 1/32
印张	8.5
字数	235 千
版次	1981 年 1 月第 1 版 2016 年 1 月第 2 版
印次	2020 年 4 月第 3 次印刷
定价	28.00 元

前　　言

本书试图以漫谈的方式,用通俗的语言,向具有中等文化程度的读者介绍统计学的基本思想和方法.统计学在许多领域中都有广泛的应用,其重要性无需在此处强调.作者想表达一个想法:从一定程度上看,统计学的初步知识已构成一个人文化修养中必要的部分.这是因为,在现实世界中有许多事物只有用正确的统计观点去看待,才能得到恰当的理解,即使在日常生活中碰到的一些事情也不例外.

目前,由国内专家编写的统计学著作已出版不少,但对具有中等文化程度的读者来说,它们大都过于专深,需要用到高等数学和概率论的知识.另一个问题是,统计学不同于纯粹数学,不能单纯从公式的数学论证中去正确理解它,而必须对其基本概念和问题提法的实际背景、方法的思想、结果的解释、使用统计方法应注意的种种问题等,作深入的思考才行.正因为如此,我们在本书的编写过程中,对以上提到的诸方面问题都作了详细论述.

本书的编写方式是,在介绍每一个主题时,先从大家都理解的一些事物入手,经过分析,提出一些想法和问题,由此逐步展开,从而引入明确的概念、方法和理论.在每一步中,我们都尽量用一些通俗的比喻,以便把一些艰深的概念形象地表达出来,但又不失科学的严谨性.这是作者定下的目标,但达到了多少,只能由广大读者来评判.

为适应具有中等文化程度的广大读者的需要,本书力图避免高深的数学知识.当然,讲统计学不能只空谈思想而不涉及具体方法.相反,只有通过介绍具体方法,才能把观点和思想讲清楚.因此,书中介绍了一些重要的统计方法,详细交代了方法的步骤及使用时要注意的地方.读本书自然不能像读一本通俗小说那么轻松,所以要求读者必须深入地思考.本书虽然力图避免枯燥,但由于作者写作能力有限,未免力不从心,不到之处望读者谅解.

除上述读者外,我们还希望本书对学习统计学的大学生,以及具有一定统计知识和实践经验的应用工作者能多少有点用.在统计学的教学中,由于学时限制等原因,重点都放在介绍方法内容及其数学论证上,而对上面提到的若干问题则注意较少,本书希望能起一点拾遗补阙的作用.

我们还希望本书能对作者的广大同行——统计学教师有一点用处.也许作者的同行们都有这样的体会,这门课不好教,讲起来总觉得不容易使学生信服,而其难点又不在数学论证上.本书有些内容,包含了作者在教学实践中关于这些难点的若干思考和看法,虽不一定确切,但也许能引起广大同行注意这些问题.书中的叙述肯定会有不当之处,恳请广大读者不吝赐教.

在编写本书的过程中,项可风同志对第 3 章的写作提供了不少帮助.吴启光同志审阅了原稿,良多补益.在写作的最后阶段,陆传荣、林正炎同志安排了良好的条件,使作者得以如期完成.搁笔之际,感触颇多,除致以衷心的感谢外,特书于此,以志不忘.

作 者

目　次

前言 …………………………………………………………（Ⅰ）

第1章　什么是统计学 ……………………………………（1）
 1.1　统计方法和统计学 …………………………………（1）
 1.2　通过事物的外在数量表现考察事物的规律性 ………（3）
 1.3　由部分推断整体、总体和样本 ……………………（5）
 1.4　统计性推断的错误和误差 …………………………（9）
 1.5　学一点统计学 ………………………………………（11）

第2章　获取数据（Ⅰ）——抽样调查 …………………（14）
 2.1　抽样调查的意义 ……………………………………（14）
 2.2　要注意的问题 ………………………………………（16）
 2.3　简单随机抽样、随机数表 …………………………（18）
 2.4　集团抽样 ……………………………………………（22）
 2.5　分层抽样 ……………………………………………（25）
 2.6　随机化的重要性再议 ………………………………（27）

第3章　获取数据（Ⅱ）——试验设计 …………………（31）
 3.1　引言 …………………………………………………（31）
 3.2　完全随机化设计 ……………………………………（32）
 3.3　随机区组设计 ………………………………………（37）
 3.4　平衡不完全随机区组设计 …………………………（41）
 3.5　拉丁方设计 …………………………………………（45）
 3.6　多因子试验 …………………………………………（50）

3.7 拉丁方用于多因子试验 ……………………………（53）
3.8 正交拉丁方 ………………………………………（55）
3.9 正交表 ……………………………………………（59）

第4章 平均值与比率的精度 ……………………………（68）
4.1 平均值的代表性问题 ……………………………（68）
4.2 总体方差 …………………………………………（70）
4.3 样本均值的方差 …………………………………（73）
4.4 方差的估计,样本方差 …………………………（80）
4.5 均值之差的估计 …………………………………（83）
附录 式(4.8)和式(4.11)的证明 …………………（85）

第5章 分布与区间估计 …………………………………（89）
5.1 方差的局限性 ……………………………………（89）
5.2 分布的概念 ………………………………………（91）
5.3 分布的列表形式 …………………………………（93）
5.4 直方图与密度函数 ………………………………（95）
5.5 标准正态分布 ……………………………………（100）
5.6 正态分布均值的区间估计(方差已知) ………（105）
5.7 t 区间估计 ………………………………………（111）
5.8 大样本情况 ………………………………………（116）

第6章 概率初步知识 ……………………………………（120）
6.1 什么是概率 ………………………………………（120）
6.2 事件 ………………………………………………（121）
6.3 古典概率 …………………………………………（122）
6.4 频率与统计定义 …………………………………（129）
6.5 主观概率 …………………………………………（134）
6.6 随机变量 …………………………………………（135）

6.7 概率分布 .... (138)
6.8 均值和方差 .... (144)
6.9 均值的大数定律 .... (148)

第7章 假设检验 .... (150)
7.1 原假设和对立假设 .... (150)
7.2 拟合优度 .... (154)
7.3 检验的水平 .... (156)
7.4 两类错误 .... (162)
7.5 卡·皮尔逊的 χ^2 检验 .... (165)
7.6 无关联性的检验 .... (174)
7.7 u 检验 .... (178)
7.8 一样本 t 检验 .... (184)
7.9 与区间估计的关系 .... (187)
7.10 两样本 t 检验 .... (188)
7.11 非参数统计方法 .... (190)

第8章 相关与回归 .... (193)
8.1 事物的联系 .... (193)
8.2 相关系数 .... (195)
8.3 相关系数的估计和检验 .... (199)
8.4 偏相关和其他 .... (201)
8.5 "平均相关"的谬误 .... (203)
8.6 回归与回归方程 .... (205)
8.7 回归方程的估计（最小二乘法）........................ (208)
8.8 残差、残差平方和与偏相关 .... (211)
8.9 回归用于估计条件平均值 .... (214)
8.10 回归名称的由来 .... (217)
8.11 几点注意事项 .... (219)

附录 式(8.16)和式(8.26)的证明 ·············· (222)

第 9 章 方差分析法 ···························· (226)
9.1 基本思想 ······························· (226)
9.2 完全随机化设计 ························ (229)
9.3 随机区组设计 ·························· (232)
9.4 对比试验 ······························· (237)
9.5 拉丁方设计 ···························· (240)
9.6 正交表设计 ···························· (244)
9.7 F 检验 ································ (247)
9.8 估计问题和最优处理的选定 ············ (250)
9.9 交互效应 ······························· (252)

附表 ··· (256)

第 1 章 什么是统计学

1.1 统计方法和统计学

统计这个字眼大概对于一般人都不陌生,因为恐怕谁都听到过这类说法:明天组织去游山,需要把去的人统计一下;工厂年终发奖金,要统计一下发 1 000 元以上的有几人,500~1 000 元的有几人,等等.可见"统计"成了一个常用词.总而言之,不少单位设有统计员,国家设有各级统计机构,以收集关于经济、人口和社会等方面的资料——称为**统计数据**.对这些数据要进行整理和分析的工作,以作出种种结论和预测,所用的方法就是**统计方法**.研究这种方法的学问,就叫作**统计学**.统计学在我国也常称为**数理统计学**.其实,后者应是前者的数学理论基础部分,又称**理论统计学**.它是关于统计方法如何建立及其正确性和有效性的数学论证.概括地说,统计方法是有关收集和取得数据资料,并对之进行整理、分析,以对所研究的问题作出一定结论的那些方法,这样说基本上是正确的,但必须附加大量的补充解释,需要指出统计方法的特点何在,正是这些特点划清了统计方法和其他方法的界线.

如果使用高深的数学概念,可以用很少几行字把这个问题说清楚,但这对本书的读者未必有益.在本书的整个叙述中,我们将力求回避抽象的数学概念,而尽量用实例、大家都熟悉的事物和形象化的比喻来说明问题,因而在语言上难免失之累赘,这是要请读者见谅的.现在先列举几个例子.

例 1.1 一个生产灯泡的工厂,以往一直采用某种工艺.现在厂里的技术人员对此提出一些改进措施,以期能改善产品质量.为了验证这个想法,取在新、老工艺下生产的灯泡各若干个去使用,记下每个参加试验的灯泡的寿命(即从开始使用到损坏所经历的时间).所得数据可以这样处理:算出使用老工艺生产的灯泡的平均寿命,例如为 420 小时;对使用新工艺生产的灯泡也这样做,结果为 440 小时.于是作出结论:新工艺的确有助于改善质量,使用时间约可增加 20 小时.

例 1.2 要调查某县的个体农户在某年每户使用化肥的平均数量.全面的普查将涉及数以十万计的农户,这是人力、物力和时间所不允许的.于是从该县的农户中抽选出若干户,比如 400 户,调查出这些户共用化肥 32 000 千克,户均 80 千克,以这个数字作为全县户均化肥用量的估计值.

例 1.3 一物件的质量 a 未知,放到天平上去称.由于天平有些误差,而对结果又有很高的精度要求,于是觉得称一次不够,就把它重复称三次,分别得出结果 2.45,2.46 和 2.41(克),以其平均数 2.44(克)作为 a 的估计.

例 1.4 为探索吸烟与患肺癌二者之间是否有关联,调查一大批人,按是否吸烟和是否患肺癌分成四类:不吸烟也不患肺癌的、吸烟且患肺癌的、不吸烟而患肺癌的、吸烟而不患肺癌的.根据这些数据,用一定的(统计)方法,作出像"吸烟与患肺癌二者有显著关联"之类的结论(该方法的性质复杂些,待到第 7 章再作解释).一个易于理解的处理方法如下:算出在抽选出的这批人中,不吸烟者患肺癌和吸烟者患肺癌的比率,比方说分别为十万分之三与十万分之十二,于是作出结论说,吸烟者患肺癌的危险性是不吸烟者患肺癌的 4 倍.这类报道及其他性质类似的医学报道,常见于各种报刊.

以上是几个用统计方法研究问题的范例,其中都有获取、整理和分析数据的工作.由此可以总结出统计方法的哪些特点呢?这就是我们在以下几节中要讨论的问题.应当交代清楚的是,由于我们力图少用抽象的数学论证,以下几节的说明还是不全面的,有的问题将在本书以后的叙述中再行补充.

1.2 通过事物的外在数量表现考察事物的规律性

统计方法只是从事物外在的数量表现上去研究问题,不涉及事物的质的规定性.通俗些说,统计方法可能告诉你,从试验或观察结果来看如何如何,而不能回答为什么会如何如何.如在例 1.1 中,试验结果有可能显示新工艺有助于改善质量,但其原因何在?也可能一目了然,也可能涉及专门学科领域中深奥的道理.在例 1.4 中,虽然许多统计资料都表明吸烟与患肺癌之间有关联,就是说吸烟的人看来更倾向于易得肺癌,但这种结论目前看来仍只能算是一种统计规律性——由表面上的数量关系而归纳出来的规律性.因为不仅吸烟何以引发肺癌的机制在目前尚未确切研究清楚,甚至这二者之间表面上的联系是否真正反映一种因果关系,在学者中也有分歧.有的学者认为,这二者表面上的关联,可能不过是由于它们受同一遗传基因的控制,其作用使那些易于染上吸烟嗜好的人同时也倾向于易患肺癌.若这种看法被证明为确实的,则戒烟既不会减少也不会增加患肺癌的危险性.更多的学者则认为,二者的联系是因果性的,尽管其机制目前没有被充分弄明白.

这点值得作为统计方法的一个特点(或称"性质"也可以)提出来,是因为它划清了统计学和其他专门学科的界线,如在遗传学、医学……中用了不少统计方法,但统计学绝不能代替这些专门学科,而只是有助于它们,可以说只是一个辅助性的工具而已.了解这一点,就不致对统计方法和统计学者提出过高的期望,以为他们掌握的方法是万能的,可以在许多专门领域中单枪匹马地解决种种实际问题.一个从事于实际应用问题的统计工作者,其知识面愈广,就愈易与种种专门学科领域的人员取得共同语言,因而也就愈能对他们的工作提供一些帮助.

我们说统计方法只是一个辅助性的工具,仅是就以下一点而言:

单纯的表面上的数量关系是否反映事物的本质,该本质究竟如何,必须依靠专门学科的研究才能下定论.这个提法不能理解为,统计方法的作用完全是被动性的,恰恰相反,事物的本质,其根本规律性的东西,一般都是隐藏得很深,它不时地在一些场合下有所表现.学者们注意和收集了这些资料,初看起来杂乱无章,而他如果具有一些统计的眼光,就有可能透过这些纷繁的数据而发现某种规律性的东西.这诚然还是表面上的,但可以作为专门研究的出发点,好比在一个刑事案件中,罪犯往往隐藏得很深,但他总会多少留下一些痕迹,受过训练而有经验的侦察人员,能据此对案犯作案的动机和过程提出一些设想,以作为破案工作的起点.所以我们说,统计方法在研究自然界和人类社会的规律性方面,是起着积极的、主动的作用.科学史上有大量这样的例子.下面我们以遗传学上的一项伟大发现为例,在这问题上再多说几句.

奥地利生物学家孟德尔在 1865 年发表了一篇文章,其中事实上提出了基因的学说("基因"一词是英国学者贝特松在 1909 年提出的),从而奠定了现代遗传学的基础.他这项伟大发现的过程很足以说明统计方法在科学研究中所起的作用.孟德尔是用豌豆做试验的,这种豌豆的果实有黄、绿两种颜色.孟德尔分别培养了一个黄色的纯系和一个绿色的纯系,其每一代所结的豆子分别全部是黄色的和绿色的,孟德尔然后将这两个纯系进行杂交,发现这种黄-绿杂交品种所结的豆子全部都是黄色的,与黄色纯系无不同.但在将这种杂交体再进行一次杂交而产生第二代时,孟德尔发现某些这种"第二代杂交豆子"呈黄色,而另一些呈绿色,其数目的比例大致接近 3∶1.孟德尔把他的试验重复了多次,每次都得到类似的结果,到这里为止,所得到的还只是一个表面上的统计规律性,但这个表面上的规律性启发了孟德尔去发展一种理论,以解释这个现象.他假定存在一种现在称之为基因的实体以控制豆子的颜色.该实体有两个状态 y(黄)和 g(绿),共组成四种配合:yy, yg, gy, gg(称为基因型).前三种配合使豆子呈黄色,而第四种配合使豆子呈绿色(在遗传学上称 y 为显性的,而 g 为隐性的).

根据这个学说,孟德尔就容易给他的试验结果以圆满的解释:黄色纯系和绿色纯系的基因型分别是 yy 和 gg.杂交第一代种子的基因型则只有一个可能性,即 yg,而根据 y 为显性的假设,具有这个基因型的豆子呈黄色,在外观上与 yy 无异;但若对 yg 再进行杂交,则呈现四种可能性,即 yy, yg, gy 和 gg.前三种呈黄色而后一种呈绿色,这解释了杂交第二代豆子中颜色黄绿之比近似为 3:1 的观察结果.为什么只是近似 3:1 而非严格 3:1 呢? 这好比有两个极大的盒子,每个盒子中放入为数极多的黑、白两种颜色的球,每盒中两种颜色的球的个数相同,然后你每次从两盒中各抽出一球配成一对,这样重复多次,得出许多个(个数很大,但比起盒中所有球的个数则很小)对子,在这许多个对子中,"黑-黑"对子的个数只是接近全部对子数的 1/4,而不见得恰好是 1/4.自然,孟德尔理论的伟大意义不是在于它给这个特殊的观察结果提供了理论解释,而是在于,用这个理论(当然是经过大大发展了的)可以解释生物体的很多遗传现象,从而形成了遗传学中的基因学派,到 20 世纪 50 年代,基因的存在已经在分子水平上获得了证实.关于统计方法在建立孟德尔理论的过程中所起的作用,我们还可以补充一点:在从分子的水平上观察到基因的存在且完全证实这个理论以前,曾经用统计方法对依这个理论推出的大量结论进行过检验,检验的结果都证实了这个理论与观察结果符合(这个问题在第 7 章中还要讨论).这本身就是统计方法在科学上的一项重要应用——用于客观地评价某项理论上的结论是否与观察结果相符,以作为该理论是否站得住脚的印证.

1.3 由部分推断整体、总体和样本

统计方法都具有**部分推断整体**这个性质.如在例 1.2 中,**整体**就是全县的所有个体农户——由于我们只关心其化肥使用量,也可以说整体是由该县所有个体农户每户的化肥用量组成.若该县有 10 万个个体农户,则整体包含 10 万个数字,所要考察的问题(化肥用量户均值)是

关系到这个整体,而不是关于其中某些户的.**部分**就是被抽选出的那些农户(也可以说,是抽选出的那些农户化肥用量的全部数据).我们的方法是算出这"部分"的平均值.如果停留在此处,则所得结果还只与这个"部分"有关.若再往前跨一步,而声称"以这部分的平均去估计整体的平均",则我们工作的意义越出了这部分之外而达到整体.这一步工作称为统计推断,它是关键的一步,构成统计方法的一个重要特点.举一反三,读者不难按这种方式,对其他三例作类似的分析.

为什么要把这个强调为统计方法的一大特点呢?原因有二:一是它把统计方法与其他数学方法区别开来;二是它把大量日常工作以至生活中与数字打交道的工作和统计方法区别开来.

先说第一点.统计方法要用到许多数学工具,尽管在学者中对统计学是否可算作数学的一个分支存在分歧,但对于统计方法中使用大量数学工具、统计方法的原理依靠高深数学的论证这些事实,却不容抹杀.那么,相对其他数学方法而言,统计方法的特征何在?关键就在"部分推断整体"这一点上.举一个极简单的例子:有两块矩形木板 A 和 B,要比较其面积谁大,大多少?量得 A 的长、宽分别为 1.52 米和 1.425 米, B 的为 1.79 米和 1.21 米.如果测量绝对准确,则根据"矩形面积=长×宽"这个公认的数学公式,即算出 A 的面积比 B 大,大 0.0001 米^2.这个问题用数学方法解决了,但不是用的统计方法,因为你已掌握了与问题有关的全部资料,不存在"部分推断整体"的因素.然而,你可能觉得测量有一定误差,而二者面积测量值之差(0.0001)又很小,只测一次就下结论未必可靠.为了增加可靠性,你把 A 和 B 的长、宽各测量 100 次,算出 A 和 B 面积的 100 次测量结果的平均值之差,以此为准来定何者面积大、大多少,这就是一个典型的统计方法.为什么?就在于你只掌握了与问题有关的部分信息而非全体.因为,你既可以测量 100 次,又何尝不可再测量 200 次、300 次……直观上告诉我们,测量次数愈多,平均数愈可靠.理论上说,要"绝对"可靠,只有测量无穷多次求平均.设想你真这么做了(当然事实上不可能),你就掌握了问题的全部信息.因此在本问题中,"无穷次测量结果的全部记录"构成一个整体,你实际做了的那 100 次测量只是这个整体中的一部分.这仍是一个由部分推断整体的格局.

再说第二点.若在例 1.2 中问题不是一个县而是一个村,则我们大可不必从其中挑出一部分农户,而可以逐户搞清楚,算出其平均值就可以了.从严格的统计学观点说,这里谈不上用到了什么统计方法,只是例行公事地作一些加法和除法的运算,就得到确实的结果(统计方法由于只用到部分资料,结果不见得确实,即有误差,这误差可能有多大,是统计学的任务,这构成统计方法的一个特点,将在下文论述).这类工作很多,虽然在习惯上也无妨承认它们用到统计方法,但这个差别却不可忽视.你把今年家里每个月所花的伙食费都记下来,到年终一平均,就得到你家今年每人每月的平均伙食费.这一切都一目了然,谈不上统计方法这个大文章.可是如果你在以往五年中都作了这个计算,分析所得结果,总结出这五年伙食费以年率 15% 的幅度增加,并进而推断在今后三年内,你家及情况类似的人家,其每人每月平均伙食支出仍将以这个幅度上升,则这整个过程就可以看作是统计方法的使用.因为所作出的结论超出了你掌握的数据资料的范围,而构成一项统计推断.

在这一节的最后,我们介绍几个在统计学上常用的专门术语,并作些补充说明.

统计方法有"部分推断整体"的特征.这个整体在统计学上常称为**总体**,也有叫**母体**的.总体依所研究的问题而定.前面已指出,如在例 1.2 中,总体由该县的全部个体农户组成.总体里的每一分子称为一个**个体**或**单元**.在例 1.2 中,每一农户构成一个个体或单元.如果你要对小学生中的近视眼比率作调查,则随着你研究规模的不同,总体可以是全国所有的小学生,或是人口在 20 万以上的城市中所有的小学生,或者是指定城市中的全部小学生.总体取得不同,研究结果适用的范围当然也就有别.

从总体中抽选出的那部分个体,统计学上称为**样本**,也有叫**子样**的.如在例 1.2 中,抽选出的那 400 户就构成样本.有时也把样本中单个或一部分个体称为样本.样本中所含的个体数,在统计上称为**样本大小**,也有叫**样本容量**的.在例 1.2 中,样本的大小为 400.从总体中抽选出样本的过程叫**抽样**,也有叫**取样**的.不论在任何问题中,由于与问题有关的往往只是个体的某项(或某几项)指标,也可把个体的指标值就说成是该个体.这时,不论总体和样本,都是由一些数字构成(这在本节开头已就例 1.2 说明过).这个看法突出了与问题有关的数量方面,便于在数学上作统一的处理.

把某一个体算作是所研究问题的总体之内,有一个明显的前提,即该个体的指标值(这项指标是问题中所关心的)必须是可知的,必要时得加以明确的规定.如在例 1.4 中,每一个个体(一个人)的指标值就是他属于四类中的哪一类(见例 1.4 开头的说明),若你没有必要的医学设备,就无法检定一个人是否患肺癌,则每一个人所属的类别就无法确定,研究工作也就无从下手了.有时,一个个体的指标值如何,需要根据一定的规则才能定下来.比方说,某甲在今日确诊患有肺癌,但他是一星期前才开始吸烟的,难于设想,这一段吸烟史与某甲患此病有关,故某甲的指标值似以定为"不吸烟,患肺癌"为合理.故这里存在一个"怎样的人算作吸烟者"的问题,这不见得是很容易解决的问题.在例 1.2 中,要求该县每户化肥用量都可知.比方说,以该户户主所报数目为准,即使有些误差也不计较,当然,若所报数目很不准,或对其误差性质有些了解,可以在问题中把这种误差考虑进来,这时总体和个体就不能像原来那样子,而是大大复杂化了,这一点在此不能细论.

在有些问题中,总体是由一些看得见、摸得着的个体构成的.例 1.2 是一个典型例子.在另一些问题中则不然,它只存在于我们的想象中.例 1.3 是这类情况的一个代表,有人可能会认为,在本例中,总体就是由这个(其质量 a 未知)物体构成,其实不然,因为在本问题中,我们关心的指标是物体的质量,而它是未知的,不符合上述"总体中的个体指标值可知"的要求.也许还有人会问:此物体的质量 a 虽未知,但可通过天平称量去了解,天平虽有误差,但在例 1.2 中,一个农户的化肥用量也不见得能准确说出,也可以有误差,二者并无不同.其实在例

1.2 中,我们要估计的对象并不是一个个农户的化肥用量,而是其全体的平均.而在例 1.3 中,a 本身就是估计的对象,我们之所以要对该物件做多次重复称量,原因正在于一次称量的精度达不到要求,若像例 1.2 那样考虑,以一个近似值去代表它,就违反了我们的初衷.

那么在例 1.3 中总体应如何定？我们已把该物体称了三次,若还嫌精度不够,则可以再称若干次,原则上你可以无限制地称下去,每称一次就有一个数值.在想象中,我们可以有无限个数值(或者这样说,在想象中有无限次称量的动作,每个动作有一指标值,即该次的称量结果),它构成问题的总体.已做的那三次称量是这个总体的一部分,它构成问题中的样本.在此,抽样的过程就是把总体中的个体由想象中存在转化为具体存在的过程.

还有一个很常用的专门统计术语,叫**统计量**.它是指从样本算出的量.如在例 1.2 中,样本中包含 400 个农户,有 400 个指标值(即各户的化肥用量),其平均值 80(千克)是从这 400 个数据算出的量,它是一个统计量.在例 1.4 中,若我们调查了 8 000 个人的情况,则原始资料(样本)有 8 000 个,比率 0.000 03 和 0.000 12 是从它们计算出来的,故都是统计量.在一个问题中考虑怎样的统计量,当然要取决于所要解决的问题的性质.所提到的这两个统计量——样本值的平均与样本中带有某种属性的个体的比率,是应用上最重要的,以后还将介绍其他重要的统计量.

1.4 统计性推断的错误和误差

统计方法的另一个特点是,经由统计方法得出的结论(即统计推断),可能有错误或误差.如在例 1.1 中,由于所作结论是基于少数灯泡的试验结果,而一个好的工艺偶尔也可能生产出不好的灯泡,它就可能出错,即与以后生产实践的结果不符.在例 1.2 中,估计该县个体农户户均使用化肥 80 千克,但实际也可能是 90 千克,或 70 千克等等,这样结论就包含误差.读者可能会问,统计方法作为一种认识自然和社会的科学方法,而其结论却不能保证正确,这如何理解?事情很显然,这取决于问题的条件,在例1.2中,如果只允许你考察400户(在这个条件限制下),则不论你用什么方法,都不能作出保证无误的估计,因此,这并非统计方法的缺陷,恰恰相反,正确地使用统计方法可以最大限度地减少可能的错误或误差,并对犯错误的可能性以及误差的幅度,提供有用的估计.这些正是数理统计学这门学科讨论的主题.

统计方法作出的结论之所以可能有错误或误差,根源在于数据(样本)有误差.统计学上把数据的误差分成两大类.一类叫**系统误差**,它是由试验安排和观察工作的组织上的失误而来的.如在例1.1中,若在用新工艺生产灯泡时,配以优质的原材料和技术熟练的工人,而在用老工艺生产时则相反,则试验结果将包含有利于新工艺的系统误差.在例1.2中,如派一个懒于跋山涉水而又不负责任的人去作调查,他可能会在有交通工具可利用的河流、公路沿线调查一些农户了事,由于这些地方经济较发达,化肥用量一般也大些,这种做法可能对平均值的估计产生严重偏高的误差.尽量消除系统误差,是在安排试验和观察以取得数据时,要注意的中心问题,统计学对此有大量的讨论,本书第2章和第3章就是关于这个问题的讨论.当然,系统误差的辨识和消除,也取决于人们的知识水平与客观条件:可能有系统误差存在,但人们还没有认识到,或者虽已认识到,但需要复杂的设备才能控制.

另一类误差在统计学上叫**随机误差**,也有叫**偶然误差**的."随机"的意思就是"随机会而定".这种误差的产生,不是由于人们在安排试验或观察时有意的偏向或重大的失误,而是由于种种人所不能控制甚至不能察觉的偶然性因素的影响.如在例1.3中,尽管操作者在称量前已把天平充分校准,但称量结果还是不能摆脱大量的外界环境因素,以及操作者主观因素的影响,它们以一种偶然的方式起作用.例如,在称量时一个人偶尔从附近走过,偶尔刮一阵风把窗户震动了,室内温度偶尔有所升降,操作者瞬间心情上的波动等,这些将导致称量结果的误差.另一种随机误差以例1.2为代表.在例1.2中,即使我们在抽选农户时避免了前述的主观性,而让全县每一农户都有同等机会被选入

（这就在我们的主观意图上避免了偏向某些特定农户，也就避免了系统误差），但因为我们抽取的 400 户只占全县农户的很小一部分，抽取的这 400 户不能完全代表全县的农户，也就是说有误差存在．这种误差不是由某种偏向或失误而产生的，它是随机性的误差．

我们将以上所述总结为两点，即统计学所研究的是：① 如何安排试验和观察试验，以消除或尽量减少系统误差，使数据只受到随机误差的影响；② 如何去整理和分析这样的数据，以作出一定的结论即统计推断，对这种推断出错的可能性或误差的大小作出估计．有一个问题：既然数据带有随机误差，则基于它们所作的结论，其错误或误差也是随机会而定的，是偶然性的，那怎么可能得到它们的规律呢？这是因为，事物中包含的偶然性，在其个别实现中诚然是无秩序的、无规律的，但在该事物的大量实现中则可能呈现出某种秩序，即规律性的东西，好比投掷一个均匀骰子，它出现 1~6 点中的哪个点，完全是偶然的；但若将这个骰子投掷很多很多次，则会发现，每个点出现次数的比率都接近 1/6，投掷次数愈多，接近程度愈大，这就是在大量次投掷中体现出的秩序．在数学上，人们引进**概率**的概念来描述这个意思，称"在投掷一个均匀骰子时，每个点出现的概率都是 1/6"．对概率的研究形成数学的一个分支，叫**概率论**．它是统计方法的主要理论基础．因为在用统计方法时涉及大量数据，单个数据受到随机性的影响，显不出什么规律性，但是，与上述掷骰子的例子相似，在大量数据的集体中可能显示出规律性的东西，用概率论作工具使我们能捕捉、研究和利用这种规律性的东西，以服务于统计推断工作．由此也可以看出，统计方法的效力只能在有大量数据可利用时，才能显示出来．资料太少，统计方法也是无能为力的．当然，对数据多少的要求，依对结论精度的要求而定，并无绝对的标准．

1.5 学一点统计学

虽然近代统计学的发展可以说是起源于 20 世纪初，但带有统计性质的工作却可以溯源很远.我国古时候就有所谓"结绳记事",在浩繁的"二十四史"中有大量关于人口、钱粮、水文、天文、地震……的资料记录.在西方,"统计"(statistics)一词就是从"国家"(state)一词演化而来的,意指一种收集和整理国情资料的活动.随着近代科学技术和工农业生产方面的飞速发展,统计方法得到了愈来愈深入和广泛的应用,对人类认识和改造世界产生了重大的影响.有人把统计学列为20世纪几十项最重大的成就之一,如日本在战后经济恢复和高速发展中统计方法所起的作用,是人们津津乐道的话题.一些国家在国情调查中放弃普查的方法而改用抽样的方法,取得了良好的效果.用统计方法分析种种社会调查所得资料而引出的结论,往往成为有关当局决定政策的重要依据.在此我们不打算一一列举统计方法的各种应用——前面几个例子已指出了一些,它们都可以作为一类应用的代表.在本书以后的叙述中还将提到统计方法的一些应用.现在,统计学的基本知识已普遍成为高等教育的一个不可缺少的组成部分,这从高等学校中许多系科的教学计划中都包含这个内容可以看出.

除了因其广泛的应用而可以给人们在工作中助一臂之力以外,从一般的思想和文化修养的角度去看,学一点统计学也是很有益的,甚至是必要的.统计方法是认识和改造世界的重要方法之一,对这方面毫无了解,不能不说是知识结构上的一个缺陷,是可引为遗憾的.用统计的观点看待事物很重要,在许多情况下它是唯一说得通的观点.总之,随机性的思想提醒人们对事情的看法不要绝对化,习惯于这种思想的人,不会因为一些偶然落到自己头上的不愉快事件而过分耿耿于怀.另外,统计思想使人们在两可的事物中掌握适当的度.举一个例子,甲、乙两名棋手比赛5局,结果甲4胜1负,有人认为这个纪录肯定地说明了甲的棋艺高于乙,有人则认为还难说.就一个对统计方法略有所知的人来说,他不会陷入这种争端.他了解,两种情况都可能(一般人自然也不否定这一点),且可以算出,两种看法的"正确程度"在一定的意义下是5与3之比.这提供了看待这个问题的一个"度",对其他许多小事以至大事,也莫不如此.因此,习惯于统计思想的人都能允执其中而不囿于一端.有的人认为:习惯于统计思想的人都富有合作精神及合理的妥协性,这个说法有点"玄",其确切性如何没有"统计"过,但也许不无一二分道理吧.

生活在这"信息爆炸"的时代,人们每天从各种渠道接触到大量的信息,掌握统计方法和习惯于统计思想的人,可能从这些纷繁杂乱的资料中归纳出深一层的东西,至少可帮助他不至于匆忙得出一种未见得成熟的看法.比如,人们常听说,某种药物在治疗某种疾病时,"经过临床试验",其有效率达到 90%,95%,…,等等.习惯于统计思想的人不轻信这种说法,他懂得必须对试验的全过程及所用的统计方法作仔细的检查后,才能对这类结论的可靠性作出判断.

总而言之,学一点统计学确实是有益的,作者不敢说本书能对读者有多大帮助,但至少能引起读者对这些问题的思考.如果没有徒然浪费读者的时间,则可以说是达到了作者的愿望了.

第 2 章 获取数据(Ⅰ)——抽样调查

2.1 抽样调查的意义

用统计方法解决问题包括两大步骤：首先是**获取数据**，即样本，然后是**分析这些样本以作出适当的结论**.这后一步工作在统计学上叫作**统计推断**.随着问题的要求不同，统计推断的具体形式也是多种多样的，基本的形式有两种.一种叫**统计估计**：有一个与总体有关的量是我们感兴趣的，但其值不知道，要通过样本算出一定的数值(统计量)，以它作为这个未知值的估计值，上一章的例 1.2 和例 1.3 是典型的例子.统计估计又可分为两种不同的基本形态，有的只给出一个值作为估计值，如在上一章例 1.2 中，可以用 80(千克)作为户均化肥用量的估计.有的则还给出一定的范围，如在该例中可估计户均化肥用量在 70～90(千克)范围.前者称为**点估计**，而后者称为**区间估计**.名称的来由，是因为在数轴上，一个数(如 80)可用一个点代表，而两数之间的范围则是一个区间.统计推断的另一个基本形式叫统计**假设检验**，它的目的只在于回答一个"是"或"否".如在上一章例 1.4 中，要回答的问题是吸烟与患肺癌是否有关联.例 1.1 则要求回答新工艺是否优于原工艺.这方面的问题本书以后还要作专题论述.几十年来，统计学家对这两种基本的统计推断形式作了大量的研究，取得了深入的成果，它们都已成为统计学中的重要分支学科.

获取适当的样本的问题极为重要，这是不言而喻的.如果样本有严重的系统误差，或者虽没有系统误差，但随机误差的影响太大，则纵然使用良好的分析方法也无济于事.正如工厂设备虽好，工艺也先进，但原材料质量太差，也生产不出质量优良的产品.在上一章中我们已指出,获取样本的方式有两种:一种是通过特意安排的试验.如例 1.3,在工农业生产中,当要比较种种生产条件(种子品种、工艺参数、原材料、配方等)的优劣时,得安排在这些条件下分别做试验以获得数据.如在某地区想种植玉米,有三个品种种子可用,要挑选其中产量最大者,则有必要划出一些地块种植这些品种,收获后取得产量数据以资比较.另一种方式以上一章例 1.2 为代表,它是通过从一个由有穷个有形的个体组成的总体中,抽选一定数目的个体,测量出我们所关心的指标值而取得数据,这种方式在统计学中叫**抽样调查**,它是我们这一章所讨论的主题.

抽样调查主要用于社会、经济性质的问题中,其应用极为广泛.大至一个国家的人口调查,往往涉及上亿人,对每个人要调查好些项目.用普查的方法费时久,需要的人力、物力多.

用抽查的方法,比方说抽查 1/10,工作量将减少很多,而经验证明(这种经验有统计理论的支持,见第 5 章),只要抽样的组织工作做得好(就是尽可能地避免系统误差),抽样调查的结果并不比普查差,因为普查工作量太大,往往不得不起用一些训练和经验都不够的人员,而造成在工作中遗漏、重复、误记,以及下一节中将要解释的那种情况.例如,盖洛普从 1952 年到 1976 年预测历次总统选举结果的情况如表 2.1.

表 2.1

年份	样本大小	当选者	盖洛普的预测结果	实际投票结果
1952	5 385	艾森豪威尔	51.0%	55.4%
1956	8 144	艾森豪威尔	59.5%	57.8%
1960	8 015	肯尼迪	51.0%	50.1%
1964	6 625	约翰逊	64.0%	61.3%
1968	4 414	尼克松	43.0%	43.5%
1972	3 689	尼克松	62.0%	61.8%
1976	3 439	卡特	49.5%	51.1%

表中样本大小是指被调查的人数.从表 2.1 可以看出,预测与实际

结果很接近,如果考虑到选民有几千万人,而被调查的人数只占全体选民人数的万分之一左右,则上述结果就更给我们以深刻的印象了.其他如一家公司要了解消费者对其产品质量的意见,主管部门要预测全国或某地区的小麦产量,电视台要了解观众对某一类节目是否欢迎,卫生机构要了解一种疾病在某一地区或某类人员中的流行程度等,一般都要使用抽样调查的方法.

2.2 要注意的问题

抽样调查要取得良好的结果,除了在抽取样本时要防止出现系统误差外,还有一个问题要注意,当被调查的主体是人,而对所调查的指标又没有一个完全不依赖于被调查者的客观测定方法时,则调查的方法很重要;否则得不出可靠的结果.特别是当调查的项目涉及某种敏感的问题,或者涉及与被调查者有较大利害关系的问题时,被调查者出于顾虑可能不愿说,从而作出违心的回答或提供与他本人情况不符的数字.如在调查某人"在今年总统选举中你准备投谁的票"时,他不见得愿意爽快地说出来.又如,要调查的项目是一个人工资以外的收入,他出于某种可以理解的原因,可能不愿提供真正的数字.因此,在许多国家,对这类调查常提供保密的保证,但即使如此,仍需要调查机构和调查员作出有效的努力,以尽量减少这种因素的干扰.如提供合理的问题单,调查员注意与被调查者的交谈方式.例如,在预测总统选举的民意调查中,盖洛普有一个精心设计的问题单子,其中除直接问他(被调查者)今年是否将去投票外,还问他上一届选举是否去投票了,他对政治的兴趣如何(兴趣很大、有兴趣、兴趣很小、无兴趣几档),这后两个问题是为了考核对第一个问题回答的可靠性.

在有些情况下,由于心理因素的影响,即使被调查者主观上愿意合作,但仍不能保证他对问题的回答反映了真实情况,这在医学上尤为常见.我们知道,人的精神状态、心理因素对病痛和药物效果的反应影响很大.曾有人做过这样的试验,每当一个病人叫头痛时,就把一种表面上看像药片而其实并不含任何治疗成分的东西给他服用,结果竟有 1/3 以上的人反映服"药"后头痛得到缓解.由此也就可以想到,有些医药广告中所声称的"治愈率"未必可靠,一般是高估,这里既有服药者的心理成分,也可能有试验者主观偏向的成分.比方说,把某些不大肯定的情况也算作有效.采用适当的调查方法,如**双盲法**,就可以在很大程度上克服这个问题.例如,一个厂家试制了一种药片,要检验其效果如何,按"双盲法",此试验应由那些无利益关系且信用卓著的人主持,该厂除了提供该种药片外,还要提供一种表面上与这药片完全一样,而其实不含任何治疗成分的"药片",姑且称之为假药片.把参加试验的病人分成甲、乙两组,甲组给以真药片而乙组给以假药片.除了主持试验的人外,谁也不知道分组情况,不知道谁服了真药片,谁服用了假药片,包括医生与病人在内.这时,若甲组的治愈率显著高于乙组,则推断"该药片对治疗该病有一定功效".

下面我们介绍一个有趣的具体例子.

1958 年,有一个医生提出了一种治疗胃溃疡的新方法,姑且称之为冷冻法.其法是先把患者麻醉,将一个容器置于患者胃内,泵入冷冻剂以使胃冰冻约一小时,在这段时间内,胃完全停止工作,因而使溃疡得以康复.在一段时间内,这个方法颇为流行.但有不少医生对此持怀疑态度,因为其试验不是在"双盲法"的原则下进行的.到 1963 年,有人组织了一个"双盲"试验以评估这个冷冻法,这试验是在一些医院做的,涉及 160 个患者,把他们分为两组,甲组 82 人,乙组 78 人.对甲组患者施行上述疗法,而对乙组患者,则其操作在表面上与甲组无异,但在容器中有一个通路使冷冻剂返回,不让胃达到冷冻,而患者本人则以为接受了该法的治疗.在试验后的两年之内,让另一批未曾参与操作的医生(因此,他们认为这些人都经受了该法的治疗)监测这 160 个病人的情况.结果是:在最初六周内,甲、乙两组中都有 29% 的病人症状消失,在甲组内有 47% 的人得到缓解,而乙组为 39%.但随着时间的消逝,两组中的许多病人都复发且情况变差,甲组为 45%,乙组为

39%.在这两年内的任一阶段,都没有发现甲、乙两组的治愈率有显著差异.这就比较令人信服地证明了冷冻法的无效性,初期表现的效果纯是由于心理因素.

2.3 简单随机抽样、随机数表

现在我们来讨论这个问题:在上一章例1.2中,假定全县的个体农户总数为142 568,需要从这么多农户中抽出400户,该用怎样的方式抽,才能避免主观上的(有意或无意的)偏向,而使抽出的这400户有良好的代表性呢?一种做法如下:取142 568个质地和大小都一样的球,把每个农户的户主姓名分别写在一个球上,把所有的球放入一个极大的、不透明的圆桶中,将它们尽量搅乱,越乱越好,然后把一个人蒙上眼睛,让他从圆桶里随意摸出400个球,凡是户主姓名在这400个球上的那些农户,就作为抽出的样本.按照这种做法,任何一户是否被抽出来,纯粹由机会而定,所有的农户都机会均等,因而就避免了可能有的主观偏向.为什么呢?因为,既然选入样本的机会是均等的,如某类农户(例如用化肥较多的)在该县较多,则这类农户进入样本的机会也较多,因而在抽取出的400户中,这类农户也会较多.以此类推,就可以看出,这样的做法自动地使样本中各类农户的比例大体上与全部142 568户中各类农户的比例相当,而样本就有良好的代表性.要注意的是,我们并不是说,如果你真正按以上的程序做了,就能绝对保证你抽出的样本有良好的代表性.因为,既然样本是凭机会而定的,那么在理论上说,出现很缺乏代表性的情况,也并非完全不可能.总而言之,用上述程序,你也可能碰巧把全县化肥用量最少(或最多)的400户抽出来了,而出现偏向最大的情况.但是,出现这种情况的机会很小,而抽得有代表性的样本的机会很大,且你如果不按照上述程序(或类似的做法)而凭主观去挑选,则挑出有代表性的样本的可能性一般还不如用上述程序的大,因此这最后还是一个"机会大小"的问题.在统计方法中,所谓好坏,大都要在"机会大小"的意义上去理解,而不能绝对地去理解.为了解释这个思想,再举一个例子:在第 1 章例 1.3 中,我们把其质量 a 未知的那个物件称了三次,用这三次的平均值去估计 a. 除了取平均以外,还有一个方法可以考虑,就是把这三次称量的结果按大小排列,取中间那个作为 a 的估计.直觉上我们感到前一个方法较优,特别是在称量次数很大时,这是对的(当然得有些理论上的条件),但是也只是在这样的意义下,用前一方法得到 a 的较准确的估计值的"机会",比用后一种方法大.但并不是说前一种方法绝对地优于后一种方法,即在任一次使用中必给出误差较小的估计.

再回到上面那个"从桶里摸球"的抽样程序.这种抽法有保持"机会均等"的特点,在统计学上称为**简单随机抽样**.这个术语中"随机"一词,就反映了上述"机会均等"的特点."简单"一词的含义,是指在抽样程序中,别无其他限制性的措施存在.这一层意思在后面再加以详细的说明.简单随机抽样分"放回"和"不放回"两种.拿本例来说,从圆桶里抽出 400 个球,有两种抽法:一种是每次抽出一个,已抽出的球不再放回圆桶,直到抽出 400 个为止.另一种抽法是每次抽出一个,记录下球上的姓名后,把抽出的球再放回桶中,彻底搅乱后再抽出一个球,按这种方式重复 400 次.前者就称为不放回的,而后者则称为放回的,在不放回的抽样中,每一个体最多只能在样本中出现一次,样本大小不能超过总体中所含个体的数目.在放回的抽样中,每一个体可以出现多次,而样本大小也不受任何限制.就本例以及大多数实际问题而言,都是采用不放回的抽样方法.但当样本大小只占总体中全部个体数的一个很小的比例(本例就是这个情况)时,二者事实上差别不大.因为同一个球两次(或两次以上)被摸出的机会,实在是微乎其微.放回的抽样在理论上比较简单,因为每次抽出一个球后还要放回去,在下一次抽取时,桶里球数不变,故 400 次抽取是同一情况的 400 次重复.不放回的情况则不然,每抽一次,球就少一个,故 400 次抽取是在 400 种不同的状态下进行的,这使在理论上的考虑复杂化了.由于这个原因,在样本大小只占总体的一个很小比例时,常把不放回抽样的结果当作放回抽样去处理.

这种做法,与通常那种抽彩票的中奖号码的方法并无不同.在很多年以前,做这件事是用一个封闭的容器,其中有十个大小质地一样的球,其上分别写上 0,1,…,9 等十个数字,到开奖时,在街上"随机地"找一个瞎子,在公众到场监督下,让他在容器中每次抽一个球,抽一次记录数字后放回,再抽第二次,第一次抽出来的作个位,第二次的作十位……若要抽一个六位数的头奖号码,就得抽六次.现在当然不用这种方法了,而可用机械装置来实现.这种方法当然也易于用来处理例 1.2 中抽取农户的问题.为此先要把全部 142 568 个农户从 000 001 到 142 568 编上号,每次用机械装置产生一个六位数字,若某次不超过 142 568,且与以前诸次已产生的数字不重复,则相应于这个数字的农户被抽出,按这种方式进行到抽出 400 户为止.现在,一般电子计算机上都配有产生这种"随机数"的程序,可以在瞬间完成这个抽样过程,不过,把农户编号等工作还是要做的.

在日常应用中也可以使用所谓**随机数表**来进行这个工作.仍回到前面讲的那个装置,每开动一次就产生 0,1,…,9 这十个数字中的一个,每个出现的机会均等(都是 1/10).将这个装置开动许多次,就得到许多看起来杂乱无章的数字.把它们依次两个一组,一行一行地排列下去,结果就是一个随机数表,规模大的可以印成一本厚书.这里,我们抄录了一份随机数表中一页的一部分,见表 2.2,借以说明这种表的用法.

设总体中有 65 个个体,要从中无放回地随机抽出 10 个,先把这些个体从 01 到 65 编上号,然后打开随机数表,设正好翻到此处抄录的这一页(且设所抄的就是这页的全部),随便用手指到一个地方,比方说,正好指到第三行、第二组数字,该组数字为 95,这就是说要用这本随机数表的第 95 页.若整本随机数表不足 95 页,则看下一组数,为 55.如果这本随机数表只有 40 页,则 55 还嫌太大,下组为 67,也不行,然后到 19,就行了,我们确定用该表的第 19 页.

表 2.2

40	54	43	54	82	17	37	93	23	78	87	35	20	96	43
57	24	55	06	88	77	04	74	47	67	21	76	33	50	25
16	95	55	67	19	98	10	50	71	75	12	86	73	58	07
78	64	56	07	32	52	42	07	44	38	15	51	00	13	42
09	47	27	46	54	49	17	46	09	62	90	52	34	77	27
44	17	16	58	09	79	83	86	10	62	06	76	50	03	10
84	16	07	44	99	83	11	46	32	24	20	14	85	38	45
07	45	32	14	03	32	93	94	07	72	93	85	79	10	75
50	92	26	17	97	00	56	76	31	33	80	22	53	53	36
83	39	50	08	30	42	34	07	06	33	54	42	06	37	98
40	33	20	38	26	13	89	51	03	14	57	76	37	13	04
96	83	50	87	75	97	12	25	93	47	70	33	24	03	54
83	42	95	45	72	16	64	36	16	00	04	43	18	66	79
33	27	14	34	69	45	59	34	63	49	12	72	07	34	45
50	27	89	37	19	20	15	37	00	49	52	85	66	60	44
55	74	30	77	40	44	22	78	84	26	04	33	46	09	52
71	91	38	67	54	13	58	18	24	76	15	54	55	95	52
48	55	90	65	72	96	57	69	69	10	96	46	92	42	45
66	37	32	20	30	77	34	57	03	29	10	45	65	04	26
68	49	67	10	82	58	95	91	93	30	34	25	20	57	27
83	02	64	11	12	67	19	00	71	74	60	47	21	29	68
06	09	19	74	66	02	94	37	34	02	76	70	90	30	86
33	32	51	26	38	79	73	45	04	91	16	92	53	56	16
42	33	97	01	50	87	75	66	81	41	40	01	74	91	62
96	44	33	49	13	34	86	32	53	91	00	52	43	48	85
64	05	71	95	86	11	05	65	09	68	76	83	20	37	90
75	73	38	05	90	52	27	41	14	36	22	98	12	22	08
33	96	02	75	19	07	60	62	93	55	59	33	82	43	90
97	51	40	14	02	04	02	33	31	08	39	54	16	49	36
15	06	15	93	20	01	90	10	75	06	40	78	12	54	93

下一步要决定从该页第几行、第几组数开始用.设该表每页的行数、每行的组数都是十位数,从刚才定出的那组数 19 往右看,为 98.因一页没有 98 行,再往右看,得 10,这表示从 19 页第 10 行开始用.再从 10 往右看,为 50,因一行内不足 50 组数,再往右看,71,75 都不行,到 12 就行了. 最后我们决定:从该表的第 19 页、第 10 行、第 12 组数开始用.为什么要用这种迂回的方法来做这件事,而不从信手翻到的一页中某个地方开始呢? 因为这可能使表中某些页、行很常用而其他页很

少用.如一个人有这种习惯:翻书时总翻在当中,则表的中间那些页用得多,这种习惯有可能损害随机性.

现为方便说明起见,设通过上述手续,决定从此处抄录的一页的第 14 行、第 4 组数开始,连读 10 组数,为

$$34, 69, 45, 59, 34, 63, 49, 12, 72, 07$$

这十个两位数中,69 和 72 超过 65,不能用.又数字 34 出现两次,因此处是无放回抽样,这两个"34"只能保留一个,故还缺三个.从最后一个数 07 往右读,得 $34, 45, 50, 27, \cdots$,第一个数 34、第二个数 45 都已有了,以下挑出可用的是 $50, 27, 37$,这样得到十个无重复且都不超过 65 的数:

$$34, 45, 59, 63, 49, 12, 07, 50, 27, 37$$

编号为上述诸数的那些个体即为抽取的结果.

若总体中的个体数达到或超过 100,则每次要读出一个三位数(首位可为 0),从上面定下的那个地方(第 14 行、第 4 组处)开始,为

$$346, 945, 593, 463, 491, 272, 073, 445, 502, \cdots$$

若总体中含 300 个体,要抽 12 个,则在上一列数中,前五个都不能用,接下的 272,073 可用,仍按前面描述的做法,到抽满 12 个为止.

读表的方向也不一定要由左至右,由上至下,或由右至左,或由下至上都可以.就此处来说,按刚才的起点,由上至下读出:

$$346, 371, 774, 675, 657, 203, 108, 111, \cdots$$

结果异于前,但都符合随机化的要求.

2.4 集团抽样

上一节所描述的那种简单随机化抽样方法,从统计学的观点来看是一种健全的方法.但是在具体工作中,要严格按此施行则比较困难.尤其是在规模很大的问题中,困难倒不在于如何施行这个抽样程序,而是在于总体中的个体可能很分散,因而抽出的样本也会很分散,这样,在以后对抽出的个体进行调查时,将会带来很大的工作量.如在例

1.2 抽取农户这个例子中,一个县的地域很大,其中许多地方交通不便,抽出的这 400 户疏落地散布在这么大一块地面上,逐一访问很费事.由于这个原因,在实际工作中往往不能不在基本上遵守"机会均等"这个原则的考虑下,作适当的变通,其中一种常用的变通方法叫**集团抽样**.这种方法的第一步是按某种准则把总体中的个体组成一些**集团**,然后用随机的方法抽取一些集团(确切地说,把每一集团算作一个个体,再用简单随机抽样的方法去抽),抽出的集团中的全部个体即构成样本.由于同一集团内的个体在地域上或其他方面接近,这就给以后的调查工作带来了不少方便.不过,这样做就不能不对前述"机会均等"的原则打些折扣.例如,设想一个极简单的情况:总体中包含四个个体 A,B,C,D.要从其中抽出两个作为样本,若按简单随机抽样(不放回)的方式,则可能的结果共有六种:AB,AC,AD,BC,BD,CD.每种情况出现的机会都是 1/6.但如把它们分为集团,例如 A,B 分为一集团,C,D 分为一集团,从这两个集团中抽出一个,则可能的结果只剩下两个:AB 和 CD,每个有 1/2 的可能性,其余四种可能性,即 AC,AD,BC,BD 全消失了.从这个角度看,"机会均等"的原则受到破坏(但 A,B,C,D 中,每一个仍有同等的机会出现在样本中,不论用上述两种方式中的哪一种去抽,A,B,C,D 每一个被抽出的可能性都是 1/2).

集团抽样还可以**分级**:先把总体分解成一些大集团,每个大集团又分解为一些小集团,每个小集团又可再分为一些更小的集团,这样下去可以分很多级.在抽样时,先抽出若干个大集团,再从每个大集团中抽出若干个小集团,这样下去,抽到最小的一级集团后,还可以从其中再抽出若干个体.这每一阶段都可以用简单随机抽样的方式去抽.上述想法用农户化肥用量的例子可以很好地说明:全县可分为若干个乡,每个乡又分为若干自然村或行政村,每个村有若干个体农户.抽样时,先用简单随机抽样的方法抽出若干个乡,从抽出的每一个乡中,用简单随机抽样的方法抽出若干个村,最后从抽出的每一个村中,用简单随机抽样的方法抽出若干农户,所抽出的所有农户就构成样本.在这里,每一个乡中抽出的村的数目、每一个村中抽出的农户数目不必保持一样.到底抽多少,要根据各乡各村的户数以及预定的样本大小(400)来定.用这个方法,全部 400 农户可能散布在(比方说)四五十个村子里.若在全体规模上用简单随机抽样的做法,则 400 农户有可能散布在 300 多个村子中,家访的工作量就大得多.

再举一个例子:把上例中的调查目的由"年户均化肥用量"改为"年人均纯收入".这时,从理论上看,个体不是户而是人——问题中的总体由该县所有的个体农户中所有的人组成[①].但如以人为单位抽样,就会有一些不方便,不如仍以户为单位.例如,抽出 400 户,共包含 2 000 人(注意,这里一般只能在抽样前指定户数,而不能指定确切的人数).调查这 400 户,得出它们在指定这年(例如上一年)总的纯收入为 1 000 000 元,这样得出这 2 000 人的年人均收入 500 元,以此作为全县个体农民年人均纯收入的估计值.此例中的抽样方式也是集团抽样,每户构成一个集团,从形式上看,此例与第 1 章例 1.2 并无分别,其实不然,差别就在于此例中要估计的是"人均",而例 1.2 要估计的是"户均".为了使读者明白这个差别,我们举一个不现实的极端情况:设该县一共只有两户,其中一户有 99 人,年总收入 99 000 元.另一户一人,年收入 200 元.则该县个体农民年人均收入为(99 000 + 200)/100 = 992 元.若从这两户中随机抽出一户作估计,则结果或为 1 000 元,或为 200 元,各有 1/2 的机会.这样,用这种以户为集团的抽样方式,我们有 1/2 的机会产生 992 - 200 = 792(元)这么大的误差.反之,若以人为单位,则哪怕抽 10 个人,情况也好得多.抽 10 个人的结果有两种可能:一是这 10 个人全在那个大户中;一是有 9 人在大户,1 人在小户.后者的机会只有 1/10,而前者为 9/10,两种情况下的估计值分别为 1 000 和(9×1 000 + 200)/10 = 920.因此,我们有 9/10 的机会只造成 1 000 - 992 = 8(元)这么大的误差,有 1/10 的机会造成 920 - 992 = -72

[①] 在实际工作中可能会碰到一些复杂情况.例如,某农户中有一个青年人是一名教员,而他在经济上并未与父母分家,这就产生了这个青年人是否该算作这农户中一分子的问题,这里为简单起见,不去考虑这些情况.

(元)这么大的误差.这已是一个相当准确的估计.在现实问题中,出现像本例这样极端情况的可能性自然不大,但也并非不可能,也可能在比较小一些的程度上出现.因此,注意到这个差别还是必要的.

2.5 分层抽样

集团抽样的目的,在于使抽出的个体在地域上(或时间上,或其他种种关系到调查工作量的因素)更集中,便于以后对抽出的个体进行调查工作.它的目的不是去改善样本的代表性,相反,这种抽样方式与简单随机抽样比,样本代表性一般还要差一些,这是为方便工作而付出的代价(若集团抽样安排合理,且由于调查对象集中而在工作上可以做得深入细致些,结果不见得差于简单随机抽样).另外一类是对简单随机抽样方式的变更,则其目的在于控制偶然因素的作用,而达到改善样本代表性的目的.

举一个例子,设调查的目的是要估计全国的全民所有制事业、企业工作人员的年人均奖金数,按简单随机抽样的方法,若我们事先预定调查 6 000 人,则全国几千万这类人员中,哪些被选中作调查,完全是凭偶然(随机)的因素.因此就可能出现下面的情况,假定全民所有制事业单位工作人员人数与企业职工人数之比大致为 1∶2.众所周知,企业职工奖金高于事业单位人员的,若抽出的这 6 000 人中,事业、企业人员的比与 1∶2 有较显著的偏离,则样本(这 6 000 人)从大的方面看代表性就欠佳.若比值显著高于 1∶2,则估计值会显著偏低;反之就会显著偏高[1].为避免这一点,我们可事先就把这 6 000 个名额按 1∶2 的比例分配,即事业单位 2 000 人,企业单位 4 000 人.事业单位的 2 000 人,在全国所有事业单位工作人员中,用简单随机抽样的方式抽出(或者辅以集团抽样也可以),企业单位的 4 000 人也类似地处理.

---

[1] 当然,在抽样为随机(遵守"机会均等"的原则)的,而被调查的人数又相当大时,一般在样本中这个比值不致严重偏离 1∶2,但不会恰好等于它,相差几个百分点是很可能的,而这也就会对估计的精度产生相当的影响.

在抽样调查理论中,给这种抽样方式以一个专门的称呼,叫**分层简单随机抽样**.这种抽样的程序如下:

(1) 把总体按某种标准分成几部分,每部分称为一个层.如在上例中,总体由全国所有事业、企业单位工作人员组成,分为两个层,分别由其中的事业单位工作人员和企业职工组成.

(2) 设一共分 r 个层,第 i 层所含个体数与总体中全部个体数的比值为 p_i,一共有 r 个比值:$p_1, p_2, \cdots, p_r$,它们都是已知的(这是分层法的一个条件,没有这个条件就不能实施分层法).如在上例中,$r = 2, p_1 = 1/3, p_2 = 2/3$.

(3) 设预定的样本大小为 n,算出 $np_1, np_2, \cdots, np_r$ 这 r 个数.用简单随机抽样的方法,从第一层中抽 np_1 个个体,第二层抽 np_2 个个体……①如在上例中,$n = 6\,000, np_1 = 2\,000, np_2 = 4\,000$.

在每一层内,也可以使用集团抽样的方法.实际上,这些做法可以配合使用.例如,先使用集团抽样的方法抽出几个大集团,然后在这些抽出的大集团中再分层,每一层又可分成一些小的集团,等等,这样就可以作出种种复杂的抽样方案.

前已指出:分层与分集团的目的不同,分层的目的是控制偶然性的影响,而提高样本的代表性.拿上面讨论的例子说,分层抽样的方法保证了在样本中,高奖金的人数与低奖金人数之比,与在总体中的比一样.就这一点而言,样本有完全的代表性,偶然性因素的影响只及于每一层的内部.如果在一个问题中对总体有相当的了解,以至能找到正确的分层依据,则分层确能提高样本的代表性,因而能减少估计值的误差.正确的分层要具有这样的性质:每一层之内,指标值的变化小,而不同层之间指标值的差距大.如在本例中,事业单位工作人员的奖金都低,故变化也小(相对于全体工作人员而言).在另一层内亦然,而两层之间则有颇大的差距,因此这是一个正确的分层方法.若分层依据选择不当(即分层后,每层内指标的变化程度并未显著降低,各层

---

① 若 $np_1, np_2, \cdots$ 不是整数,则取最接近于它的整数代替.

之间指标值的差距也不大),则分层对提高样本的代表性无益.若在本例中,按工作人员的姓氏笔画分层(比方说,姓的笔画不超过 8 者列为一层,超过 8 者列为一层),则完全无益.若按地区分层(例如,每省里的工作人员列为一层),则因为地区之间的奖金差别并不大,这样分层的效果也就很小.

最后,还有一点要略作解释,我们在以前曾指出,其所以要用随机的方法抽取样本,就是为了借助于偶然性的调节作用,使样本中所含个体不至显著偏向于某一方面,从而增加样本的代表性.现在又指出,分层的目的是控制偶然性的影响以提高样本的代表性.这两种说法看来似乎有矛盾,其实不然,须知,用随机化的方法抽样,其目的是用偶然性的自发作用去控制系统误差,但这绝不是说,这种自发作用愈大愈好.随机误差大了,对估计的精度也有不利的影响.因此,在使系统误差得到控制的前提下,尽量缩小随机误差的影响,对改善估计的精度更有利.这就是分层抽样思想的实质.

2.6 随机化的重要性再议

对于不甚习惯从统计的观点思考问题的人来说,对随机抽样这种做法,难免或多或少抱一些怀疑的态度,觉得与其完全委之于机会,还不如在经过考虑的基础上主动地去挑选好.有人提出过这样的质疑:设想一个小组几十人对某事进行辩论,经过广泛发言后,大家觉得基本上有两派意见,于是决定推选两名代表到大会上去发言,每名代表反映一种观点,在这种情况下,人们一定会经过考虑后,慎重地挑选两名最能反映这两种意见的人,而断不会用抽签的方法,从这几十个人随机地抽出两个作为代表.由此看来,说随机抽样所抽出的样本更有代表性,就不见得对.然而,稍微思考一下,就不难看出这种论点不能成立,这不是一个部分推断整体的问题,与统计可以说是风马牛不相及.我们有两种不同的意见,这是小组里每个人都明白的,哪些人在反映哪一种意见上说得最清楚、中肯,这也是大家都清楚的.挑选这两个人是为了去干一件目的明确的事,不是为了估计什么,好比墙上挂了上百件衣服,有 10 个人,各要挑一件合身的,那自然要一件件试,不能"随机地"拿一件穿在身上,在此无任何"统计"可言.然而,若目的是挑选 10 件以估计这批衣服的平均袖长,则是一个统计问题,用随机抽样的方法就是合理的,让人主观地去挑选反而不好.

以上的议论未必能充分说服那些对随机抽样方式抱怀疑态度的人,而且,我们也确实不可以把话说死,武断地说在任何情况下都是随机抽样的结果最好.首先,正因为有了这个随机性,偶尔出现不好的结果也是可能的.我们不能绝对地担保,用随机抽样的方式抽出的样本一定很有代表性.其次,在有些情况下,研究者对总体中的个体确实有充分的了解,这包括个体指标值的大小幅度,以及个体指标值在地域上的分布等较确切的知识.在这种情况下,经过慎重的人为选择(不借助偶然性)得出的样本,可能会有较好的代表性.拿例 1.2 来说,若工作人员对该县内各个区域化肥用量情况很了解,他可以根据这种了解,把拟抽出的 400 户按乡分配,即由他规定哪个乡抽多少户,而在某一乡的工作人员,又可以根据他们的了解,决定哪个村分配多少户,等等.这样也可能得出很符合实际的结果.问题在于,人们对所研究的问题往往了解得很有限,不足以作出较有把握的选择,勉强作了,效果不好,这有不少经验上的事实可资证明.随机抽样的另一优点在于,用这种方法抽的样本,适合统计学上一定的理论模型.统计学上发展了一些方法,对基于随机样本而作的统计推断的精度和可靠度进行评价,这一点以后将作更具体的解释.

不用随机化的方法选择样本而导致重大错误的例子,在应用上不少见.分析其主观上的原因,主要是考虑不周,以至某种选择方法表面上看是公平的,而事实上却隐藏着一种严重的系统性偏差.另一种原因是贪图工作上的省事,把容易接触到的个体作为选择对象,好比让你去了解群众对某件事的反应,而你只向身边几个常来往的朋友询问了一下就了事.这些人可能有一种倾向,使他们的意见与多数群众的意见相去甚远.下面是一个历史上的例子.1936 年是美国总统选举年.

对阵的两方,一方是民主党的罗斯福,另一方是共和党的兰登.当时大多数政治观察家都估计罗斯福会获胜,但一家有名的杂志(《Literary Digest》)却与众不同,它预言兰登会以 57%:43% 的优势获胜.然而,选举结果却是罗斯福以 62%:38% 的压倒性优势击败兰登,这家杂志在不久后即因此而破产.

这家杂志是根据约 240 万人的意见而作出这个预测的.这可能是规模最大的一次民意测验,然而其错误却是如此之大,原因在哪里呢?主要就是选择样本的方式不公平,它主要是从电话号码簿和各种俱乐部等的会员名册上去选择它要访问的人.这样做在工作上带来不少方便:如果要在全国范围内的选民中去随机抽样,则需要有选民名册.这已经很不容易,即使有了,如何从中随机抽出一些人也不好办,但是在 1936 年的情况下,家里装有电话机的人(当时美国家庭里装的电话机约有 1 100 万部),以及有条件参加某种俱乐部的人,多半是较为富有的,在政治上倾向于共和党的人.这就造成严重的系统偏差.比方说,当时约有 900 万失业者,这些人的态度在该杂志所作的民意测验中,没有得到多少反映.因此,该杂志所作的民意测验基本上反映了富有阶层的意见,然而在 1936 年,正值 1929~1933 年经济大萧条过去不久,经济上处境困难的人很多.与兰登相比,罗斯福的政策较多地考虑了这些人的利益.这样看来,《Literary Digest》的民意测验与实际结果发生如此大的出入,也就不足为奇了.除此以外,它还犯了另外一个错误:它起初向所选择的 1 000 万人寄了问题表,而只收到回答 240 万份.这里就有一个问题:即使原来这 1 000 万人很有代表性,但其中**作出回答**和**没有反应**这两部分人则未必如此.它们之间可能有一种未经注意的(或未能注意到的)差异存在.拿这里的情况来说,较富有的人、对当时现实抱较满意态度的人、文化水平较高的人等等,作出回答的可能性大些,而在当时的情况下,这个倾向基本上有利于共和党.这又是一种系统偏差,它的存在曾于芝加哥地区得到证实.该杂志向芝加哥 1/3 的登记选民发了问题单,有 20% 的被询问者作了答复,其中半数以上有利于兰登.但实际选举的结果,在芝加哥是以 2:1 的优势有利于罗斯福.

　　这种由于一部分被询问者不回答问题(结果等于改变了样本:以原定样本中作出回答的那些人作为样本)而造成的偏差,在抽样调查中叫作**无反应偏差**.它不只是在调查对象为人时才存在,比方说,在农户化肥用量的例子中,原定调查 400 户,可其中有 100 户已根本无法搞清用了多少.这是一个在具体工作中很头痛的问题(还有回答是否可靠的问题,在前面已提到了),应当充分予以注意,并应设计一些工作方法来防止或减轻这种偏差的影响.自然,这与抽样方式无关,即使在随机抽样之下也存在这种问题.

　　总之,随机抽样是一个很有用的方法,但其实施并取得良好结果,远非像在纸面上谈起来那么容易.在本章上万字的论述中,真正与统计数学有关的篇幅并不多,大部分问题,如怎样分集团、怎样分层、怎样防止无反应偏差等,都不能离开所研究的问题的专门知识来谈.在第 1 章中我们曾提出,统计方法只是一个辅助性的工具,如果只依靠它去解决复杂的具体问题是困难的.

第3章 获取数据(Ⅱ)——试验设计

3.1 引　　言

　　假定为制造某种产品，有三种配方方案可供选择，要通过试验来决定哪一种最好.这试验要有一定的规模，要取用来源规格不尽一致的原材料，要由技术熟练程度不等的一些工人来操作.使用的设备的先进程度也不完全一致，试验可能要在几个地方进行，工作场所的条件也有差别.还可能有些试验在白天做，有些在晚上做，等等.对本试验的目的来说，这些都是系统性的干扰因素.例如，若第一种配方使用较优质的原材料，或由技术熟练的工人操作，则试验结果有利于该配方.当全部试验结果的分析表明第一种配方较好时，我们无法知道这是由于干扰因素的效应，还是因为第一种配方确实较好.

　　因此，需要适当地安排试验，以消除这些干扰因素的影响.在此例中，具体说就是要安排好：由何人在哪个设备上在何时用何种原材料做哪一种配方.安排的方法及其所依据的统计学理论，构成统计学中**试验设计**这个分支.每一种具体的安排试验的方案，都叫作一个**设计**.

　　试验设计，与上一章讨论的抽样调查一样，其对象是关于"获取数据"的问题.先声明一点，获取数据的问题与分析数据的问题有密切联系.如果在某一设计之下，获取的数据有良好而方便的统计分析方法，则该设计就是好的、现实可用的.这一要求经常成为设计试验时的一项重要考虑，今后我们还要回到这个问题上.

　　影响试验结果的因素，除了上述**系统性的干扰因素**外，还有大量的无法控制的**偶然性因素**，它导致试验结果的随机误差.比方说，在上述试验中，原材料系来自同一产地，是同一规格、同一牌号的，则这一项系统性干扰因素可以说不存在了.但在把这些原材料分成小批以供应三种配方下的多次试验时,各小批的质量不会绝对一致,而多少会有些波动,这会对试验结果产生无法控制的影响,它是随机性的.

总而言之,设计试验的目的,在于消除系统性干扰因素的影响,并尽可能减小随机性误差的影响,且使试验数据便于以后的分析.这个基本精神与抽样调查并无不同,在具体做法上也有些相似的地方.如简单随机抽样大致相当于下文要讨论的完全随机化设计,分层与分区组相当,等等.但总的说来,试验设计中的"花样"要多些.

统计学的一个重要分支——试验设计是由英国统计学家兼遗传学家费希尔与他的合作者耶茨,在 20 世纪二三十年代奠定和发展起来的.费希尔在 1912 年就开始发表了关于统计学的重要工作.自那时以来,他发表了一系列的论文,奠定了现代统计学中好几个重要分支的基础.至今,最常用的一批统计方法中,许多都与他的名字有联系.他可以说是迄今为止对统计学的发展起了最大影响的人.他 1919 年进入英国罗瑟姆斯泰德农业试验站工作时,便开始研究试验设计.当时,费希尔的前辈——英国著名统计学家同时也是近代数理统计学的奠基者之一的皮尔逊,正在该试验站领导一个唯一的统计学家小组.费希尔以田间试验作为实际背景,发展了试验设计的一整套基本思想和方法,其工作后来总结在他所写的《试验设计》这一专著中.战后,主要是工业上应用的推动,使这门学科在理论和方法上又有了重要的进展.

3.2 完全随机化设计

下面我们研究一种最简单的情况,还是先从例子入手.

例 3.1 为制造某种产品,有三种配方方案 A, B, C 可供选择.为进行试验以决定何者为优,有 28 小批原材料可用,每一小批都由一个(或一些)工人按三种配方之一制成产品,然后测定所制成的产品的质量指标.如产品为一种合金,则质量指标可以是其强度.设这 28 小批原材料的质量大体上差不多,但并非很一致,而是可以有些波动.又设事先已决定这 28 小批中,有 10 小批用于配方 A,9 小批用于配方 B,9 小批用于配方 C.如何具体进行分配呢? 设这 28 小批的质量是非常一致的,则无论怎样分配都无妨.但既然它们之间多少还是有些差异,为了避免主观因素,采用随机化的分配方法.把这些小批看成一个总体,每小批是一个个体,先从中用简单随机抽样的方法抽出 10 小批给予配方 A.这时总体中还剩下 18 个个体.从中用简单随机抽样的方法抽 9 小批给予配方 B,剩下的 9 小批给予配方 C.具体可用"桶中摸球"或用随机数表之类的工具去施行.

这 28 小批原材料中的每一批,叫作一个**试验单元**,共有 28 个试验单元.各种配方方案所用的试验单元数,叫作该配方方案的**重复度**.在此试验中,配方 A 的重复度为 10,B,C 的则都是 9.这 28 个试验单元中,哪 10 个用于 A,哪 9 个用于 B,哪 9 个用于 C,完全由随机化的方式决定,别无其他限制性条件.因此,这样安排试验的方法称为**完全随机化设计**."完全"的意思,就是指随机化不受任何限制.有几点值得提请读者注意:

(1) 试验中所用的试验单元总数(在此例中为 28),反映试验的规模.它或者受限于所能提供的人力、物力、时间等条件,或者是由主持试验者根据对结论的精度和可靠度的要求而决定的.在试验规模定下后,如何将它分配下去,在相当程度上可由主持试验者决定,但一般总是使差距尽量小,最好是相等.拿本例来说,分配 12 小批给配方 A,10 小批给 B,6 小批给 C,未尝不可.但如果可能的话,以 $10:9:9$(或 $9:10:9$,或 $9:9:10$)的方案为好.在本例中无法做到完全一样,要做到这一点,只有放弃一小批不用,或可能的话,再增加 2 小批.

(2) 本试验也可能需要由若干个工人在若干部设备上进行.假定这些工人的技术水平和设备的性能都很接近,则由哪个工人在哪部设备上试验哪种配方都可以.说清楚些,这意味着在计划这项试验时,应尽量使这些条件(工人、设备等)一致.如果这一点做不到,则需要进行适当的安排.例如有三个工人甲、乙、丙参加本试验,可安排甲、乙每人做 A,B,C 三种配方各 3 次,而丙做配方 A 4 次,B,C 各 3 次.这样,由于工人技术操作水平的差距而对试验结果带来的影响基本上就抵消了.但如三人的水平差别很显著,例如,丙的水平显著高于甲、乙,则按上述安排将有利于配方 A.若这一点的确不能忽视,则别无他法,唯有对 A 也只做 3 次.对设备的问题也同样处理.

在本章内我们一律只讨论试验的设计(获取数据)问题,试验数据的分析问题到以后再谈.

例 3.2 在某地区种植玉米,有四个种子品种 A, B, C, D 可用.为通过试验决定何者最优,划定 20 块面积一样、形状也差不多的地块,每品种分配给 5 小块,分配的方法完全按随机化,则得到一个完全随机化设计.

这里也有上例末尾处指出的问题:若播种及田间管理等工作是由一些操作水平不同的人去进行的,则应力求这些条件公平地分配给 A, B, C, D 四个品种,以免产生系统性的误差.

参与试验的这 20 块地,在条件上总是不完全一样的.不然的话,随机化根本就没有必要了.随机化消除了在分配地块时,由人的主观因素而带来的系统性误差.但这决不等于说,因为有了随机化的方法,地块之间的条件相差多大也无妨.因为实行随机化分配的结果,事实上总会对某个品种较有利些(它碰巧分得了条件较好的几块).只是由于这不是出于有意的安排,而是一种随机性的误差,在程度上比系统性误差可能要小些,在地块条件很不齐整时,这种随机误差也可能很大,而使统计分析的结果可靠性很低.因此,尽管有了随机化,还是要力求试验单元的条件尽可能一致.

例 3.3 要比较治疗某种疾病的两种方法 A 和 B.试验在两个医院甲、乙中进行,它们分别有患这种疾病的病人 55 名和 67 名.医院甲用方法 A,乙用方法 B.

我们一共有 122 名病人,每人是一个试验单元.在此并未对这 122 人再施行随机化.因此,这个试验要能作为完全随机化设计来看待,就必须有理由认为,这个随机化的手续已经"自然地"施行了.意思是,一个患者进入哪家医院,是基于偶然的原因.或者说,在他选择医院的考虑中,没有足以干扰试验结果的系统性因素存在.对后一情况可以举一个例子,设想甲、乙两医院分别是某两个行业的职工医院.而由于工作性质的关系,一个行业的职工的体质比起另一行业职工来要差一些.这就成为一种系统性的干扰因素.因为对体质弱的患者,其治疗效果也差些.除此以外,这里还要求甲、乙两医院的条件,如医生的水平、医院的设备、环境等等,要大体相当.就是说,除了治疗方法不同外,其他一切条件都要接近,不然就会成为一个系统误差的来源.

这里还要补充一点:以上在介绍完全随机化设计时,我们只涉及了有关试验安排的最一般性的问题,即如何把一些试验单元分配给几个要比较的项目(几个种子品种、几种治疗方法等).为了使试验得到客观可信的结果,有时还存在某些特殊安排的问题.如在本例中需要使用"双盲法"(上一章已提到过了),即患者不知道他接受哪种方法治疗.以后对治疗效果作评价的医生不是参与治疗过程的医生(因而也不知道每一患者是用哪种方法治疗的).这个问题对以下将要讨论的其他设计自然也可能存在.

下面介绍试验设计中几个常用的术语:先讲**因子**(又称因素)和**水平**.在例 3.1 中,我们研究的是不同的原料配方对产品质量的影响.这里"配方"就是一个因子,该因子在试验中以三个不同的形态出现:配方 A,B,C.每种具体的配方,就是因子"配方"的一个水平,故此因子有三个水平.类似地,在例 3.2 中,"品种"是一个因子,有四个水平 A,B,C 和 D.在例 3.3 中,"治疗方法"是一个因子,有两个水平 A,B.常把因子的水平编上号.如在例 3.2 中,四个品种 A,B,C,D 可分别以数字 $1,2,3,4$ 代替,而称品种 A 为水平 1,等等.

水平之间的差异可以是数量性的,也可以是非数量性的.后者的典型情况是例 3.2.例 3.1 的情况就得具体分析.比方说,配方 A 中加入了一种新的添加剂,而配方 B 和 C 都没有,则 A 与 B,C 的差别,可能宜于看成非数量性的.但如要看成数量性的也未尝不可.因为未放添加剂,可说成放的量为 0.但如产品是一种合金钢,不同配方仅在于含铬的百分率不同,则配方的差异看成数量性的较自然.这个差别不只是形式上的,而是有一定的实际意义.

因子的水平数反映了我们的工作意图,也取决于客观条件.如在例 3.2 中,很可能可供选择的品种不止 A,B,C,D 这 4 种,而有(比方说)10 种.但经过考虑,认为除这 4 种外,另 6 种肯定不适合于本地,就事先排除了它们.因此,工作意图只在于弄清这 4 种何者为优.也可能除这 4 种外,还有两个品种 E,F 也颇可考虑,但限于人力不够,只好割爱了.若有充足的人力,自可将它们也包括在试验中,这时"品种"这因子的水平就变为 6.

现在对因子这个概念再说几句.我们问:在例 3.1 中,除"配方"这个因子外,还有没有其他因子?这个问题不好笼统地回答,要看具体情况而定.

(1) 若试验中其他一切有关条件都保持均匀,就是说,若试验需由几个工人在几部设备上做,则这些工人的技术操作水平和这些设备的性能基本一致(更确切些说,其不一致的程度对试验结果的影响可忽略不计),则本试验中只有配方这一个因子,别无其他.

(2) 若试验需在两部性能有别(其差别对试验结果的影响不能忽视)的设备上做,但其他一切有关条件(如工人技术水平)保持均匀,且不同设备对产品质量的影响如何,也是我们希望通过试验解决的问题.在这种情况下,"设备"与"配方"完全处在平等的地位,它理所当然地应视为一个(2 水平的)因子.

(3) 另一种情况与情况(2)完全一样,唯一的差别是:设备对产品质量的影响并非我们关心的问题,而只是作为一个可能对我们的试验目的(即弄清配方对质量的影响)有破坏作用的干扰因素而出现在本试验中.这时,是否把"设备"算作一个因子?从试验的目的看,你可以不承认它是一个因子,但这只是一个你对这件事的态度如何的问题.重要的是,从以后对试验数据作统计分析的角度看,它在实质上是否起着因子的作用,由于现在还没有讲述统计分析的具体做法,此问题的回答还不能彻底,我们只简略交代一下:若在试验设计中,我们力图通过一种均衡的安排来消除不同设备的影响,则"设备"将起因子的作用.例如,为方便计,假定 A,B,C 三种配方都在 10 小批原材料上试验,则划定两部设备按 A,B,C 各做 5 小批,这就达到了均衡,因为设备的好坏并不有利于任一种配方.但是,如在试验设计中并没有这样做,而是也通过随机化的做法去处理设备性能不同的问题,则不同设备的存在,对以后统计分析的形式无影响,因而就不能把它作为一个因子看待.比方这样做:三种配方共做 30 小批,并已划定每部设备上各做 15 小批,拿红、白、黑三种球(质地、大小一样)放入一个不透明的袋中,搅乱后从中抽出 15 个.若其中有 7 个红的、5 个白的、3 个黑的,则在第一部设备上,按配方 A 做 7 小批,按 B 做 5 小批,按 C 做 3 小批,余下的在第二部设备上做.

在试验设计上,把只有一个因子的试验叫**单因子试验**,其余的统称**多因子试验**,具体些有**两因子试验**、**三因子试验**等.

还有一个常用的术语是因子某水平的重复度.如在例 3.1 中,三水平 A,B,C 分别做 $10,9,9$ 次试验(分别用 $10,9,9$ 小批原材料做),称因子 A 的重复度为 $10,B$ 和 C 的都为 9.在例 3.2 中,四个水平的重复度都是 5,等等.注意在这里,我们赋予"试验"一词以另一个含义,它是指在这整套试验安排中的一个单位.这种用法不致引起混淆.

3.3 随机区组设计

在"完全随机化设计"中,对随机化不作任何限制.但在第 2 章中讲述分层抽样时,我们曾指出过,随机化并不一定愈彻底愈好.在消除系统性误差的前提下,若能通过适当限制随机化的幅度,以降低偶然因素的影响,则更为有利.这个思想对此处讨论的问题也适用,它导致一类在应用上很重要的试验设计,即在本节中要介绍的完全随机区组设计.按我们一贯的做法,还是通过具体例子来说明问题.

例 3.4 再考虑例 3.2.设用于试验的那 20 小块地是排列在山坡上不同高度的五个长条,每条分四小块(见图 3.1).

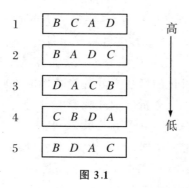

图 3.1

在坡地上种植作物时,可能不同高度的地块在条件上有较大的差异.比方说,低地处地势可能平些,地里墒情好些.又可能低地处接近道路,容易来往,故管理工作上受优待些,等等.如果用完全随机化设计,就有可能出现这种情况:种植品种 A 的五小块地全在高坡处.这种安排尽管是出自偶然性的作用而非主观有意所为,但客观效果终究不利于品种 A.

为了克服这个缺点,我们作如下的限制:在同一高度的四小块地中,每个品种必须占一块.至于哪个品种占哪一小块地,则纯用随机的方式确定.比方说袋中放四个球,其上分别写 A,B,C,D.先摸出一个,若为 B,则品种 B 在左边起第一小块.再摸一个;若为 C,则品种 C 在左边起第二小块;等等.每一高度上四小块的随机化方式要分别进行.图 3.1 是通过这种方式作出的一个具体设计方案.

同一高度上四小块的整体,在统计上称为一个**区组**.故本试验中有五个区组,在图 3.1 中分别用数字 $1,2,\cdots,5$ 标出.一般地讲,区组是由若干条件接近(相对于其他试验单元而言)的试验单元构成的整体.有时也把区组内的一个试验单元称为该区组的一个**小区**(特别是在田间试验中,如此例的情况.前已提到,试验设计的理论和方法,是由费希尔在一个农业试验站工作时所发展的,因而试验设计中某些术语带有田间试验的意味).区组内所含小区的数目,称为该区组的**大小**.在本例中,五个区组的大小都是 4."品种"这个因子的四水平在每个区组内各实现一次,有时把这称为"每个区组内做了一套重复".

在本设计中,虽然也用到随机化的方式,但其作用受到限制,这种方式只在每个区组内起作用.大前提——每个水平都在区组内出现一次,是固定了的,无随机性可言.

这样一种设计就叫作**完全随机区组设计**."完全"是指每一区组内能容纳下所有的水平(且只一次).换句话说,"完全"的意思是指区组大小等于因子水平数."随机"是指在每一区组内部,因子的任一水平占有何小区,是按随机化的方式定的."区组"意思很清楚,是指在设计中,把试验单元结成的一些集团.

一般地,设有一个单因子试验,该因子有 I 个水平.又打算把每个水平重复 J 次(即每水平的重复度都是 J).准备 IJ 个试验单元,它具有如下的特点:它们可分为 J 个集团,每个集团内含 I 个单元,且在同一集团内各单元的条件较一致,而不同集团内单元的条件则差距较大些(若不同集团内的单元条件也很一致,则分成集团就无必要了).每个这样的集团称为一个区组,在每一区组内把该因子的 I 个水平各做一次,具体哪个水平安排在哪个单元,完全用随机的方式来定.这种设计就构成一个 I 水平、J 区组的完全随机区组设计.

例 3.5 设有分析某种物质的三种化学分析方法,要比较其精度如何.设想准备了一批这种物质,把它分成 9 等份,为便于说明问题,假定这 9 等份完全一致,就是说,其中所含某种杂质的量都等于同一个数 a,且 a 已知.让一个实验员(他不知道 a 的值)用这三种分析法 A,B,C 中的每一种各分析三批,把结果报告给知道 a 数值的人,后者就可以算出这九次试验的每一次的误差,以此作为用统计方法分析 A,B,C 三法精度优劣的依据.

设每做一次分析需一小时,要求该实验员在一天内做完全部试验:上午 8~11 时,下午 2~5 时,晚上 7~10 时,设想由于重复操作而引起的倦怠情绪等原因,下午的工作质量不如上午,而晚上又不如下午.于是决定让他在上午三小时内,把每种分析方法各做一次.至于三种方法谁先做谁后做,则用随机的方式决定.下午和晚上也照此处理.这就构成了一个 3 水平、3 区组的完全随机区组设计:上午三小时是一个区组,下午、晚上亦然.

此例与上例有一点微妙的差别.在本例中,什么是试验单元?初一看以为是那 9 等份的物质,因为试验就是拿这些物质去做的.其实不然,本例中的试验单元,是以下九段时间,上午 8~9 时、9~10 时、10~11 时,下午 2~3 时……晚上 9~10 时.因为分区组是针对它们的.从本例看到一个有趣的事实:从试验设计的角度看,试验单元不一定就是试验材料.再看下面的例子.

例 3.6 有三种方法 A, B, C 可用于制造某种产品.要比较其优劣,由四个人来做试验,他们的技术水平颇有差异.准备了 12 份较为均匀的材料,每个人做 3 份.为了不使这些人之间技术水平的差异有利于任一种方法,规定每个人用 A, B, C 这三种方法各做一次.

这是一个完全区组设计的格局,每个人代表一个区组.确切地说,由同一人操作的那 3 份材料构成一个区组.因为已假定 12 份材料较均匀,它们如何分配给这四个人,每个人拿到 3 份材料后如何将它们分配给 A, B, C 这三种方法去做,就不重要了(怎样分都可以).当然,这 12 份材料不会是绝对均匀的,因此,用随机化方法去分配它们,总符合"有备无患"的精神.

与前两例比较,此例又有其特点.在例 3.5 中,虽然试验单元好像抽象一些(因为它不是具体试验材料,而是一小时一段的时间),但区组还是由一些试验单元构成.或这样说更好:哪几个试验单元在同一区组内,决定于这些试验单元自身,而不关乎其他.此例则不然.单看这 12 份材料,不能决定哪些属于同一区组,关键在于何人来操作.任意 3 份材料都可构成一个区组,只要它们由同一个人去操作就行,因此,还不如就把每个人称为区组.

在本例中,若更进一步假定试验材料来自四批(分量相等).同一批材料质量较均匀,而不同批之间则甚有差异.为避免批间的差异有利于某种制造方法,把一批材料整个分配给一个人,由他分成相等的三小批,用随机化的方式分配于三种制造方法.这时,虽然哪个人分到哪一批材料没有一定,但哪些试验单元属于同一区组则是一定的,只是附加了一个限制——同一区组内的三份材料必须由一个人使用.

当因子的水平数为2时,随机区组试验常称为**成对比较试验**,或简称**对比试验**.此情况之所以得到一个专门名称,一则因为在应用上这类问题很多——往往对比的两方,一方是原有的方法(或品种、产品等等),另一方是试图对原方法加以改进的新方法.一则因为在有些情况下天然地存在大小为2的、很均匀的区组,很有利于比较两个对象.例如,同卵双生兄弟有完全相同的遗传特性,若要比较的对象可能受到遗传基础不同这个因素的干扰,则以同卵双生兄弟为区组安排试验,就可以克服这个问题.与成对比较相应,对一因子两水平而用完全随机化的安排做试验,称为成组比较试验.

完全随机区组试验的概念可略扩张一点.迄今我们只允许在一个区组内重复一套试验,即因子各水平做一次且只做一次.换句话说,要求区组大小(区组所含试验单元数)等于因子的水平数.一般可以只要求区组大小等于因子水平数的 r 倍(各区组有相同的 r),这时一个区组内可重复 r 套,即因子的每一水平在任一区组内出现 r 次.至于区组内试验单元的分配,则完全用随机化的方法.如在图3.1中,若同一高度上的那个长条地块分成8小块,使 A,B,C,D 四品种各占2块,则得到这样一个情况.不过在应用上, $r=1$ 的情形仍居多.

3.4 平衡不完全随机区组设计

现回过头再来讨论例3.4.设我们要比较的品种有7个,编号为1, 2,…,7,但坡地上同一高度的一长条地块内只能分成4小块.这时在一个区组内,即同一高度的这4小块内,不能让每个品种都出现一次,这样的区组叫**不完全区组**.不完全区组的设计问题很复杂,这里只介绍一种较简单而有用的情况.

设在这块坡地上从高到低可摆下7个大小形状一样的长条地块,如图3.2所示.每长条分4小块,构成一区组,共有7个区组.其中区组1内出现的品种是1号、2号、3号、6号.其次序是按随机的方式定的.

就是说,这个设计要求1号、2号、3号、6号品种必出现在同一区组,但次序则不指定而取决于随机化.其他各区组也同样.另外,也可以把区组任意置换.比方说,把区组1内的品种改为2号、3号、4号、7号,区组2内的品种改为1号、2号、3号、6号.

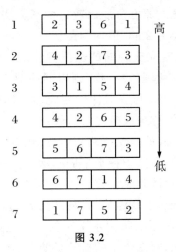

图 3.2

这个设计有以下几个特点:

(1) 所有区组的大小都一样(在本例中都是4).

(2) 因子的每个水平(在本例中是每个品种)出现的次数都一样,且每水平在每个区组内最多只能出现1次.如在本例中,品种1在区组1,3,6,7中出现,共4次.品种2在区组1,2,4,7中出现,也是4次.其他各品种也都是4次.

(3) 任意一对水平同时出现的次数相同.如在此例中,品种1,2同时在区组1,7中出现,即同时出现2次;品种3,5同时在区组3,5中出现,也是2次.其他任一对品种也都同时出现2次.

具有这三个特点的设计,叫作**平衡不完全随机区组设计**.这里"随机"与"区组"的意义与前述完全随机区组设计一样,"不完全"相对于"完全"而言,意义也在上文说过了,只有"平衡"一词要作说明,它的意义就是此设计的(2),(3)两条特点.特点(2)表明每个水平都做同样次数的试验,因此并无偏向任一水平之嫌,特点(3)可以粗略地解释为:任意两个品种都可以比较且可在同样精度的基础上比较.为什么呢?例如,要比较品种1,2.区组1内同时有这两个品种的试验结果,它们之间是可比的,因为同一区组内各小块的条件基本一致.反之,区组3内有品种1的试验结果而区组4内有品种2的试验结果,但这两个结果不可比,因为区组4的条件优于区组3.按照这个分析,品种1,2只能利用区组1,7的试验结果去比较,即本设计提供了两次比较的机会.其他任一对品种也都有且只有两次比较的机会.比较次数愈多,精度也愈高."大家"都只有两次比较的机会,故精度也相当.因此,这个设计对于任一对品种也是一视同仁的.或者说,在这个意义上是"平衡"的.

在本例这个设计中,品种数(因子水平数)等于区组数,二者都是7.又区组大小等于每品种出现的次数,二者都是4.但这不是本设计必有的性质.例如,读者不难验证表3.1所示的设计有10个区组,因子有6个水平,区组大小为3,1号区组内包含水平1,2,5,等等.它满足平衡不完全随机区组设计的要求,但区组数不等于品种数,区组大小也不等于每个水平出现的次数.

表 3.1

区组号	1	2	3	4	5	6	7	8	9	10
包含的水平号	125	126	134	136	145	234	235	246	356	456

用于刻画一个平衡不完全随机区组设计有五个数,它们称为**设计参数**:

v——因子的水平数;

k——区组大小;

r——每水平出现的次数;

b——区组数;

λ——任一对处理同时出现的区组数.

如上例中,$v=7, k=4, r=4, b=7, \lambda=2$.这些参数之间存在一定的关系.一个显然的关系是

$$bk = vr$$

因为 bk 是全部试验的单元数,另一方面,有 v 个水平,各试验 r 次,总共需 vr 个试验单元.另一个关系式是
$$r(k-1) = \lambda(v-1)$$
道理如下:一共有 v 个水平:$1,2,\cdots,v$.把包含水平 1 的那 r 个区组拿出来,这 r 个区组中有 $r(k-1)$ 个试验单元为水平 $2,3,\cdots,v$ 所占据,故水平 1 与其他水平共同出现的总次数(即:水平 1,2 同时出现的次数 + 水平 1,3 同时出现的次数 + $\cdots$ + 水平 $1,v$ 同时出现的次数)为 $r(k-1)$,而根据平衡不完全随机区组设计的要求,水平 1 与其他任何水平同时出现的次数都是 λ,故 $\lambda = r(k-1)/(v-1)$,即 $r(k-1) = \lambda(v-1)$.就上例而言,有 $4(4-1) = 2(7-1)$,都等于 12.

除以上两个等式外,还成立一个不等式:
$$b \geq v$$
就是说,在这种设计中,区组数不能少于因子的水平数.这样一来,总的试验次数就会相当大,因而限制了它的应用.此不等式是试验设计的奠基者费希尔得到的,其证明较复杂,在此就不介绍了.

这样,平衡不完全区组设计的五个参数值要受到三个条件的约束,而不能任意改变.例如,若给定 $v=7, k=2, r=4, b=14, \lambda=1$,则 $bk = vr$ 和 $b \geq v$ 都成立,但 $r(k-1) = 4$ 而 $\lambda(v-1) = 6$,二者不相等,因而不存在具有以上给定的五个参数值的一个平衡不完全区组设计.但是,是否只要这三个条件全满足了,就一定存在相应的设计呢?却又不然.例如,取
$$b = v = 43, \quad k = r = 7, \quad \lambda = 1$$
则三个条件都满足,但已证明,并不存在一个平衡不完全区组设计,恰具有这些参数值.在数学上,人们称这三个条件只是平衡不完全区组设计存在的**必要条件**而非**充分条件**.也有这种情况:三个条件都满足,但相应的设计是否存在至今尚不知道,一个例子是
$$b = v = 111, \quad k = r = 11, \quad \lambda = 1$$
平衡不完全区组设计的存在及其构造问题,经不少学者研究,取得了大量成果,这些内容都过于专门,故在此就不介绍了.

读者可能听说过所谓**寇克曼 15 女生问题**,它与我们此处讨论的平衡不完全区组设计有联系.问题如下:某班有女生 15 人,每天傍晚按三人一组分成 5 组外出散步,要求排出一星期 7 天的分组方案,使任何两个女生都有一次且只有一次机会在一起散步(即同属一个组).如果把 15 名女生看作一因子的 15 个水平,每个组看成一个区组(大小为 3),则一天有 5 个区组,一星期有 35 个区组."任何两个女生都有一次且只有一次机会在一起散步"这个要求,等于说任两个水平同时出现一次且只一次.因此,若寇克曼 15 女生问题有解答,则这个解答构成一个平衡不完全区组设计,其中 $v=15, k=3, r=7, b=35, \lambda=1$.另外还有一个附加要求,即这 35 个区组可分为 7 个群,每群包含 5 个区组,其中所包含的 15 个水平正好是 $1, 2, \cdots, 15$.这样的安排确实存在.下面写出的即为一例:

$(1,2,3), (4,8,12), (5,10,15), (6,11,13), (7,9,14)$

$(1,4,5), (2,8,10), (3,13,14), (6,9,15), (7,11,12)$

$(1,6,7), (2,9,11), (3,12,15), (4,10,14), (5,8,13)$

$(1,8,9), (2,13,15), (3,4,7), (5,11,14), (6,10,12)$

$(1,10,11), (2,12,14), (3,5,6), (4,9,13), (7,8,15)$

$(1,12,13), (2,5,7), (3,9,10), (4,11,15), (6,8,14)$

$(1,14,15), (2,4,6), (3,8,11), (5,9,12), (7,10,13)$

其中每一行就是一天的分组安排.

3.5 拉丁方设计

下面再讲一种有趣的试验设计,叫**拉丁方设计**.先介绍什么是**拉丁方**.看下面这个由数字 1,2,3 排成的方阵:

$$\begin{array}{ccc} 2 & 1 & 3 \\ 1 & 3 & 2 \\ 3 & 2 & 1 \end{array}$$

该方阵有三行、三列,从上至下为第一、二、三行,从左至右为第一、二、三列.每一行中,1,2,3各出现一次,每一列亦然,具有这样一种性质的方阵就叫作拉丁方.一般地,取数字$1,2,\cdots,n$各n个(共有n^2个数),排成一个n行、n列的方阵,若每行每列中$1,2,\cdots,n$各出现一次,则称这个方阵是一个n阶拉丁方,或$n\times n$拉丁方.也可以用别的记号来代替数字.如用A,B,C分别代替1,2,3,则上述拉丁方如图3.3所示.

```
B  A  C
A  C  B
C  B  A
```

图 3.3

每行每列中字母A,B,C各出现一次.

容易看出:对任何自然数n,都有n阶拉丁方存在.为此只需用下面的办法:第一行按$1,2,3,\cdots,n$的自然次序排列;第2行从2开始,按自然顺序排列,得$2,3,4,\cdots,n,1$;第3行从3开始,得$3,4,\cdots,n,1,2$,这样下去,最后一行即第n行,为$n,1,2,\cdots,n-2,n-1$.于是得到一个n阶方阵:

$$
\begin{array}{cccccc}
1 & 2 & 3 & \cdots & n-1 & n \\
2 & 3 & 4 & \cdots & n & 1 \\
3 & 4 & 5 & \cdots & 1 & 2 \\
\vdots & \vdots & \vdots & & \vdots & \vdots \\
n & 1 & 2 & \cdots & n-2 & n-1
\end{array}
$$

不难看出,这是一个n阶拉丁方.当然,n阶拉丁方有很多,这个问题到后面再谈.

现来介绍怎样将拉丁方用于试验设计.设有四个玉米品种,编号为1,2,3,4.要通过一个田间试验来比较其优劣,给一块长方形的地,将其等分为16小块,如图3.4所示.

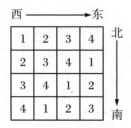

图 3.4

如果这块地的条件自北到南有变化(比方说,愈靠北边愈肥沃),而东西方向则较均匀(或由西到东有变化,而南北方向较均匀),则可以用完全随机区组设计.用这种设计,可能会碰巧发生这种情况:品种1都在靠西边一列,其次是品种2……即使情况不这么极端,但随机化的结果一般会使某个品种偏西边一些,另一品种偏东一些.如果这块地愈靠西边愈肥沃,则这种安排将有利于偏西的品种.

为克服这一点,考虑一个像图 3.4 那样的拉丁方.把其中写了某个数字的那些小块就种上该品种.在这种安排下,品种 1 由北到南各占一小块,由西到东也是各占一小块.因此种植品种 1 的这四小块,不偏于任何一个方向,因而与其他品种比,并不占地利之便.另三个品种也都如此.因此,这样的安排最大限度地消除了可能有的重大误差根源.

这种借助于拉丁方的设计,叫拉丁方设计.一个 n 阶拉丁方,可安排一个单因子、n 水平的试验(拉丁方也可用于多因子试验设计,见后文),它不限于田间试验.举一个例子,回到例 3.5,那里我们把上午三小时划为一个区组,每小时是一个单元,在这三个单元之间施行随机化,下午、晚上亦然.但有可能,在每批试验中,都是先做的质量高(比方说,由于试验者疲劳的原因).所以,在区组内随机化的结果,可能使某一种分析方法,例如方法 A,都排在每个区组内最先做.这种安排会发生有利于 A 的偏差.现采用如图 3.3 所示的拉丁方设计.第一、二、三行表示上午、下午和晚上,而列则表示先后次序,则此设计的意思是:上午先做 B,次做 A,末做 C.下午、晚上的先后次序分别为 A,C,B 和 C,B,A.这样,不仅每种方法在上午、下午和晚上各做一次,且在次序安排上也是 1,2,3 各占一次,因而就消除了可能产生偏差的根源.

上述讨论中没有提到随机化,因此会问:在拉丁方设计中,随机化有无用武之地?我们说有,但其作用在于选择拉丁方.因为一旦拉丁方定下来(图 3.4),则设计也定了,没有随机的余地,其所以有选择拉丁方的问题,是因为同一阶数的拉丁方有很多.2 阶拉丁方最简单,只有两个,即

$$\begin{matrix}1&2\\2&1\end{matrix} \quad 和 \quad \begin{matrix}2&1\\1&2\end{matrix}$$

3 阶拉丁方就复杂了,有 12 个,如图 3.5 所示.

```
1 2 3    1 3 2    2 1 3    2 3 1    3 1 2    3 2 1
2 3 1    2 1 3    3 2 1    3 1 2    1 2 3    1 3 2
3 1 2    3 2 1    1 3 2    1 2 3    2 3 1    2 1 3
 (1)      (2)      (3)      (4)      (5)      (6)
1 2 3    1 3 2    2 1 3    2 3 1    3 1 2    3 2 1
3 1 2    3 2 1    1 3 2    1 2 3    2 3 1    2 1 3
2 3 1    2 1 3    3 2 1    3 1 2    1 2 3    1 3 2
 (7)      (8)      (9)     (10)     (11)     (12)
```

图 3.5

读者不难验证,除此之外别无其他三阶拉丁方.但对更高的阶数,这样一一列举就不行了.不过不必这样做.因为由一个拉丁方出发,通过交换行列,可得出一些拉丁方,如图 3.5 中,(7)由(1)交换第二、三行而得,(3)由(1)交换第一、二列而得.读者不难验明,图 3.5 中(2)~(12)都可以由(1)出发,通过若干次行、列交换得到.例如,(12)是由(1)先交换第二、三行(得(7)),然后再交换第一、三列得到的.而(1)具有如下特点:其第一行和第一列都成自然顺序 1,2,3.这种拉丁方称为"标准的".任一拉丁方可通过各列的交换及第二行至末行的交换转化为标准形.因为先交换各列,可使第一行变为 $1,2,\cdots,n$.然后再交换第 $2-n$ 行,可使第一列(第一个数已为 1)中后面 $n-1$ 个数变为 $2,3,\cdots,n$.因此就得到一个构造所有 n 阶拉丁方的方法,步骤如下:

(1) 列出所有不同的 n 阶标准拉丁方,设有 a_n 个.

(2) 把这 a_n 个标准拉丁方中各列任意交换,除第一行外各行也任意交换,得出一系列拉丁方.它们的全体就构成 n 阶拉丁方的全体.图 3.5 中的 12 个三阶拉丁方,就是从标准拉丁方(1)出发,用这个方法做出的.

从一个标准拉丁方出发,通过行、列交换(第一行除外,下同),可得出多少个不同的拉丁方?要回答这个问题,先要注意交换各列的结果,等于把列的次序重排了一下.如图 3.5 中,由(1)到(5),列经历了变化(1 2 3)→(2 3 1),即(1)的第一、二、三列分别变为(5)的第二、三、一列.因此,交换各列的结果,等于把数字 1,2,3 的次序重新排列. n 个数字 $1,2,\cdots,n$ 可排出多少种不同的次序呢?有 $n\times(n-1)\times(n-2)\times\cdots\times2\times1$ 种.这是因为,第一列可换成任意一列(也可不动),有 n 种做法.第一列定下后,第二列只有 $n-1$ 种换法(包括不动),到最后,前 $n-1$ 列都定下后,剩下最后一列也定了,只有一个取法,故总数应为 $n,n-1,\cdots,1$ 这 n 个数的连乘,数学上记为 $n!$.如

$$2!=2,\ 3!=6,\ 4!=24,\ 5!=120,\ 6!=720,\cdots$$

除此以外,还有 $n-1$ 个行可以随意换,按上述推理,一共有 $(n-1)!$ 种方法.由此可知,从一个 n 阶标准拉丁方出发,按照上述手续,可得 $n!(n-1)!$ 个不同的拉丁方.由于标准拉丁方有 a_n 个,故 n 阶拉丁方总共有 A_n 个,其中

$$A_n = a_n n!(n-1)!$$

当 $n=3$ 时,$a_3=1$,故 $A_3=3!2!=12$,这我们已指出了.当 $n=4$ 时,$a_4=4$,四个标准方如图 3.6 所示.读者细心拼凑一下,就不难知道,除此以外别无其他四阶标准拉丁方,故 $A_4=4\cdot4!3!=576$.当 $n>4$ 时,要把所有 n 阶标准拉丁方都列出也不现实,至今只知道 a_5,a_6,a_7 的值.

```
1234    1234    1234    1234
2143    2341    2413    2143
3421    3412    3142    3412
4312    4123    4321    4321
(1)     (2)     (3)     (4)
```

图 3.6

现在回到用随机化的方法选择拉丁方的问题.以四阶为例,标准化拉丁方有四个,如图 3.6 所示.先在其中随机挑选一个,让每个被挑出的机会相同.比方说,袋中放四个球,上面分别写上 1,2,3,4.随意摸

出一个[①],若为3,则取图3.6中的(3).取定(3)后,要交换其列.前已指出,这相当于把1,2,3,4的次序重排,用随机的方式实现.对这个重排,仍可取上述袋子,将四个球依次一个一个摸出.若结果为2314,则实行第一列→第二列、第二列→第三列、第三列→第一列、第四列→第四列这个变换.最后还要随机地变换行(第一行不动),这只要把刚才袋子中的1号球拿走,就可用上述方式完成.设结果为423,则实行第二行→第四行、第三行→第二行、第四行→第三行这个变换(是对列变换进行后的结果再变).最后得出的结果,读者容易验证,是

$$
\begin{array}{cccc}
3 & 1 & 2 & 4 \\
4 & 3 & 1 & 2 \\
2 & 4 & 3 & 1 \\
1 & 2 & 4 & 3
\end{array}
$$

这就是通过随机化方式选出的拉丁方.

3.6 多因子试验

　　如果一个试验中包含多个需要考察的因子,则称为**多因子试验**.如在一个种植玉米的试验中,考虑的种子品种有 A,B,C,D 四种,可使用的肥料有甲、乙两种,又每种肥料都有高低两种用量.比方说,甲种肥料高用量为 50 千克/亩(1 亩 $\approx$ 666.67 平方米),低用量为 30 千克/亩.乙种肥料高、低用量分别为 30 和 20 千克/亩.本试验包含三个因子:品种、肥料和用量,分别有 4,2,2 个水平.这种试验称为 $4\times2\times2$ 试验,或简记为 4×2^2 试验.试验的目的是考察这些因子对玉米亩产这个指标有无影响及影响大小.还有更直接更现实的问题,用哪一个品种、哪一种肥料和哪一种用量,其效果最佳(亩产最高)?

　　为了记法上的方便,在讨论多因子试验中,把各因子的水平分别编号,如 A,B,C,D 四品种分别称为"品种"因子的 1～4 水平,甲、乙

[①] 用"袋中摸球"不过为了形象化,一般当 n 大时用随机数表.

两种肥料分别称为"肥料"因子的 1,2 水平.低用量和高用量分别称为"用量"因子的 1,2 水平.各因子都取一水平组合起来,代表一组具体的试验条件,常称为一个**处理**.如在本例中,(3,1,2)这个处理表示在试验中采用品种 C、肥料甲且高用量(50 千克/亩).

本问题一共有 $4\times 2^2 = 16$ 个处理.如每个处理都做一次试验,则需做 16 次试验,它称为一个全面实施.在处理数较大时,全面实施为人力、物力、时间所不允许(有时全面实施也无必要),而只能做一部分,称为**部分实施**.如在本例中,可以在全部 16 个处理中挑 8 个做试验,称为 **1/2 实施**,其他类推.于是问题就来了:挑选 16 个处理中的哪 8 个?这是多因子试验设计中的主要问题.固然,像随机化、分区组这些做法,也适用于多因子设计,但在区组安排定了以后,随机化只是一个查随机数表(事先对处理编好号)的问题,而如我们在后面将指出的,分区组的问题实际上是部分实施的一个特例,因此**问题的核心在于部分实施**.让我们举一个简单例子来解释挑选适当的部分实施的作用.

例 3.7 为简单计,设在上面提到的种植玉米的试验中,品种只有 A,B 两个,分别编为水平 1 和 2,其他依旧.这是一个 2^3 试验,共有 8 个处理.设只打算做其 1/2 实施,挑选实际进行试验的四个处理为

$$(111),(221),(222),(212)$$

其试验结果(每亩玉米的产量)分别记为 $x_{111},x_{221},x_{222},x_{212}$.

在这个安排下,品种 A,B 的优劣无法比较.因为,含品种 A 的试验结果只有 x_{111},其余三个试验结果都属品种 B,其中任何一个都不能与 x_{111} 比较.比方说,若 $x_{221} > x_{111}$,则这既可能是由于品种 B 优于 A,也可能是由于肥料甲优于乙,也可能是二者兼而有之.我们由此作不出什么有根据的推断.若选择 x_{222} 或 x_{212} 与 x_{111} 比,或者取 x_{221},x_{222} 和 x_{212} 中的两个或三个的平均值与 x_{111} 比,也有同样的问题.因为比较品种 A,B 的优劣是本试验的一个目的,所做的试验安排是不合理的.但若挑选如下的部分实施:

$$(111),(122),(212),(221)$$

相应的试验结果分别记为 $x_{111},x_{122},x_{212},x_{221}$,则为比较品种 A,B 的

优劣,可取表达式

$$\Delta = \frac{1}{2}(x_{212} + x_{221}) - \frac{1}{2}(x_{111} + x_{122})$$

这是因为,不论在 $x_{212} + x_{221}$ 还是在 $x_{111} + x_{122}$ 中,"肥料"和"用量"这两个因子都是每水平各出现一次,通过相减,它们的作用在 Δ 中彼此抵消了.这样, Δ 的值就反映出品种 B 优于 A 的程度(若 $\Delta > 0$,则 B 优于 A;若 $\Delta < 0$,则 A 优于 B.此处为便于说明,未计随机误差的影响).类似地,肥料和用量这两个因子的两水平的优劣也可加以比较,且在比较时,全部 4 个试验结果都用上了.所以在这个设计下,能充分地利用试验结果去考察试验中的各因子,因而是一个良好的设计方案.

当试验需要分区组时,所引起的问题与部分实施相似.仍用上面的例子来说明.

例 3.8 仍考虑例 3.7,但做全面实施.共有 8 个处理,设它们必须分两个区组来进行,每区组内包含 4 个处理.考虑下面的设计方案:

区组 1　(111),(122),(212),(221)

区组 2　(112),(121),(211),(222)

为比较品种 A,B 的优劣,可取表达式

$$\alpha = \frac{1}{4}(x_{212} + x_{221} + x_{211} + x_{222}) - \frac{1}{4}(x_{111} + x_{122} + x_{112} + x_{121})$$

这是因为,不论在 $x_{212} + x_{221} + x_{211} + x_{212}$ 还是在 $x_{111} + x_{122} + x_{112} + x_{121}$ 中,都各有两项在区组 1 中,两项在区组 2 中.通过相减,由区组的差异而带来的影响在表达式 α 中消失了.肥料和用量这两个因子的各水平也是在相减的两项中各出现两次,它们的影响也全抵消了.因此, α 的值就反映出品种 B 优于品种 A 的程度.这一切与上文的 Δ 完全相似.类似地,可以对其他因子的两水平进行比较.除此以外,这个设计还有一个重要优点:在比较一因子的两个水平的优劣时,全部 8 个试验结果都用上了.数据的取得常要付出相当的代价,这个优点是很重要的.

设如我们考虑不周,而将 8 个处理按下述方式划分区组:

区组 1　(111),(221),(211),(212)

区组 2　(112),(122),(121),(222)

则不难验证:为比较品种 A,B 的优劣,无法把 8 个试验结果都用上,事实上,若要把 8 个试验结果全用上,则只能用表达式 α.但在等式右边相减的两个平均值中,第一个有三项来自区组 1,只有一项来自区组 2;第二个则正与此相反.因此,若 $\alpha>0$,则这既可能是由于品种 B 优于 A,也可能是因为区组 1 内的地块条件较好,或二者兼而有之,由此作不出什么有根据的推断.仔细考察后不难发现,为比较品种 A,B 的优劣,至多只能利用 4 个试验结果,即全部数据的一半.因而这一设计是不可取的.

我们注意到一个有趣的事实:例 3.7 中讨论过的具有优良性质的那个部分实施,正好由本例前一个设计的区组 1 构成.若取区组 2 内的 4 个处理做部分实施,其效果一样.这个事实不是偶然的巧合,后面将解释这一点.

但是,在一个包含众多因子,其水平数可以大于 2 且不一定完全相同的试验中,如何去安排特定实施度的部分实施或区组划分,以使之具有上面两个例子中所指出的优良性质呢?有两种在实用上有用的重要方法:一是**拉丁方和正交拉丁方**;二是**正交表**(实际上,前者可视为后者的特例).下面我们将分别讨论这两种方法.应当指出的是,这两种方法都只能对付比较简单的情况,主要是各因子的水平数相同的情况.

3.7　拉丁方用于多因子试验

拉丁方用于试验设计,已在前面讨论过了.那是针对单因子而区组有"双向"性质的情况,这里则介绍它在多因子试验部分实施和区组划分中的应用.

设有三个四水平因子 A,B,C.如做全面实施,共有 $4^3=64$ 次试验.今考虑做其 1/4 实施,有 16 次试验.为此,取一个四阶拉丁方(通过随机化的方式),例如图 3.4 中那个拉丁方.把拉丁方的 4 个行分别作为因子 A 的 4 个水平,4 个列分别作为因子 B 的 4 个水平,拉丁方中的数字 1,2,3,4 则作为因子 C 的 4 个水平,把拉丁方中 16 个位置每一个对应的行、列数字依次写出.例如,左上角那一个为 (111),右上角那一个为 (144),等等.全部结果是

(111),(122),(133),(144),(212),(223),(234),(241)
(313),(324),(331),(342),(414),(421),(432),(443)

它们就构成所挑选的那个 1/4 实施的 16 个处理.设要比较因子 A 的水平 1,2 的优劣,把含因子 A 水平 1 的 4 个试验结果取出,为

$$x_{111}, x_{122}, x_{133}, x_{144}$$

又把因子 A 水平 2 的 4 个试验结果取出,为

$$x_{212}, x_{223}, x_{234}, x_{241}$$

在第一组的 4 个试验结果中,因子 B 的 4 个水平各出现 1 次,因子 C 的 4 个水平也各出现 1 次.这一事实对第二组 4 个试验结果也成立.因此,若取表达式

$$\Delta = \frac{1}{4}(x_{212} + x_{223} + x_{234} + x_{241})$$
$$- \frac{1}{4}(x_{111} + x_{122} + x_{133} + x_{144})$$

则 B, C 两因子的影响全抵消了,而 Δ 的值反映出因子 A 的水平 2 优于其水平 1 的程度.表达式 Δ 利用了所有包含因子 A 的水平 1,2 的全部 8 个试验结果.对其他各因子各水平的比较,也有同样的性质.这一点当然不是由于巧合,而是出自于拉丁方的性质.比方说,因子 A 水平 1 的 4 次试验结果占满第一行,这行中包含每列各一个位置,故因子 B 的 4 个水平各出现一次.又由拉丁方的性质,在这行的四个位置中,数字 1,2,3,4 各出现 1 次,就是说,因子 C 的 4 个水平各出现 1 次.

假如我们只有两个四水平因子 A, B,而做其全面实施共 16 次试验.要分四个区组,每区组包含 4 个处理,则只需把四个区组当作一个

假想的因子 C 的 4 个水平看待,写出上述 16 个"处理",把其中因子 C 处在同一水平的那些"处理"划入一个区组即可.这样得到区组设计为(其中已删去了假想因子的水平)

区组 1　(11),(24),(33),(42)
区组 2　(12),(21),(34),(43)
区组 3　(13),(22),(31),(44)
区组 4　(14),(23),(32),(41)

在这个设计中,因子 A 的任一水平的 4 次试验各区组都有一个.因此区组的影响完全抵消了,对因子 B 当然也成立.

n 阶拉丁方一般可以解决以下两个设计问题:① 三因子 A,B,C 各有 n 个水平,做其 $1/n$ 实施(共有 $n^3/n = n^2$ 次试验);② 两因子 A,B 各有 n 个水平,做全面实施,但分 n 个区组,每区组包含 n 个处理.具体做法与前述 $n = 4$ 的特例完全相同.以前我们曾提到过,分区组的问题可归结到部分实施去处理,这是一个具体例子.

3.8　正交拉丁方

如果因子的个数大于 3(每个因子都有同样的水平数),或因子的水平数为 3 但还要分区组,则单用一个拉丁方不能解决问题,而必须把几个拉丁方叠合起来使用,且这些拉丁方还要满足一定的约束,即构成所谓**正交拉丁方**.为了解释它的意义,还是通过一个具体例子.看以下两个四阶拉丁方:

```
          1 2 3 4               1 2 3 4
          2 1 4 3               3 4 1 2
  (甲)    3 4 1 2       (乙)    4 3 2 1
          4 3 2 1               2 1 4 3
```

在拉丁方甲中随便固定一个数字,例如 3 这个数字出现在拉丁方甲的第 1 行、第 3 列,第 2 行、第 4 列,第 3 行、第 1 列和第 4 行、第 2 列,而在这 4 个位置处,拉丁方乙的数字依次是 3,2,4 和 1,即 1,2,3,4 各出现一次.若在拉丁方甲中固定数字1,或2,或4,则也有同一现象,且交换甲、乙的地位后这现象仍保持.凡是一对同阶拉丁方,具有这个性质的,叫作一对正交拉丁方,也称这两个拉丁方正交.若几个同阶拉丁方两两正交,则称它们是一组正交拉丁方.例如,若写出四阶拉丁方

$$(丙)\quad\begin{array}{cccc}1&2&3&4\\4&3&2&1\\2&1&4&3\\3&4&1&2\end{array}$$

则读者不难验证:甲、乙、丙三个四阶拉丁方两两正交.

于是就提出了一个很有趣的问题:给定一个自然数 n,最多能有多少个两两正交的 n 阶拉丁方?怎样去构造一组含有最大个数的正交拉丁方?几百年来,不知道多少数学家绞尽了脑汁,如今离完全解决还相去甚远,但已得出了许多重要结果,例如:

(1) 除 $n=2$ 和 $n=6$ 外,对其他的自然数 n,至少存在两个 n 阶正交拉丁方;

(2) 当 $n=2$ 和 6 时,不存在 n 阶正交拉丁方;

(3) 对任何自然数 n,两两正交的 n 阶拉丁方的个数不超过 $n-1$;

(4) 若 n 为素数的幂,即 $n=p^r$,其中 p 为素数(即除 1 与 p 外,别无其他因子),r 为自然数,则存在 $n-1$ 个两两正交的 n 阶拉丁方;

(5) 对若干复合数而非素数幂者,如 $n=10,12$ 等,作出了一些正交拉丁方.

以上这些结论中,只有(3)比较简单,读者可以作为一个练习自己试试.(2)中 $n=2$ 的情况很简单,因为 2 阶拉丁方只有两个,也就是

$$\begin{array}{cc}1&2\\2&1\end{array}\quad\text{和}\quad\begin{array}{cc}2&1\\1&2\end{array}$$

而它们不正交.其余结论的证明都涉及较深的近世代数知识,远超出了我们这本书的范围.

(2)中结论 $n=6$ 的情况涉及数学史上一个有趣的故事,不妨在此一提.18 世纪,著名数学家欧拉提出了一个所谓 **36 军官问题**.问题如

下:设有6个军,从每个军中派出6个军官,其中上校、中校、少校、上尉、中尉、少尉各一人,共有36位军官.要求把他们排列成6行、6列的方阵,使每一行(列)的6个军官中,来自每个军的各有一人,具有上述6种军衔中的每一种各有一人,有下面的结论:

(1) 若可以找到两个六阶正交拉丁方,则欧拉的36军官问题可以解决;

(2) 反之,若解决了欧拉的36军官问题,则可以找到两个六阶正交拉丁方.

我们只简单地讲一下结论(1)的道理,明白了这个道理,就不难推出结论(2).设有两个6阶正交拉丁方甲、乙.把拉丁方甲中数字1占据的那6个位置,全分配给第一军派出的那6个军官,其余类推.至于这6个位置如何分配,则要看拉丁方乙,因甲、乙正交,在拉丁方甲中由数字1占据的那六个位置处,拉丁方乙中数字$1,2,\cdots,6$各出现一次.我们把数字1的位置指派给上校,数字2的位置给中校……数字6的位置给少尉.不难看出,这个排列方法满足了欧拉提出的全部要求.

欧拉经过许多努力,未能找到一种满足要求的排列法,因而他猜想,36军官问题无解,也就是说,6阶正交拉丁方不存在.他并进一步猜测,所有的半偶数阶(能被2整除但不能被4整除的数称为半偶数,即$n=2,6,10,14,18,\cdots$)正交拉丁方都不存在,直到近200年后的1900年,才有人用"穷举法"证明了6阶正交拉丁方确不存在,因而欧拉的36军官问题确无解,但对大于6的半偶数,事实证明欧拉的猜想不对.

虽然正交拉丁方的问题还远未彻底解决,但从试验设计应用的观点看,得到的结果已充分够用了.因为在应用上,因子的水平数都不很大,一般很少超过9.而在不超过9的正整数中,1,2,6阶正交拉丁方已知不存在,3,5,7是素数,$4=2^2,8=2^3$和$9=3^3$是素数幂,对这些n,都已作出了$n-1$个正交拉丁方.

正交拉丁方用于做部分实施和区组划分的具体步骤,以$n=4$的情况说明如下.

例 3.9 设有5个四水平因子A,B,C,D,E.全面实施有$4^5=$

1 024 次试验.今做其 $1/4^3 = 1/64$ 部分实施,共有 16 次试验.为挑选出 16 个处理,取 3 个两两正交的四阶拉丁方,例如前面指出过的甲、乙、丙.对拉丁方中 16 个位置的每一个,写出相应的五元数组:(行号,列号,拉丁方甲数字,拉丁方乙数字,拉丁方丙数字).例如,第 2 行、第 3 列这个位置相应的是(2 3 4 1 2),我们约定把这解释为一个处理,其因子 A 取水平 2,因子 B,C,D,E 分别取水平 3,4,1,2.这样得到 16 个处理:

(1 1 1 1 1),(1 2 2 2 2),(1 3 3 3 3),(1 4 4 4 4)
(2 1 2 3 4),(2 2 1 4 3),(2 3 4 1 2),(2 4 3 2 1)
(3 1 3 4 2),(3 2 4 3 1),(3 3 1 2 4),(3 4 2 1 3)
(4 1 4 2 3),(4 2 3 1 4),(4 3 2 4 1),(4 4 1 3 2)

这 16 个处理即构成我们挑选的部分实施.它有以下的性质:固定任一个因子的任一个水平,例如因子 C 的水平 2,共有 4 个处理:

(1 2 2 2 2),(2 1 2 3 4),(3 4 2 1 3),(4 3 2 4 1)

其中任一其他因子(A,B,D,E)的四个水平各出现一次.这当然不是本例的巧合,而是基于正交拉丁方的性质,其道理与一个拉丁方的情况并无本质不同.由于有了这个性质,任一因子的任两个水平(例如因子 C 的水平 2,4)的优劣,都可以通过两个平均值的差去比较.例如,要比较因子 C 的 2,4 水平,取

$$\Delta = \frac{1}{4}(x_{14444} + x_{23412} + x_{32431} + x_{41423})$$
$$- \frac{1}{4}(x_{12222} + x_{21234} + x_{34213} + x_{43241})$$

此表达式使用了全部试验值中所有包含因子 C 的 2,4 水平的结果.

若只有 4 个四水平因子 A,B,C,D,做其 1/16 实施,共有 16 个处理.但要分成 4 个区组,每区组含 4 个处理,则只需把区组作为一个假想的因子 E,写出上文的 16 个"处理",然后按"处理"中最后一个数字分区组(数字相同者划在同一区组),得

区组 1　(1 1 1 1),(2 4 3 2),(3 2 4 3),(4 3 2 4)

区组 2　(1 2 2 2),(2 3 4 1),(3 1 3 4),(4 4 1 3)
区组 3　(1 3 3 3),(2 2 1 4),(3 4 2 1),(4 1 4 2)
区组 4　(1 4 4 4),(2 1 2 3),(3 3 1 2),(4 2 3 1)

它有这样的性质:A,B,C,D 中任一因子任一水平(如因子 D 的 3 水平)的 4 个处理中,每区组各有一个.这样,在比较各水平的优劣时,区组的作用彼此抵消了.

如果有 4 个四水平因子,做 1/16 实施而不分区组,或有 3 个四水平因子,做 1/4 实施但划分为 4 个区组(每区组含 4 个处理),则只需使用两个四阶正交拉丁方,方法与上述类似.对 3 个四水平因子做 1/4 实施而不分区组,或对 2 个四水平因子做全面实施且划分为四区组时,只需用一个四阶拉丁方,这在前面已讲到了.对 n 水平的情况做法也完全类似.当然,问题取决于能找到所需个数的正交拉丁方.

3.9　正　交　表

谈完了正交拉丁方,我们再来介绍一种安排部分实施和划分区组的更有用的工具——**正交表**.正交拉丁方的应用受到几个限制:一是各因子必须有同一水平数;二是当因子水平数为 n 时,试验次数必为 n^2 且实施度只能是 1 或 $1/n$;三是有时正交拉丁方不存在(如在应用上重要的两水平情况),或个数不够用(如三水平情况).正交表则比较灵活些,当然,也并非任何情况下都可用.

先通过几个具体实例来说明什么是正交表.

例 3.10　几个正交表的实例.

在记号 $L_8(2^7)$ 中,L 表示正交表,L 的下标数字 8 指表的行数,2^7 表示每个列含有自然数 1,2,共有 7 列,如表 3.2 所示.在 $L_8(4\times 2^4)$ 表中,L 和 8 的意义同上,4×2^4 表示有一列含自然数 1,2,3,4,另有 4 列含自然数 1,2.$L_9(3^4)$ 的意义类似.如表 3.3 和表 3.4 所示.

表 3.2　正交表 $L_8(2^7)$

行号＼列号	1	2	3	4	5	6	7
1	1	1	1	1	1	1	1
2	1	1	1	2	2	2	2
3	1	2	2	1	1	2	2
4	1	2	2	2	2	1	1
5	2	1	2	1	2	1	2
6	2	1	2	2	1	2	1
7	2	2	1	1	2	2	1
8	2	2	1	2	1	1	2

表 3.3　正交表 $L_8(4 \times 2^4)$

行号＼列号	1	2	3	4	5
1	1	1	1	1	1
2	1	2	2	2	2
3	2	1	1	2	2
4	2	2	2	1	1
5	3	1	2	1	2
6	3	2	1	2	1
7	4	1	2	2	1
8	4	2	1	1	2

表 3.4　正交表 $L_9(3^4)$

行号＼列号	1	2	3	4
1	1	1	1	1
2	1	2	2	2
3	1	3	3	3
4	2	1	2	3
5	2	2	3	1
6	2	3	1	2
7	3	1	3	2
8	3	2	1	3
9	3	3	2	1

表 3.2～表 3.4 以及众多的与它们类似的表称为"正交表"的理由是,它们有以下两条公共的性质.

(1) 表中每列都包含最初几个自然数,每个(出现在列中的)自然数出现同样次数.例如,$L_8(2^7)$ 中,每列含 1,2,各出现 4 次;$L_9(3^4)$ 中每列含 1,2,3,各出现 3 次;$L_8(4×2^4)$ 的第一列含 1,2,3,4,各出现 2 次,其余列含 1,2,各出现 4 次.后一例说明,不同的列含相异自然数的个数可以不同.

(2) 在表中任取两列甲和乙.设甲列含自然数 $1,2,\cdots,a$,乙列含 $1,2,\cdots,b$.任意给定一个不超过 a 的自然数 i,则在甲列内由数字 i 占据的那些行中,乙列 $1,2,\cdots,b$ 各出现同样次数.例如,取 $L_8(4×2^4)$ 的第 1,2 列,第 1 列中数字 1 出现在第 1,2 行,而在第 2 列中的这两行,1,2 各出现一次.又在第 2 列中,数字 2 出现在第 2,4,6,8 诸行.而在第 1 列中的这四行,数字 1,2,3,4 各出现一次.又如在表 $L_8(2^7)$ 中取第 4,6 列.第 4 列中,数字 1 出现在第 1,3,5,7 诸行.而在第 6 列中的这四行,数字 1,2 各出现两次,等等.读者不妨自己再检验几个情况.

显然,若把一张正交表删去几列,则表中剩余部分仍构成正交表.这个事实说明:有的正交表还可以再扩充一些列(当然指与表中已有的列不同的列),而得到一张更大的正交表.于是就引出一个有趣的问题:怎样去判定一张正交表能否再扩充?例如,此处给出的三个正交表可否再扩充?下面的方法提供了"不能扩充"的一个判据.可以证明:每一张正交表都适合以下的关系:

$$行数 + 列数 \geq 各列最大自然数之和 + 1$$

当等号成立时,称正交表为**完全的**,否则称为不完全的.**完全正交表一定不能再扩充,但不完全正交表则比较复杂,有的可以扩充,有的不可以扩充**.拿此处的三个正交表来说,易证明它们都是完全的:

$$L_8(2^7):8+7=7×2+1$$
$$L_8(4×2^4):8+5=4+4×2+1$$
$$L_9(3^4):9+4=4×3+1$$

因而它们都不能再扩充.这些事实的论证都涉及高深的专门知识,超出了本书的范围.

由上面提到的那个不等式,我们可以知道:一个有 2^n 行而每列只含数字 1,2 的正交表,至多只能有 $2^n - 1$ 列,即最大只可能有 $L_{2^n}(2^{2^n-1})$;一个有 3^n 行而每列只含数字 1,2,3 的正交表,至多只能有 $(3^n-1)/2$ 列,即最大只可能有 $L_{3^n}(3^{(3^n-1)/2})$.具有最大列数的这类正交表确已做出来了,它们都是完全正交表(例 3.10 写出了 $n=3$ 和 $n=2$ 的特例).读者自然会问:这些正交表以及其他大量的正交表,是怎样做出来的? 对有些简单的正交表,比如例 3.10 中写出的这三个,不难把道理讲清楚.但整个说来,这个问题涉及很深奥的知识,这几个例子也不足以概括全貌,故此处只好从略了.

如果把正交表 $L_9(3^4)$ 的第 1,2 列分别作为行号和列号,则它们与另两列结合,可产生两个三阶拉丁方.例如,与第 3 列结合,并理解为:第 1 行、第 1 列为 1,第 1 行、第 2 列为 2……第 3 行、第 3 列为 2,则得到拉丁方

$$\begin{matrix} 1 & 2 & 3 \\ 2 & 3 & 1 \\ 3 & 1 & 2 \end{matrix}$$

按同法,与第 4 列结合,得拉丁方

$$\begin{matrix} 1 & 2 & 3 \\ 3 & 1 & 2 \\ 2 & 3 & 1 \end{matrix}$$

不难验证,这两个拉丁方正交(三阶正交拉丁方只能有两个).前面提到过,正交拉丁方可看成是正交表的一个特例,道理就在此.反过来,由正交拉丁方也可以产生正交表,只需把上述过程逆转即可.例如,由前面曾提到过的三个四阶正交拉丁方,可产生完全正交表 $L_{16}(4^5)$,建议读者自己把这个正交表写出来.

上面我们解释了什么是正交表,现在来说明如何将它用于安排多因子试验的部分实施和区组划分.

首先,要根据因子的水平数和总的试验次数来选用适当的正交

表.例如,$L_8(2^7)$适用于这样的情况:其中总的试验次数为8,而因子的水平数都是2,因子的个数不超过表的列数(即7).$L_8(4\times 2^4)$适用于总的试验次数为8,至多有一个4水平因子和4个2水平因子,而没有其他水平数的因子的情况.$L_9(3^4)$则适用于总的试验次数为9,因子的水平数都为3且至多有4个因子的情况.其他正交表的适用范围以此类推.所以$L_8(2^7)$可用于做2^4试验(4个二水平因子的试验)的1/2实施,或2^5试验的1/4实施,或2^6试验的1/8实施,或2^7试验的1/16实施.$L_8(4\times 2^4)$可用于做4×2^2试验(1个四水平因子,2个二水平因子的试验)的1/2实施,4×2^3试验的1/4实施,4×2^4试验的1/8实施.$L_9(3^4)$可用于做3^3试验的1/3实施及3^4试验的1/9实施.以4×2^3试验的1/4实施为例来说明具体步骤.

设因子A有4个水平,B,C,D都有2个水平,全面实施要做32次试验.现做其1/4实施.为此取正交表$L_8(4\times 2^4)$.把因子A放在其第1列开头上,因子B,C,D则可放在其他任意三列的头上.比方说,把它们分别放在第2,3,4列的头上,就得到表3.5.然后从第1行起到第8行止,把每一行头上有文字的各列,按A,B,C,D的次序写出.例如,第一行为(1 1 1 1),这就是一个处理,表示四因子都取其水平1,这样共得8个处理:

(1 1 1 1),(1 2 2 2),(2 1 1 2),(2 2 2 1)
(3 1 2 1),(3 2 1 2),(4 1 2 2),(4 2 1 1)

表 3.5 4×2^3 试验 1/4 实施表头设计

列号 行号	A 1	B 2	C 3	D 4	5
1	1	1	1	1	1
2	1	2	2	2	2
3	2	1	1	2	2
4	2	2	2	1	1
5	3	1	2	1	2
6	3	2	1	2	1
7	4	1	2	2	1
8	4	2	1	1	2

这就是选定做试验的那 8 个处理,它们构成了所需的 1/4 实施.不难看出,这个 1/4 实施有两点性质,它们分别与正交表的两个性质相对应:

(1) 任一因子各水平出现的次数相同(不同因子可不一样).例如,因子 A 的各水平都出现 2 次,而 B,C,D 的各水平都出现 4 次.因此,对任何一个因子,这个设计在其各水平上保持了平衡.

(2) 固定任一因子的一个水平后,其他任一因子的各水平都出现同等次数.这样,在比较一个因子的两个水平时,其他因子起的作用彼此抵消了.如在上述设计中,为比较因子 C 的一水平和二水平,可以取表达式

$$\Delta = \frac{1}{4}(x_{1222} + x_{2221} + x_{3121} + x_{4122})$$
$$- \frac{1}{4}(x_{1111} + x_{2112} + x_{3212} + x_{4211})$$

在这个表达式右边那两项中,因子 A 的四个水平都各出现一次,B,D 的两个水平各出现两次.因而,在构成 Δ 的两个平均值的差中,A,B,D 这三个因子的作用抵消了,Δ 这个值就反映出因子 C 的两个水平的差别.

如果还有一个二水平因子 E,则只需把它放在表 3.5 第 5 列的头上,这时得到一个 4×2^4 试验的 1/8 部分实施,仍具有刚才指出的两条性质.如果二水平因子超过 4 个,则这个正交表就不能使用了.

又如,设有一个试验包含三个因子 A,B,C.每个因子有三个水平 1,2,3.全面试验有 $3^3 = 27$ 次.若做其 1/3 实施,则有 9 次.为安排这一部分实施,可使用正交表 $L_9(3^4)$(见表 3.4).把因子 A,B,C 安排在此表中 4 个列的任意 3 个列上.例如,让 A,B,C 分别占据第 1,2,3 列,则按行读,得到如下的 9 个处理:

(1 1 1),(1 2 2),(1 3 3)
(2 1 2),(2 2 3),(2 3 1)
(3 1 3),(3 2 1),(3 3 2)

它们构成所要的 1/3 部分实施.读者容易验证,这个设计具有前述的两

条性质.如果还有另一个三水平因子 D 而要求做 1/9 实施,则只需把因子 D 排在表的第 4 列即可.这已达到最大的限度.若还有一个三水平因子 E,则这个表已无法应付.需要使用较大的正交表,例如 $L_{27}(3^{13})$,它要求做 27 次试验.

如果试验需要分区组,则进行的方法一样,**只需把"区组"作为一个因子就可以**.当然,区组数目必须要能与所用的正交表配合起来.例如在上面那个三因子 A, B, C(各有三水平)的 1/3 部分实施中,若要分 3 个区组做试验(区组大小都为 3),则只需把"区组"作为因子 D 排到表上尚空余的列——第 4 列(若表上已无空余列,则不可以再分区组).按行读出 9 个"处理",然后把因子 D 取同一水平的那些"处理"划入一个区组内,得到划分区组的方案为

区组 1　(1 1 1),(2 2 3),(3 3 2)

区组 2　(1 2 2),(2 3 1),(3 1 3)

区组 3　(1 3 3),(2 1 2),(3 2 1)

这时,每一因子的每一水平的那 3 次试验,都是各区组占一个.例如,因子 B 的三水平有 3 次试验:(3 3 2),(2 3 1) 和 (1 3 3),分别属于第 1,2,3 区组.这样,在比较各因子各水平的优劣时,区组的影响完全抵消了.在本例中,区组的大小必须为 3,且必须分 3 个区组,否则就不能用表 $L_9(3^4)$ 来做.但是,在有些情况下,可以通过结合正交表的几个列来实现更细的分划.例如,表 3.2 的正交表 $L_8(2^7)$.这个表的每列只含数字 1,2.因此直接看,似乎这个表只能用于分两个区组的情况,其实不然.设有一个四因子 A, B, C, D 的试验,每个因子为二水平,做其 1/2 实施,有 8 次试验,且要分 4 个区组,每区组大小为 2.为此,把表中第 1,2 列结合,得到 4 种对子:

(1 1),(1 2),(2 1),(2 2)

其中(1 1)出现在第 1,2 行,(1 2)出现在第 3,4 行,等等.把 A, B, C, D 四个因子分别排在第 4,5,6,7 列头上,按行读出 8 个"处理":((1 1)1 1 1 1),((1 1)2 2 2 2),…,((2 2)2 1 1 2),而得到划分区组的方案如下:

区组 1　（相应于对子(1 1),其余类推）(1 1 1 1),(2 2 2 2)
区组 2　(1 1 2 2),(2 2 1 1)
区组 3　(1 2 1 2),(2 1 2 1)
区组 4　(1 2 2 1),(2 1 1 2)

读者容易看出:在这个安排下,每因子每水平的 4 次试验,都是各区组占一个.例如,因子 C 的二水平有 4 次试验:(2 2 2 2),(1 1 2 2),(2 1 2 1)和(1 2 2 1),分别落在区组 1,2,3,4 中.这样,在比较因子水平的优劣时,区组的影响仍能抵消.

在此有一点要注意:当我们选定 $L_8(2^7)$ 的第 1,2 列结合构成区组划分的对子时,必须让第 3 列空着,而不能排因子,故以上我们把因子排入第 4,5,6,7 列.假如不这样做,而比方说把 A 排到第 3 列,B,C,D 依次排入第 4,5,6 列,则将产生如下的区组划分:

区组 1　(1 1 1 1),(1 2 2 2)
区组 2　(2 1 1 2),(2 2 2 1)
区组 3　(2 1 2 1),(2 2 1 2)
区组 4　(1 1 2 2),(1 2 1 1)

这时,因子 A 的一水平的 4 次试验全在区组 1,4 中,而二水平的 4 次试验全在区组 2,3 中.如果区组 2,3 的条件优于区组 1,4,则试验结果的分析可能表面上显示 A 的二水平优于其一水平,而事实上却不如此.

那么怎么会知道第 3 列是一个应当放空的"禁忌"列呢？形式上的道理如下.

设我们做下面的对应

$$(1\ 1)\to 1,(1\ 2)\to 2,(2\ 1)\to 2,(2\ 2)\to 1$$

则第 1,2 列结合的结果恰好对应到第 3 列.类似地,如果我们取第 4,5 列结合构成区组划分,则按上述对应关系,第 4,5 列对应到第 1 列,它就是应当放空的禁忌列.可以把 A,B,C,D 依次排到第 2,3,6,7 列,而构成区组划分

区组 1　(1 1 1 1),(2 2 2 2)

区组 2　(1 2 1 2),(2 1 2 1)
区组 3　(1 2 2 1),(2 1 1 2)
区组 4　(1 1 2 2),(2 2 1 1)

读者不难验证,这样划分的结果保持了这个性质:每因子每水平的 4 次试验,各区组都有一个.若不回避第 1 列,就会破坏这个性质.在其他正交表,主要是多于二水平的正交表中,也存在类似的"禁忌"规律,但情况更为复杂,已超出本书的范围.

这样,我们就在本书设定的范围内,讲完了统计试验设计的一些基本原则,以及常用的一些重要设计方法.还遗留下一个重要问题:对试验所得数据如何进行分析,以作出适当的结论? 这就属于统计推断的问题.从下章起我们就讲述这个问题,先从较简单的情况开始.本章介绍的这些试验,其数据的分析问题将在第 9 章中略作介绍.

第 4 章 平均值与比率的精度

4.1 平均值的代表性问题

平均值和**比率**是两个最重要的统计量,这在前几章中已提供了许多例子.当要估计某个未知的数值(物件的质量、某玉米品种的亩产量之类)时,我们设计一定的试验,或从一定的总体中抽取若干个体,对该未知数值做测量,以其测量结果的(算术)平均值,即全部测量结果的和除以测量次数,去估计该未知数值.当要比较两个未知数值 a, b 的大小时,则可以先用上述办法去估计 a 和 b,再比较其估计结果.要估计某种疾病的死亡率,则观察患这种病的若干人,例如 n 个人,若其中有 m 个最终不治,则用 m/n 去估计该疾病的死亡率,等等.在日常生活中,"平均"一词也常用到.如某人"平均"一天抽多少支烟,"平均"一年在外旅行若干天等.在一定程度上可以说,统计方法就是用数学工具去处理种种形态下的平均值问题.

设有 n 个数值 $x_1, \cdots, x_n$,其算术平均值在统计上常称为均值,往往记为 $\bar{x}$ 且定义为

$$\bar{x} = \frac{x_1 + \cdots + x_n}{n} = \frac{1}{n}\sum_{i=1}^{n} x_i \tag{4.1}$$

在数学上,常碰到要把若干个数连加起来,为方便书写,引进记号 $\sum$(读作西格马)来表示.

例如

$$\sum_{i=1}^{n} 1 = 1 + 1 + \cdots + 1 = n \quad (n \text{ 个 } 1 \text{ 相加})$$

$$\sum_{i=1}^{n} i = 1 + 2 + \cdots + n = \frac{1}{2} n(n+1)$$

等等.若有无穷个数 $x_1, x_2, \cdots$ 连加,则记为 $\sum_{i=1}^{\infty} x_i$.运算 $\sum$ 有一些简单而常用的性质,例如

$$\sum_{i=1}^{n}(x_i + y_i) = \sum_{i=1}^{n} x_i + \sum_{i=1}^{n} y_i, \quad \sum_{i=1}^{n} a x_i = a \sum_{i=1}^{n} x_i \qquad (4.2)$$

等等.读者很容易自己推导出来.

还有一件简单的事实:比率也可以看作是一种平均值.事实上,设有 n 个对象(如 n 个人)$A_1, \cdots, A_n$,其中每个对象或具有某种性质 P 或不具有性质 P,二者必居其一且只居其一(如一个人"有病"或"无病").以 m 记 $A_1, \cdots, A_n$ 中具有性质 P 的个数,则 $A_1, \cdots, A_n$ 中具有性质 P 的对象的比率为 m/n.现在让我们把每个对象 A_i 与一个数值 x_i 对应起来.具体地说,若 A_i 具有性质 P,则令 $x_i = 1$,否则令 $x_i = 0$.易见 $\sum_{i=1}^{n} x_i = m$,而比率 m/n 等于 $x_1, \cdots, x_n$ 的均值 $\bar{x}$.这个事实使我们可以把比率作为一种特殊的平均值去处理.但也要注意,比率有其特点,在有些情况下有其特殊的处理方法,不一定适合用一般处理平均值的方法去解决.

平均值固然应用极广,但它也只是刻画了事物的一个方面.为了对事物作更全面的研究,还需引用其他的统计指标.让我们考察一个简单例子.

例 4.1 甲、乙两班都有 4 名学生,某次数学考试的结果如下:

甲班　100 分 2 名,40 分 1 名,0 分 1 名

乙班　61 分 1 名,60 分 2 名,59 分 1 名

从平均看,每班都是 60 分.但一看这张成绩单,就会感觉两个班的情况有很大差别,即甲班两极分化严重,平均数 60 分实际上没有多大的代表性,而乙班则相当均匀,平均数 60 分基本上能代表这个班的水平.

这个平均数的代表性问题还可以从另一个角度去考察.设想我们并未看见这张成绩单,而只能从每班各随机抽出一个学生,以其成绩

作为全班平均成绩的估计.这种估计当然有误差,误差情况两个班大不相同.

  甲班： 误差 $100 - 60 = 40$,机会为 $2/4$
      误差 $40 - 60 = -20$,机会为 $1/4$
      误差 $0 - 60 = -60$,机会为 $1/4$
  乙班： 误差 $61 - 60 = 1$,机会为 $1/4$
      误差 $60 - 60 = 0$,机会为 $2/4$
      误差 $59 - 60 = -1$,机会为 $1/4$

由以上看得出来,当抽一个学生以其成绩来估计全班的平均成绩时,乙班的误差比甲班小得多.如果随机地抽两个学生,以其平均成绩估计全班的平均成绩,则也有类似结果.这一切都来源于甲班学生分数的**散布程度**大而乙班小.就是说,乙班学生的分数都在其平均值附近,而甲班则相反.

  总之,总体中各个体的指标值的散布程度大小影响到两件事情：① 总体均值在总体各个体指标值中的代表性;② 当从总体中抽样以估计总体均值时,估计的准确程度.此处提到的**总体均值**,是指总体中一切个体的指标值的平均.如例 4.1 中,甲班全体学生是一个总体(共有 4 个个体),个体指标值为 $100,100,40,0$,总体均值为 60.与此相对,如果均值是从样本算出来的,则称为**样本均值**.例如,从甲班中抽出两名学生,若其分数为 100 和 40,则样本均值为 70.样本均值与抽样的结果有关.总体均值与抽样结果无关,是固定的常数,一般是未知的,人们常用样本均值去估计总体均值.

4.2 总体方差

  以上的分析显示出总体中各个体的指标值的散布程度如何,是一个重要的问题.只有对它有所了解,才能正确估计均值的大小.因此我们自然希望用一种方便的方法,从数量上去刻画这个散布程度.

  从直观上看,可以用许多合理的方法去刻画这个散布程度,下面结合例 4.1 来介绍几种方法.

(1) 用"全班最高分－全班最低分".对甲、乙两班来说,这个指标分别为 100 和 2,甲班比乙班大得多.这个刻画散布程度的指标叫(**总体**)**极差**[①].这个指标在实际生活中用得很多,例如说某地全年极端温差为 70 ℃,某种商品的价格在不同的商店中可相差 10 元左右等.然而,从科学的角度看,这个指标有些缺点,因为它受个别极端值的影响太大.设想在例 4.1 中,甲、乙两班各有 100 人,甲班有 98 人得 60 分,1 人得 100 分,1 人得 20 分.乙班有 50 人得 90 分,50 人得 30 分.两班的平均分数都是 60,极差分别为 80 和 60.从极差上看,甲班的分数散布程度比乙班大,但一般人都会觉得,甲班的成绩其实比乙班更均匀.

(2) 用平均绝对偏差.每个学生的分数减去全班平均值并取正号,所得结果称为绝对偏差.对全体学生求平均值,结果就是**平均绝对偏差**.如在例 4.1 中,甲班 4 个学生的绝对偏差分别为 40,40,20,60,平均绝对偏差为 $(40+40+20+60)/4=40$,乙班则为 $(1+0+0+1)/4=0.5$.一般地,设一总体包含 N 个体,其指标值分别为 $a_1,\cdots,a_N$,则其平均绝对偏差定义为

$$\Delta = \frac{1}{N}\sum_{i=1}^{n} \mid a_i - \bar{a} \mid$$

其中 $\bar{a}$ 为 $a_1,\cdots,a_N$ 的均值.

(3) 用方差和标准差(均方差).就例 4.1 来说,把甲班每个学生的分数减去平均值 60,再将其结果平方,并对全部平方值取平均,得

$$\frac{1}{4}\left[(100-60)^2 + (100-60)^2 + (40-60)^2 + (0-60)^2\right]$$
$$= 1\,800$$

它称为甲班学生分数的**方差**.其平方根,即 $\sqrt{1\,800}=30\sqrt{2}\approx 42.42$,称为**标准差**或**均方差**.对乙班而言,方差和标准差分别为 0.5 和 $\sqrt{0.5}\approx$

[①] 与上文"总体均值"的称呼相似,当某个量是从总体中一切个体的指标值算出时,该量冠以"总体"的形容词."总体"两字常略去.

0.707.其所以要取平方,作用与"平均绝对偏差"中对偏差取绝对值一样,为的是去掉负号,避免正负抵消.一般地,设一总体包含 N 个个体,其指标值分别为 $a_1,\cdots,a_N$,则其方差为

$$\sigma^2 = \frac{1}{N}\sum_{i=1}^{N}(a_i - \bar{a})^2 \tag{4.3}$$

均方差或标准差为 σ.

作为个体指标散布程度的衡量,上文定义的 Δ 和 σ 都是合理的,这两个指标都是基于个体指标值与总体均值的偏差.这是因为,若指标是完全均匀的,即都取一样的值,则其均值也等于这个值,偏差都是0,而 Δ 和 σ 都等于0.散布程度大,就意味着有一些值与均值有较大的偏离,因而 Δ 和 σ 就会大.但在应用上,方差比平均绝对偏差重要得多,其道理后面再讲.还应当指出,"一组数值的散布程度"是一个由全体数值决定的概念,只用一个指标去刻画总是不全面的,即使像方差这样有很多优点的指标也不例外.因此,在统计上有时也需要使用另外的指标去刻画散布度.

下面来计算与比率相联系的总体方差.设总体有 N 个个体,其中 M 个的指标值为1,其他的指标值为0.前面曾指出,在实际问题中,此处的 1 和 0,不过是总体中的个体是否具有某种属性 P 的标志而已.

这总体中一切个体指标值的和即为 M,因而总体均值是

$$p = \frac{M}{N}$$

p 就是具有属性 P 的个体所占的比率.方差是

$$\frac{1}{N}\sum\left(\text{个体指标值} - \frac{M}{N}\right)^2$$

其中和号 $\sum$ 表示对总体中一切个体作连加.现有 M 个个体指标值为 1,$N-M$ 个个体指标值为 0,故

$$\sum\left(\text{个体指标值} - \frac{M}{N}\right)^2 = M\left(1 - \frac{M}{N}\right)^2 + (N-M)\left(0 - \frac{M}{N}\right)^2$$

$$= \frac{1}{N^2}M(N-M)^2 + \frac{1}{N^2}(N-M)M^2$$

$$= \frac{1}{N^2} M(N-M)(N-M+M)$$
$$= \frac{1}{N} M(N-M)$$

于是得到方差为

$$\sigma^2 = \frac{1}{N^2} M(N-M) = \frac{M}{N}\left(1 - \frac{M}{N}\right) = p(1-p) \qquad (4.4)$$

这个方差只依赖于比率 p. 方差 $p(1-p)$ 与 p 的关系如图 4.1 所示,它在 $p=1/2$ 时达到最大值 $1/4$.

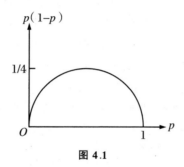

图 4.1

4.3 样本均值的方差

在说明了方差的意义后,我们要利用它来讨论用样本均值估计总体均值的精度问题.

设有一个总体包含 N 个个体,它们的指标值分别是 $a_1,\cdots,a_N$. 如对例 4.1 的甲班来说,$N=4$,a_1,a_2,a_3,a_4 分别是 $100,100,40,0$. 现从这个总体中随机地抽出 n 个个体,其指标值记为 $x_1,\cdots,x_n$. 要用样本均值 $\bar{x} = \sum_{i=1}^{n} x_i / n$ 去估计总体均值 $\bar{a} = \sum_{i=1}^{N} a_i / N$. 如在第 2 章中曾指出过的:抽样有**不放回**和**放回**的两种. 在不放回的情况下,样本大小 n 不能超过 N,在放回的情况下,n 没有任何限制. 固然,一般在对现实总体抽样时总是采取不放回的方式,但有些情况下,理论上说 N 是无穷大,或者是非常大而比值 n/N 则很小,这时,放回与不放回实际上没有多大差别,而放回的抽样在理论上要简单些.所以在下文的讨论中,我们把二者并行来讨论,所谓"随机地抽出 n 个个体",不放回的情况就是第 2 章介绍过的简单随机抽样.

当用样本均值去估计总体均值时,样本大小 n 愈大,即抽出的个体数目愈多,则估计的精度一般也愈好.这一点即使没有接触过统计方法的人也了解.例如,要从一个班中抽几个学生,以抽出的这几个学生的平均成绩去估计全班的平均成绩,一般抽两个学生作出的估计,其精度比只抽一个学生作出的高,抽三个又比抽两个更好.为估计一物件的质量,称三次取平均值一般比称两次取平均值要精确,等等.这虽然是一般人都知道的事实,但道理何在,具体能精确多少,如何衡量,就不是很容易回答的问题了.这个问题很重要,我们要多费点篇幅来谈谈.

前面在介绍方差 σ^2 和标准差 σ 时,我们曾强调指出,这个指标的作用在于,若从总体中抽出一个个体,以其指标值 x 去估计总体均值 $\bar{a} = \sum_{i=1}^{N} a_i / N$,一般说来,$\sigma$ 愈小,估计精度愈高.我们不妨把前文的论据再复习一下:既然该个体是从 N 个个体中随机抽出来的,其指标值 x 可以是 a_1,也可以是 a_2……也可以是 a_N,各有 $1/N$ 的可能性,故用 x 去估计 $\bar{a}$ 时,所产生的误差也有 N 种可能:或为 $a_1 - \bar{a}$,或为 $a_2 - \bar{a}$……或为 $a_N - \bar{a}$.为使用一种综合指标以衡量误差的平均大小,我们把这 N 个可能的误差平方相加,再用 N 除即得方差 σ^2. σ^2 就是用 x 去估计 $\bar{a}$ 时,误差平方的平均数(方差的名称即由此而来).这个分析显示了方差 σ^2 和标准差 σ,与用 x 去估计总体均值 $\bar{a}$ 时的误差的联系.σ 愈小,"平均说来"误差就愈小,注意只是讲"平均说来".即使 σ 很小,在个别场合下产生较大误差也并非不可能.

以上的分析方法对于抽取多个个体的情况也可以用,让我们举一个简单例子来说明这一点.

例 4.2 再考虑例 4.1,从甲班中随机抽出两个学生,以其平均分数来估计甲班全体学生的平均分数.

以 A,B,C,D 分别记甲班的四个学生,其分数依次为 $100,100$, 40 和 0. 先考虑不放回的抽样,则一共有六种可能的结果:

$$AB, AC, AD, BC, BD, CD \qquad (4.5)$$

因抽样是随机的,这六种情况各有 $1/6$ 的可能性出现.

以 x_1 和 x_2 记所抽出的那两个学生的分数,以 $\bar{x}=(x_1+x_2)/2$ 记其平均值. 就用 $\bar{x}$ 去估计班上四个学生的平均分数 $\bar{a}$(在本例中,$\bar{a}=60$. 但我们假定未看到全体学生的分数,因而 $\bar{a}$ 对于我们是未知的). 与上述六种情况相应, $\bar{x}$ 的值分别是

$$100, 70, 50, 70, 50, 20 \qquad (4.6)$$

它们各有 $1/6$ 的可能性出现. 注意这六个值的平均仍是 60, 即等于要估计的 $\bar{a}$.

经过这一分析,我们就可以用另一种方式去看待所提出的估计问题:我们把以上六个数看成一个新总体,从原总体中抽两个学生取平均,等于从新总体中随机抽出一个个体,用它去估计新总体的均值. 这样一来,在原来总体的提法下,我们是抽取两个个体去估计总体均值,现在已设法转化到抽一个个体的情况. 我们已经知道,在抽一个个体估计总体均值时,其精度如何,取决于总体的标准差 σ. 因此,为了解这抽样两次所作估计的精度,只需计算新总体的方差 $\tilde{\sigma}^2$. 按方差的定义,有

$$\tilde{\sigma}^2 = \frac{1}{6}[(100-60)^2 + (70-60)^2 + (50-60)^2$$
$$+ (70-60)^2 + (50-60)^2 + (20-60)^2]$$
$$= 600 \qquad (4.7)$$

在只抽一个个体的情况下,我们在前面曾算出方差 $\sigma^2 = 1\,800$. 现在的数值 600 比 $1\,800$ 大大下降了,因而抽两个个体所作估计的精度,以方差(及标准差)去衡量,确实比抽一个所作的估计高. 这二者的关系是

$$600 = \frac{4-2}{4-1} \cdot \frac{1}{2} \cdot 1\,800$$

用我们这里的记号,可写为

$$\tilde{\sigma}^2 = \frac{N-n}{N-1} \cdot \frac{1}{n}\sigma^2 \qquad (4.8)$$

其中 $N=4$ 是总体所含个体数,$n=2$ 是抽出的个体数.$\sigma^2=1\,800$ 是抽一个个体时算出的方差,而 $\tilde{\sigma}^2=600$ 是抽两个个体时,通过后者的平均值 $\bar{x}$ 算出的方差.

公式(4.8)不是一个偶然的巧合,对任何自然数 N 和 n,只要 $n \leqslant N$(因为是不放回抽样,抽出的个数 n 不能超过总体所含个体数 N),不论总体中各个体的指标值 $a_1,\cdots,a_N$ 如何,它都成立,这个公式的证明也不难,但比较繁琐,为了不打断此处的叙述,我们把证明放到本章附录中.为加强读者的印象,我们就此例再计算一个情况.设从甲班中抽取三个学生,以其平均分数估计全班的平均分数,因抽样不放回,现只有四种不同的可能结果:

$$ABC, ABD, ACD, BCD$$

因为抽样是随机的,这四种情况各有 1/4 的可能性出现.仍用 $\bar{x}$ 记所抽出的三个学生的平均分数,用它估计 $\bar{a}$.与上述四种情况相应,$\bar{x}$ 的值分别是

$$80, 200/3, 140/3, 140/3$$

它们各有 1/4 的可能性出现.注意这四个数的平均仍为 60,即等于要估计的 $\bar{a}$.由上述四个数构成的总体的方差为

$$\tilde{\sigma}^2 = \frac{1}{4}\left[(80-60)^2 + \left(\frac{200}{3}-60\right)^2 + \left(\frac{140}{3}-60\right)^2 + \left(\frac{140}{3}-60\right)^2\right]$$

$$= 200 = \frac{4-3}{4-1} \cdot \frac{1}{3} \cdot 1\,800$$

$$= \frac{N-n}{N-1} \cdot \frac{1}{n}\sigma^2$$

因此公式(4.8)仍成立.

在以上的讨论中我们提到了两种方差:一种是总体方差 σ^2,它是由式(4.3)直接定义的;另一种是当从总体中抽样,并用样本均值 $\bar{x}$ 去估计总体均值 $\bar{a}$ 时导出的方差 $\tilde{\sigma}^2$.为定义和计算 $\tilde{\sigma}^2$,我们要由原总体过

渡到一个新总体.为方便起见,以后我们就称 $\bar{\sigma}^2$ 为 $\bar{x}$ 的方差.这个称呼符合统计学上的习惯.如果样本大小 $n=1$,则 $\bar{\sigma}^2$ 就是 σ^2.这一点在最初就提到过了.在给 σ^2 下定义时,我们就是从抽样一次以估计总体均值时所产生的误差出发的.

现在考虑放回抽样的情况.仍讨论例 4.2,先研究 $n=2$ 的情况.

总体中有四个学生 A,B,C,D(其分数分别是 $100,100,40,0$).抽样是放回的,故只能一个一个抽.依次写出两次抽取的结果,共得 16 种可能的情况:

$$AA,AB,AC,AD,BA,BB,BC,BD \\ CA,CB,CC,CD,DA,DB,DC,DD \tag{4.9}$$

每种情况出现的可能性为 $1/16$.仍以 $\bar{x}$ 记所抽出的两个学生的平均分数,则与上述 16 种情况相应,$\bar{x}$ 的值分别为

$$100,100,70,50,100,100,70,50 \\ 70,70,40,20,50,50,20,0 \tag{4.10}$$

它们各有 $1/16$ 的可能性出现.注意这 16 个数的平均仍为 60,即等于要估计的 $\bar{a}$.由这 16 个数构成的总体的方差为(它就称为 $\bar{x}$ 的方差)

$$\begin{aligned}\bar{\sigma}^2 &= \frac{1}{16}[(100-60)^2+(100-60)^2+(70-60)^2 \\ &\quad +\cdots+(20-60)^2+(0-60)^2] \\ &= \frac{1}{16}(1\,600+1\,600+100+\cdots+1\,600+3\,600) \\ &= 900\end{aligned}$$

是只抽一次时的方差(即总体方差 σ^2)$1\,800$ 的一半.一般可以证明:若有放回地抽样 n 次,并以它们的平均值估计总体均值,将有

$$\bar{\sigma}^2 = \frac{1}{n}\sigma^2 \tag{4.11}$$

就是说,当用 n 个观测值的平均去估计总体均值时,方差只有起初的方差 σ^2 的 $1/n$ 那么大.这里因为抽样是放回的,对 n 没有任何限制.这个公式的证明也放到本章附录内.为了加强印象,建议读者就本例做一下 $n=3$ 的情况.这时,三次抽样的不同结果共有 64 种(把式(4.9)

中的 16 对字母续上 A,得 16 种,续上 B,C,D,也各得 16 种,共 64 种),$\bar{x}$ 共有 64 个值,但其中有许多相同的,故计算并不复杂,结果将得到 600,即 1 800/3.

由式(4.8)和式(4.11)可总结出几条重要的结论.

(1) 当用样本均值 $\bar{x}$ 去估计总体均值 $\bar{a}$ 时,$\bar{x}$ 的方差随着样本大小 n 的增加而减小,由于方差的减小意味着估计精度的提高,故这两个公式从数学上论证了一般人在经验上了解到的事实:测量(观察)次数愈多,平均值的精度愈高.只是有一点要注意:这个结论也只能在"平均"的意义上去理解.在个别情况下,当测量次数增加时,平均值的精度也未尝不可降低.如在例 4.2 的甲班,可能第一次抽出学生 C,则估计误差为 $40-60=-20$,而第二次抽出学生 D,两次平均,估计误差为 $\frac{40+0}{2}-60=-40$,反而增大了.

(2) 当 $n>1$ 时,$\frac{N-n}{N-1}<1$.考察式(4.8)和式(4.11),看出在样本大小一样时,不放回抽样的样本均值的方差比放回时小.因此"平均"讲,在同样的测量(观察)次数之下,不放回抽样的样本均值的精度要高些.这也符合我们的直觉:在不放回时,样本不允许重复,其代表性要强一些.

不过,如果 N 很大而 n 不大,或者说,n/N 很小,则比值 $\frac{N-n}{N-1}$ 接近 1,这时 $\tilde{\sigma}^2$ 和 σ^2 差不多.就是说,当抽出的样本数 n 只占总体所含全部个体数 N 的很小一部分时,放回抽样与不放回抽样实际上并无差别.在不少问题中,总体的个体并不是一些"看得见、摸得着"的对象,而只是在想象中存在(如第 1 章例 1.3,参看第 1 章中有关的说明).这时在理论上总体中要包含无穷多个个体:$N=\infty$,因而"放回"与"不放回"的差别完全消失.我们之所以要仔细讨论放回的情况,道理就在于此.

还有一点值得提到:以往我们曾说过,放回抽样在理论上其实比不放回抽样要简单.式(4.8)和式(4.11)就说明了这个问题.因为在放回抽样时,样本均值 $\bar{x}$ 的方差随样本大小 n 变化的规律,比不放回情况下要简单得多.

(3) 以往在讨论如何刻画"散布度"时,我们提出过几种指标:极差、平均绝对偏差、方差和标准差等等.我们曾说过,在应用上方差最重要.其重要理由,就是样本均值$\bar{x}$的方差与总体方差之间有简单的关系式(4.11)(或式(4.8)).若使用平均绝对偏差,就没有这样的简单关系.当然还存在着一些其他的理由,见后文.

在第1章中,我们曾对统计方法是什么的问题作了些一般性的讨论.我们曾指出,统计方法的任务是通过种种办法,缩小随机误差的影响,并对这种影响的大小给予确切的数量上的刻画.我们关于用样本均值估计总体均值的讨论,可以作为这个论点的一个解释.如果从例4.1的甲班中抽出一个学生,以其分数去估计全班的平均分数,则估计的误差是以下四个数值之一:40,40,-20,-60(写两个40,表示这个值有2/4的机会出现,其他两个值出现的机会都是1/4).这误差是客观存在的,由班上学生分数不齐而产生的.若抽两个学生取平均,则随机误差是以下六个数值之一:40,10,10,-10,-10,-40.或者说,有四个可能值40,10,-10,-40,可能性分别为1/6,2/6,2/6和1/6.总的来说,与只抽一个的情况比,随机误差的影响缩小了不少.若抽三个取平均,则误差有20,20/3和-40/3等三种可能,可能性分别为1/4,1/4和2/4,又比两个的情况有所缩小.而方差的计算则综合地从数量上刻画了缩小的幅度.

估计"比率"的特例,若总体中有N个个体,其中具有某种属性P的个体的比率为$p=M/N$,则我们已在前面算出其总体方差σ^2为公式(4.4).故若从这总体中抽出n个样本,以m记样本中具有属性P的个体数,而用$\bar{p}=m/n$去估计p,则$\bar{p}$实际上就是样本均值.因此,$\bar{p}$的方差是

$$\frac{N-n}{N-1}\cdot\frac{1}{n}p(1-p) \quad \text{或} \quad \frac{1}{n}p(1-p)$$

视抽样为无放回或有放回而定.

4.4 方差的估计、样本方差

到此为止,我们还遗留下一个问题.我们引进方差 σ^2,是为了通过它去了解用样本均值 $\bar{x}$ 估计总体均值 $\bar{a}$ 的精度.但由式(4.3)看出,总体方差 σ^2 是一个与总体中一切个体的指标值都有关系的量.由于我们只观察了一部分个体,并不知道全部 $a_1,\cdots,a_N$,故一般说来,σ^2 的值,像 $\bar{a}$ 一样,也是未知的,无法直接用于具体问题中.要克服这个困难只有一个办法,就是通过观察值(样本)去估计它,正如通过观察值去估计总体均值 $\bar{a}$ 一样.不过二者的意义有些不同,就我们此处的讨论而言,估计 $\bar{a}$ 是主要目的,而估计方差 σ^2,只不过是为了去了解估计 $\bar{a}$ 的精度而已(在有些问题中,估计方差是主要目的).

设从总体中随机地抽取大小为 n 的样本,结果记为 $x_1,\cdots,x_n$.怎样去用它们估计 σ^2 呢?抽样的结果是要作为总体的代表,于是与公式(4.3)类比,提出如下的估计量:

$$s^2 = \frac{1}{n}\sum_{i=1}^{n}(x_i - \bar{x})^2 \qquad (4.12)$$

其中 $\bar{x}$ 就是样本均值 $\sum_{i=1}^{n}x_i/n$.从形式上看,这与用样本均值 $\sum_{i=1}^{n}x_i/n$ 类比总体均值 $\sum_{i=1}^{N}a_i/N$ 是如出一辙的,不过估计总体方差 σ^2 要比估计总体均值 $\bar{a}$ 难得多.从式(4.8)和式(4.11)可看出,需要把 n 取得足够大,才能使 $\bar{x}$ 的方差降到相当小(从而保证 $\bar{x}$ 有足够的精度).对用 s^2 估计 σ^2 来说,n 要求更大,一般需要在 100 以上.若 n 太小,估计精度降低,作用就小了.下文在举例时我们取很小的 n,那是为了说明方便,可不能忘记这一点.

由式(4.12)定义的 s^2 常称为**样本方差**.算出样本方差 s^2 后,参照式(4.8)和式(4.11),可得到 $\bar{x}$ 的方差 $\tilde{\sigma}^2$ 或 $\bar{\sigma}^2$ 的估计值,分别是

$$\tilde{s}^2 = \frac{N-n}{N-1}\cdot\frac{1}{n}s^2 \quad \text{和} \quad \bar{s}^2 = \frac{1}{n}s^2 \qquad (4.13)$$

视抽样不放回或放回而定.

人们从经验中认识到用样本均值 $\bar{x}$ 估计总体均值 $\bar{a}$,这是一个好的估计(近代统计理论从许多角度对这一点作了论证,但这些理论都超出本书的范围).那么,用样本方差 s^2 估计总体方差 σ^2 如何呢?从理论上证明,这一般来说是一个很好的估计,但有一个缺点,就是它系统地偏低,需要适当修正.为了解释这个说法的意义,仍要通过简单的例子.

例 4.3 设某班有学生 5 名,记为 A,B,C,D,E.某次考试,他们的得分分别为 $100,80,60,40,0$.总体均值是 56,而总体方差是

$$\sigma^2 = \frac{1}{5}\big[(100-56)^2 + (80-56)^2 + (60-56)^2$$
$$+ (40-56)^2 + (0-56)^2\big]$$
$$= 1\,184(=10\,656/9)$$

不放回地抽样三次,设结果为 ACD,则样本方差是

$$s^2 = \frac{1}{3}\Big[\Big(100-\frac{200}{3}\Big)^2 + \Big(60-\frac{200}{3}\Big)^2 + \Big(40-\frac{200}{3}\Big)^2\Big]$$
$$= 5\,600/9$$

这个数显著低于 1 184,但这还只是抽样的一种可能结果,不足为据.为了得到更全面的了解,我们把不放回抽样三次的一切可能结果(共 10 种)及其相应的样本方差列于表 4.1.

表 4.1

抽出个体	ABC	ABD	ABE	ACD	ACE
样本数值	100,80,60	100,80,40	100,80,0	100,60,40	100,60,0
样本方差	$\frac{2\,400}{9}$	$\frac{5\,600}{9}$	$\frac{16\,800}{9}$	$\frac{5\,600}{9}$	$\frac{15\,200}{9}$
抽出个体	ADE	BCD	BCE	BDE	CDE
样本数值	100,40,0	80,60,40	80,60,0	80,40,0	60,40,0
样本方差	$\frac{15\,200}{9}$	$\frac{2\,400}{9}$	$\frac{10\,400}{9}$	$\frac{9\,600}{9}$	$\frac{5\,600}{9}$

在 10 个同等可能的情况中,有 7 个偏低,3 个偏高.又表 4.1 中 10

个样本方差的平均值为

$$\frac{1}{10}\left(\frac{2\,400}{9} + \frac{5\,600}{9} + \cdots + \frac{5\,600}{9}\right) = \frac{8\,880}{9} = \frac{2\,960}{3}$$

这个数小于 1 184.因此,若按公式(4.12)所定义的样本方差去估计总体方差,则平均得到偏低的结果(不排斥有时可以偏高,如本例中,在 10 种可能情况中有三种偏高).上文说它系统地偏低,就是这个意思. 在放回抽样时也有这个情况,补救之法就是把式(4.12)定义的 s^2 乘以一个大于 1 的因子.理论上证明,当样本大小为 n 时,这个因子分别是

$$\frac{n(N-1)}{(n-1)N} \quad \text{与} \quad \frac{n}{n-1}$$

视抽样为无放回或放回而定.这样得到估计

$$s^2_{\text{不放回}} = \frac{n(N-1)}{(n-1)N}s^2 = \frac{N-1}{(n-1)N}\sum_{i=1}^{n}(x_i - \bar{x})^2 \quad (4.14)$$

$$s^2_{\text{放回}} = \frac{n}{n-1}s^2 = \frac{1}{n-1}\sum_{i=1}^{n}(x_i - \bar{x})^2 \quad (4.15)$$

若按修正后的公式(4.14)去做本题,则在表 4.1 中 10 种可能情况下所得估计值的平均,正好等于总体方差 1 184.在统计学上,把具有这种性质的估计叫作**无偏估计**.注意无偏估计不是指这种估计永远不会有偏差,而是指它在各种可能情况下所取的值,平均起来正好等于被估计的值(此处是方差 σ^2),即正负偏差严格地抵消了.最重要的无偏估计,就是用样本均值 $\bar{x}$ 去估计总体均值 $\bar{a}$.这道理很清楚且不难证明,因为"一部分的平均的平均,等于整个的平均".

一般地,样本大小 n 都比较大,这时,修正系数 $\frac{n(N-1)}{(n-1)N}$ 和 $\frac{n}{n-1}$ 都接近 1.在这种情况下,修正就不太重要了.

在"比率"这个特殊场合,样本方差有更简单的形式:先用样本中的比率 $\hat{p} = m/n$ 去估计总体中的比率 $p = M/N$,然后以之代替总体方差公式(4.4)中的 p 即可.这样得到

$$s^2 = \hat{p}(1-\hat{p}) = \frac{m(n-m)}{n^2} \quad (4.16)$$

必要时可用公式(4.14)或(4.15)加以修正.

4.5 均值之差的估计

在应用中,除了估计某一个总体的均值外,还经常碰到比较两个总体均值大小的问题.比如说,要估计两总体均值的差.

设总体甲、乙分别含有 N_1 和 N_2 个个体,其指标值分别为 $a_1,\cdots,a_{N_1}$ 和 $b_1,\cdots,b_{N_2}$.它们的均值分别是

$$\bar{a} = \frac{1}{N_1}\sum_{i=1}^{N_1} a_i \quad \text{和} \quad \bar{b} = \frac{1}{N_2}\sum_{i=1}^{N_2} b_i$$

为估计 $\bar{b}-\bar{a}$,从甲、乙两总体中分别随机地抽出 n_1 和 n_2 个个体(放回或不放回都可以,也可以其一为放回,另一为不放回).抽出的个体指标值分别为 $x_1,\cdots,x_{n_1}$ 和 $y_1,\cdots,y_{n_2}$.它们的均值即样本均值,分别记为 $\bar{x}$ 和 $\bar{y}$:

$$\bar{x} = \frac{1}{n_1}\sum_{i=1}^{n_1} x_i, \quad \bar{y} = \frac{1}{n_2}\sum_{i=1}^{n_2} y_i$$

就用 $\bar{y}-\bar{x}$ 去估计 $\bar{b}-\bar{a}$,这种做法不学统计的人也可理解.问题在于这个估计的方差如何.关于这个问题,有下面很重要的结论:$\bar{y}-\bar{x}$ 的方差等于 $\bar{x}$ 的方差与 $\bar{y}$ 的方差之和.若以 $\sigma^2_{\bar{y}-\bar{x}}$,$\sigma^2_{\bar{x}}$ 和 $\sigma^2_{\bar{y}}$ 分别记 $\bar{y}-\bar{x}$,$\bar{x}$ 和 $\bar{y}$ 的方差,则上述结论可写成公式

$$\sigma^2_{\bar{y}-\bar{x}} = \sigma^2_{\bar{x}} + \sigma^2_{\bar{y}} \tag{4.17}$$

由于 $\bar{x}$ 和 $\bar{y}$ 的方差的计算问题已在前面解决(见式(4.3)、式(4.8)、式(4.11)).用此公式不难求得估计量 $\bar{y}-\bar{x}$ 的方差.例如,设从甲总体抽样是无放回的,而从乙总体抽样是有放回的,则有

$$\sigma^2_{\bar{y}-\bar{x}} = \frac{N_1-n_1}{N_1-1} \cdot \frac{1}{n_1} \cdot \frac{1}{N_1}\sum_{i=1}^{N_1}(a_i-\bar{a})^2$$
$$+ \frac{1}{n_2 N_2}\sum_{i=1}^{N_2}(b_i-\bar{b})^2$$

从式(4.17)看出,$\sigma^2_{\bar{y}-\bar{x}}$ 比 $\sigma^2_{\bar{x}}$ 和 $\sigma^2_{\bar{y}}$ 都大.由于方差增大意味着估计精度的降低,这意味着,估计两均值的差比估计其中任一个更难准确.

这道理从直觉上看当然也不难接受,但公式(4.17)给出了一个很简单的数量关系.若用别的指标(如平均绝对偏差),则不存在这种简单关系.方差能在应用上得到重视,这个性质也是一个重要理由.

用公式(4.17)计算 $\sigma^2_{\bar y-\bar x}$,需要知道甲、乙两总体的方差 $\sigma^2_{甲}$ 和 $\sigma^2_{乙}$.这两个方差一般未知,要由式(4.12)(或其修正式(4.13))通过样本去估计.

公式(4.17)的证明不难,我们花一点时间来介绍一下.首先要注意,我们可以把问题转化成 $n_1=n_2=1$ 的情况.这是因为,在前面我们讨论样本均值 $\bar x$ 的方差时,曾引进一个新总体,在原总体中抽样几次,转化到在新总体中抽样一次(建议读者复习一下例4.2).转化到新总体后,其所含个体数当然不再是 N_1 和 N_2,而是更大得多的数.为论证简便,设转化后的这两个新总体分别包含3和4个个体,其指标值分别为 c_1,c_2,c_3 和 d_1,d_2,d_3,d_4.问题转化为从这两个新总体中各抽一个样本 x 和 y,以 $y-x$ 估计均值差.这两个总体的方差,即 x 和 y 的方差 σ^2_x 和 σ^2_y 分别是

$$\sigma^2_x = \frac{1}{3}\sum_{i=1}^{3}(c_i-\bar c)^2, \quad \sigma^2_y = \frac{1}{4}\sum_{i=1}^{4}(d_i-\bar d)^2$$

其中 $\bar c$ 和 $\bar d$ 分别是 c_1,c_2,c_3 及 d_1,d_2,d_3,d_4 的均值.现 $y-x$ 可能取 $3\times 4=12$ 个数值,具体如下:

$$c_1-d_1, c_1-d_2, c_1-d_3, c_1-d_4$$
$$c_2-d_1, c_2-d_2, c_2-d_3, c_2-d_4$$
$$c_3-d_1, c_3-d_2, c_3-d_3, c_3-d_4$$

这12个值有同等可能的机会出现.不难算出这12个值的总和为 $4\sum_{i=1}^{3}c_i-3\sum_{i=1}^{4}d_i$,故均值为此值除以12,即 $\bar c-\bar d$.为计算方差,把上面12个数分别减去这个均值,得

$$(c_1-\bar c)-(d_1-\bar d),(c_1-\bar c)-(d_2-\bar d)$$
$$(c_1-\bar c)-(d_3-\bar d),(c_1-\bar c)-(d_4-\bar d)$$
$$(c_2-\bar c)-(d_1-\bar d),(c_2-\bar c)-(d_2-\bar d)$$

第 4 章 平均值与比率的精度

$$(c_2 - \bar{c}) - (d_3 - \bar{d}), (c_2 - \bar{c}) - (d_4 - \bar{d})$$
$$(c_3 - \bar{c}) - (d_1 - \bar{d}), (c_3 - \bar{c}) - (d_2 - \bar{d})$$
$$(c_3 - \bar{c}) - (d_3 - \bar{d}), (c_3 - \bar{c}) - (d_4 - \bar{d})$$

然后把这 12 个数平方后加起来,第 1 行 4 个数的平方和是

$$4(c_1 - \bar{c})^2 + \sum_{i=1}^{4}(d_i - \bar{d})^2 - 2(c_1 - \bar{c})\sum_{i=1}^{4}(d_i - \bar{d})$$

因为 $\sum_{i=1}^{4}(d_i - \bar{d}) = 0$,上式只剩下前两项,其他各行的和与此类似,只是 c_1 改为 c_2 或 c_3.于是得到以上 12 个数的平方和为 $4\sum_{i=1}^{3}(c_i - \bar{c})^2 + 3\sum_{i=1}^{4}(d_i - \bar{d})^2$,用它除以 12,得 $y - x$ 的方差为

$$\sigma_{y-x}^2 = \frac{1}{12}\left[4\sum_{i=1}^{3}(c_i - \bar{c})^2 + 3\sum_{i=1}^{4}(d_i - \bar{d})^2\right]$$
$$= \frac{1}{3}\sum_{i=1}^{3}(c_i - \bar{c})^2 + \frac{1}{4}\sum_{i=1}^{4}(d_i - \bar{d})^2$$
$$= \sigma_x^2 + \sigma_y^2$$

这证明了所述的事实.不难看出,在新总体包含的个体数为 M_1 和 M_2 的一般情况下,上述论证仍有效.

附录 式(4.8)和式(4.11)的证明

设总体包含 N 个个体,其指标值分别为 $a_1, \cdots, a_N$.从中随机地抽取出 n 个,它们的指标值分别记为 $x_1, \cdots, x_n$,则样本均值是 $\bar{x} = \frac{1}{n}(x_1 + \cdots + x_n)$.为了计算 $\bar{x}$ 的方差,需要先求出 $\bar{x}$ 所能取的一切数值的平均.如果暂时把这个平均值记为 b,则需要在求出 b 后,再对 $(\bar{x} - b)^2$ 的一切可能取的数值求平均,结果就是 $\bar{x}$ 的方差.这个算法是直接依据方差的定义.但是,列出 $\bar{x}$ 所可能取的一切数值很复杂(我们

在例 4.2 中对 $N=4$ 和 $n=2$ 这样做了,对更大的 N 和 n 就很麻烦).因此,我们不直接这样算,而是用比较间接的做法.

首先,为计算 b,注意

$$b = \bar{x}\text{取的一切值的平均}$$
$$= (x_1 \text{取值的平均} + \cdots + x_n \text{取值的平均}) \quad (4.18)$$

拿 x_1 来说,它是所抽的第一个个体的指标值.因为抽样是随机的,每个可能值都处在同等地位.因此,x_1 有同等的可能(可能性都是 $1/N$)取 $a_1,\cdots,a_N$ 中的一个,这说明

$$x_1 \text{取值的平均} = \frac{1}{N}(a_1 + \cdots + a_N) = \bar{a}$$

这个论点对 $x_2,\cdots,x_n$ 都有效.于是由式(4.18)得

$$b = \bar{x} \text{取值的平均} = \frac{1}{n}(\bar{a} + \cdots + \bar{a}) = \bar{a} \quad (4.19)$$

就是说,样本均值 $\bar{x}$ 所取值的平均就是原总体的均值 $\bar{a}$.在本章例 4.2 中我们曾以具体数据验证过这个关系,并指出它不是偶然的巧合.式(4.19)不依赖于抽样是否放回,它在两种情况下都成立.现有

$$(\bar{x} - b)^2 = \left(\frac{x_1 + \cdots + x_n}{n} - \bar{a}\right)^2$$
$$= \frac{1}{n^2}[(x_1 - \bar{a}) + \cdots + (x_n - \bar{a})]^2 \quad (4.20)$$

要求 $(\bar{x}-b)^2$ 的均值,我们可以把式(4.20)中的平方展开,逐项计算其均值并加起来即得.有两种类型的项:第一种是像 $(x_1 - \bar{a})^2$ 这样的平方项,共有 n 项;第二种是像 $(x_1-\bar{a})(x_2-\bar{a})$ 这样的交互乘积项,共有 $n(n-1)$ 项.

拿 $(x_1 - \bar{a})^2$ 来说,推理与前面相似:因抽样是随机的,x_1 有同等可能取 $a_1,\cdots,a_N$ 中的一个值.由此得到

$$(x_1 - \bar{a})^2 \text{ 的平均值} = \frac{1}{N}[(a_1 - \bar{a})^2 + \cdots + (a_N - \bar{a})^2]$$
$$= \sigma^2 \quad (4.21)$$

σ^2 就是总体方差.这个公式不依赖于抽样是否放回.同样的公式对 x_2, $\cdots$, x_n 也成立.

至于第二种 $(x_1 - \bar{a})(x_2 - \bar{a})$ 的平均值,则与抽样是否放回有关. 须知,x_1 和 x_2 是第 1,2 两次抽样的结果.若抽样有放回,则 x_1 和 x_2 可以是同一个个体的指标值.若抽样不放回,则只能是相异个体的指标值.从 N 个个体中拿两个做成对子,在准许重复时有 N^2 对(计较次序,下同),在不许重复时只有 $N(N-1)$ 对.因为抽样是随机的,每个对子有同等的机会被抽到.于是,在有放回的情况下,得到

$$(x_1 - \bar{a})(x_2 - \bar{a}) \text{ 的平均值} = \frac{1}{N^2} \sum_{i=1}^{N} \sum_{j=1}^{N} (a_i - \bar{a})(a_j - \bar{a})$$

$$= \frac{1}{N^2} \left[\sum_{i=1}^{N} (a_i - \bar{a}) \right]^2 = 0 \quad (4.22)$$

此因

$$\sum_{i=1}^{N} (a_i - \bar{a}) = (a_1 + \cdots + a_N) - N\bar{a}$$
$$= (a_1 + \cdots + a_N) - (a_1 + \cdots + a_N)$$
$$= 0$$

以上讨论对其他的 x_i, x_j 也适合,利用式(4.20)~式(4.22),并注意到第一种项有 n 个,得到在有放回的情况下

$$\bar{x} \text{ 的方差} = \frac{1}{n^2} n \sigma^2 = \frac{\sigma^2}{n}$$

此即式(4.11).

当抽样不放回时,只有 $N(N-1)$ 个对子,而在式(4.22)的求和中,凡是 $i = j$ 的那些项都没有了.由此得出在不放回的情况下,有

$(x_1 - \bar{a})(x_2 - \bar{a})$ 的平均值

$$= \frac{1}{N(N-1)} \left[\sum_{i=1}^{N} \sum_{j=1}^{N} (a_i - \bar{a})(a_j - \bar{a}) - \sum_{i=1}^{N} (a_i - \bar{a})^2 \right]$$

$$= \frac{-1}{N(N-1)} \sum_{i=1}^{N} (a_i - \bar{a})^2 = -\frac{\sigma^2}{N-1}$$

以上讨论对其他 x_i, x_j 也对,注意到两种项分别有 n 和 $n(n-1)$ 个,由式(4.20)～式(4.22),得到在不放回的情况下

$$\bar{x} \text{ 的方差} = \frac{1}{n^2}\left[n\sigma^2 - \frac{n(n-1)}{N-1}\sigma^2\right]$$
$$= \frac{N-n}{N-1} \cdot \frac{1}{n}\sigma^2$$

这就是式(4.8).

第5章 分布与区间估计

5.1 方差的局限性

在上一章中,我们引进了方差和标准差去刻画总体的散布度,并仔细解释了它在衡量样本均值的精度时所起的作用.所谓散布度,是指总体内各个体指标值的分散程度.它是一个与所有个体指标值都有关的集体概念.用一个综合性的数量指标去刻画它,哪怕就是用像方差这样的有很多良好性质的指标,也总是不全面的.为了对样本均值的精度问题得到更进一步的了解,我们不能只停留在方差的概念上,而需要引进一些其他的概念,以便对问题作更深入的讨论.这就是本章的目的.本章引进的一些概念,在统计学中都是很基本的,有广泛的应用,并不限于讨论样本均值的精度问题.

为了对方差概念的局限性有个具体的印象,我们先看一个例子.

例 5.1 某校某年级分成甲、乙、丙三个班,每班各有学生 25 名.某次数学考试的成绩列于表 5.1.

表 5.1

班级\人数\分数	80	70	60	50	40
甲	1	8	9	4	3
乙	5	5	5	5	5
丙	9	3	2	1	10

这三个班的平均分数(总体均值)都是 $a=60$.把每个班分别看作一个总体,这三个总体的方差和均方差,按上一章公式(4.3)计算,分别是

$$\sigma_甲^2 = \frac{1}{25}[1(80-60)^2 + 8(70-60)^2 + 9(60-60)^2$$
$$+ 4(50-60)^2 + 3(40-60)^2]$$
$$= \frac{1}{25} \times 2\,800 = 112$$

$\sigma_甲 = \sqrt{112} = 10.6$

$\sigma_乙^2 = 168, \quad \sigma_乙 = 13$

$\sigma_丙^2 = 320, \quad \sigma_丙 = 17.9$

如果以标准差 σ 作为衡量散布度的一个单位,则在各班中,与均值 60 的距离不超过一个单位的人数及所占比率的情况如下:

    甲班 共 21 人 占 84%

    乙班 共 15 人 占 60%

    丙班 共 6 人 占 24%

它们之间有很大的差别.在甲班中,绝大多数个体的指标值(学生的分数)与均值的距离都不超过标准差的一个单位.换句话说,总体中个体的指标值大体上处在 $\bar{a} \pm \sigma$ 范围.丙班则相反,大多数个体指标值在这个界限以外.乙班的情况介乎二者之间.

  我们可以从另一个角度来说明这个意思.设想我们从每个班中随机地抽取一个学生,以其分数 x 去估计该班的平均分数.由于我们认识到 x 是有误差的,且标准差 σ 从平均的意义上反映了误差幅度,我们决定把未知的平均分数 a 估计在 $x \pm \sigma$ 范围[①].这种形式的估计叫作**区间估计**,因为它把未知值估计在一个范围内.这是一种很常用的估计形式.人们常说,某人的年龄估计在 30 到 35 岁之间,到会的人数估计在 10 到 100 人之间等.与此相对,x 本身叫作点估计.因为它是用一个数 x(而不是一个范围)去估计未知的 a,而一个数在直线上可以用一个点来代表.

[①] 当然,一般说来 σ 也是未知的,因而 $x \pm \sigma$ 所确定的范围也不明确.解决方法是用 σ 的估计值 s 代替 σ(见上一章).这一来问题就更复杂了.此处为解释方便,暂且认定 σ 是已知的.

决定把 $\bar{a}$ 估计在 $x\pm\sigma$ 范围,其可靠程度如何呢?拿甲班来说,因为 $\sigma=\sigma_{甲}=10.6$.为使 $\bar{a}$ 真能在 $x\pm\sigma$ 范围,x 只能是 $50,60,70$ 这三种情况.由表 5.1 可看出,这三种分数在全部 25 人中占了 21 人.即在全部 25 种同等可能的情况中(因抽样是随机的,每个学生有同等可能被抽到),有 21 种情况使"$x\pm\sigma$ 这个估计对了",另外 4 种情况则使这个估计不对.例如,若抽出的那个学生是 80 分,则我们将估计甲班平均分数 $\bar{a}$ 在 80 ± 10.6,即 69.4 到 90.6 之间.因 $\bar{a}=60$,这是错误的,由此得出结论:对甲班而言,$x\pm\sigma$ 这个估计正确的可能性为 0.84,与上文从另一个角度分析得出的比率一样.对乙、丙班,$x\pm\sigma$ 这个估计的正确程度分别是 0.60 和 0.24.如果我们抽几个学生去估计全班的平均分数,也会出现类似的情况.

5.2 分布的概念

上节的例子具体说明了方差这个概念的不足之处,但这不是否定它的意义.我们承认,方差作为总体中各个体指标的散布程度的综合刻画,是很有用的.它在一定意义上也有助于刻画样本均值在估计总体均值时的精度.例 5.1 的意义是:只孤立地考察方差,不足以了解样本均值的精度问题的某些很重要的方面.

要比较全面地考察这个问题,就需要对总体中全部个体指标值的分布状况进行了解.从表 5.1 我们注意到:在甲班中,个体指标值的分布呈现"中间大,两头小"的趋势.在乙班中则呈现一种均匀性质的分布.丙班则相反,指标值的分布是"两头大,中间小".大体上说,指标值分布上的这种差异,导致了例 5.1 中的现象,即区间 $x\pm\sigma$ 的可靠程度有很大差异.

"分布"是一个常碰到的概念.人们常听到诸如某种事物或刻画它的数量,在时间或空间范围中如何"分布"的说法.例如,我国华侨在世界的分布状况是指在各地区大概有多少华侨;一天内某城市交通事故在时间上的分布情况,可以指在一天各段时间内交通事故的数目或其百分比;等等.仿此,各班学生数学成绩的分布情况,就是指例 5.1 那张表,它确切地列出了具有各种分数的学生各有多少.

在此,我们马上要澄清一个疑问.如果我们真的对总体中个体指标值的分布情况有了完全的了解,则该总体的均值、方差以及一切有关的、使我们感兴趣的量,在原则上都知道了(当然,在计算时可能很复杂,但这不是原则问题).这时,我们可以确切地回答所提出的任何问题(例如该班平均分数多少、不及格的比率多大等等),而不用通过抽取样本去估计.这样一来,岂不就构成一个无头的循环?为了回答与总体有关的某种问题,需要进行抽样并使用统计方法.为了估价所用的统计方法,需要知道总体的分布,而一旦知道了总体的分布,抽样和统计方法又无此必要了.我们知道确实存在着这种"循环"问题,但也有一些解决的办法.例如:

(1)在有些问题中,由于理论的根据或经验的启示,可以对总体中指标值分布情况有一定程度的认识,或可以提出种种合理的假定.例如,前面提到的"两头小,中间大"的情况,在现实生活中就是常见的.如一个国家成年男子身高的分布情况,虽不知其详,但大体上总是以某个值为中心,在这个值附近的人较多,离此值愈远,人数愈少.对这样一个一般性的现象加以精确化,并注入一些数学上的假定成分,就提供了对总体指标分布的很有用的认识.在这种基础上可建立一些有用的统计方法.

(2)理论上证明:当样本大小相当大,就是说,当从总体中抽出许多个体时,在它们的基础上建立的统计方法,与总体分布的关系很小,而在应用上,常碰到样本大小很大的情况.

(3)我们可设法建立一些统计方法,它们的性能不很依赖于总体中指标的分布.在这种情况下,关于总体分布的确切知识就不太重要了.对这类统计方法的研究已构成统计学中的一个重要分支.

(4)必要时,可通过样本去了解总体分布.因为样本是总体中所含全部个体的代表(代表性有好有坏,要看样本大小与抽样的结果而定),故指标在样本中的分布,大体上能反映指标在总体中的分布.这也只有在样本大小足够大时才可用.

对这几点,目前还不能讲得很具体,我们将结合以后的内容再作更清楚的解释.

5.3 分布的列表形式

"总体中各个体指标值的分布",常简称为"总体分布",我们要对它下一个正式的定义.

设一个总体有 N 个个体,它们的指标值分别为 $a_1,\cdots,a_N$.所谓"指标值",就是个体的某种性质的数量刻画,而这种性质则是与我们所研究的问题有关的.如例 5.1 的甲班,有 25 个个体,每一个体的指标值就是它的数学分数.又如我们关心的问题是甲班学生的身高,则个体指标值就是其身高.在第 1 章中我们就曾指出:从统计学的观点看,个体的实际内容(一个人、一件产品等等)无关紧要,只需对每一个体都给一确定的指标值,此即刚才提到的 $a_1,\cdots,a_N$.把这些数值排列成一张表(见表 5.2),就是总体分布.

表 5.2

指标值	a_1	a_2	$\cdots$	a_N
个 数	1	1	$\cdots$	1
比 率	$1/N$	$1/N$	$\cdots$	$1/N$

$a_1,\cdots,a_N$ 中难免会有相同的,一般在列表时,把它们合起来.设 $a_1,\cdots,a_N$ 中不同的有 M 个,其数值是 $b_1,\cdots,b_M$.又在原总体中,指标值为 b_1 的有 N_1 个,为 b_2 的有 N_2 个……为 b_M 的有 N_M 个.把总体分布列成表 5.3.

表 5.3

指标值	b_1	b_2	$\cdots$	b_M
个 数	N_1	N_2	$\cdots$	N_M
比 率	N_1/N	N_2/N	$\cdots$	N_M/N

当然有 $N_1+\cdots+N_M=N$,所以比率的和为 1.表 5.1 就是总体分

布的例子,只是没有列出比率这一栏.如在甲班,有 25 个学生(个体),每人有一个分数,但不同的分数只有 80,70,60,50,40 等五种.它们相当于 $b_1,\cdots,b_5(M=5)$.具有这些分数的人分别有 1,8,9,4,3 个.它们相当于 $N_1,\cdots,N_5$.表 5.3 是在表 5.2 的基础上整理而来的.表 5.2 是杂乱无章的且有很多重复.表 5.3 中的数值 $b_1,\cdots,b_M$ 可按大小排列且无重复,因而更醒目.

常常把表 5.3 中"个数"那一栏删去,见表 5.4.此处已把 N_1/N,N_2/N,$\cdots$写成 $p_1,p_2,\cdots$.显然有 $p_i\geqslant 0,\sum_{i=1}^{M}p_i=1$.原则上可以要求 $p_i>0$(因若 $p_i=0$,则总体中并无个体的指标值为 b_i,而 b_i 可从表 5.4 中删去).但有时我们不能完全肯定是否有取某个值的个体存在,故允许 p_i 取 0 值较灵活一些.人们常把表 5.4 就称作总体分布.要注意的是,由表 5.4 看不出总体所包含的个体数 N.但人们宁愿用这个形式,是因为在具体问题中,N 都是很大(甚至可以说是无穷大),其具体数值没有多大意义或根本给不出来.在 N 不太大的情况下,如有必要,可另外给出 N 的值.

表 5.4

指标值	b_1	b_2	$\cdots$	b_M
比率	p_1	p_2	$\cdots$	p_M

在统计学上,人们习惯用一个字母,如用 X,Y 之类作为"指标值"的记号.这种记法多少有点抽象的意味,因为此时的记号 X 已不是指某一个特定个体的指标值,而只是泛指.你可以这样去理解:当个体在总体内"流动"时,它的指标值 X 也不断地变化.因此,X 是一个变化着的量,在数学上称为变量.X 所能取的一切值,即表 5.4 中的 $b_1,\cdots,b_M$ 称为它的"可能值".这样,我们可以改称"总体分布"为"变量 X 的分布"(见表 5.5).

表 5.5 变量 X 的分布

指标值	b_1	b_2	$\cdots$	b_M
比率	p_1	p_2	$\cdots$	p_M

可以从抽样的角度去看这张表.设我们从总体中随机抽出一个个体,并以 X 记其指标值,则 X 可以是 b_1,也可以是 $b_2,\cdots,$或 b_M.它取 b_1 的机会有多大呢?共有 N 个个体,其中有 N_1 个的指标值为 b_1.因抽样是随机的,每一个有同等机会($1/N$)被抽出.由此知 X 取 b_1 的机会为 $N_1/N=p_1$.类似地,它取值 $b_2,\cdots,b_M$ 的机会分别为 $p_2,\cdots,p_M$.这就从另外一个角度给了表 5.5 中"比率"那一行一个解释,后面还要讲这个问题.

在这个看法之下,我们可以把 X 说成是一个可变的量(随着抽样结果的不同,X 的取值可以改变),其值随机会而定.因此,常把 X 称为**随机变量**,即"其值是随机会而定的变量".因为我们关心的不是总体中那些具体的个体,而是其特定的指标值 X,故我们可以而且常常用变量 X 来代表或指示问题中的总体.给出了变量 X 的分布表 5.5,等于给出了总体.拿例 5.1 来说,用 X 记"甲班学生的分数"(注意此处 X 不是指甲班中某个特定学生的分数,而属于泛指性质.或者说,X 是从甲班中随机地抽出的一个学生的分数).X 这个随机变量的分布是表 5.6.

表 5.6

可能值	80	70	60	50	40
比　率	0.04	0.32	0.36	0.16	0.12

这里已看不出全班有多少人,必要时可另外指出.在实际问题中,所碰到的总体一般都包含很大数量的个体.在这种情况下,总体所含个体的确切数目已不重要(参看上一章的有关部分),故这时给出形如表 5.5 的分布已够了.

5.4　直方图与密度函数

如果总体包含的个体数目很大,则有许多个不同的指标值.在这种情况下,直接给出如表 5.4 那样的总体分布形式并不方便.因为这将是一张很庞杂的表,反而把分布的基本特性掩盖了.为此,人们往往把一些相近的指标值结成一组,而给出组的比率.例如,在某一城市中高考数学分数 X 的分布,如果按每一分占多大比率给出,则这个表包含上百个比率,不易看出其规律性.如按 10 分一组,则比方说可以给出表 5.7.

表 5.7

分数	0~10	11~20	21~30	31~40	41~50
比率	0.01	0.04	0.06	0.08	0.15
分数	51~60	61~70	71~80	81~90	91~100
比率	0.20	0.25	0.13	0.07	0.04

还可以把表 5.7 画成一个像图 5.1 那样的图形,叫作**直方图**.从这张图上就可以更醒目地看出数学考分的大致分布趋势,如果你并不需要很详细地了解该城市考生数学考分的情况,而只要了解一个大概趋势,则这张表或图能使你在很短的时间内达到这个目的.这种分组的方法以及相应的直方图,在统计工作中是一个经常采用的工具.当然,与确切的分布(它给出具有每个分数的考生所占比率)相比,这种表或

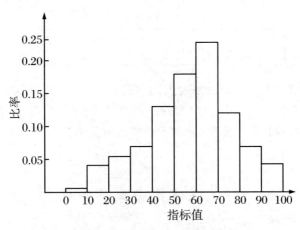

图 5.1 表 5.7 的分布的直方图

图掩盖了一些细节.例如,从这张表或图上,看不出分数在 65 到 75 之间的考生所占比率.要保留更多的细节,就要把分组的间隔弄得更小.如在本例中,可以用 5 分为间隔.但间隔取得太小,使分布的细节过分显露出来,会有不少局部的波动而使总的趋势不明显,因而多少违背了分组的原意.因此,分组间隔(组距)需要定得恰当,要根据指标变化的范围和总体所含个体的数目来定.在一般应用中,保持分组的数目在 8~20 个为宜,例如 12 个左右.这要看情况而定,以能显出分布趋势又不过于粗糙为准.

这种用直方图表示分布的方法,不只是在工作中提供了一种醒目的、方便的工具,还可以用来引出统计学中一个十分重要的基础性概念——**分布密度曲线**或**分布密度函数**[①]的概念.

在许多实际问题中,总体所含个体数或者是为数极大的,或者在理论上说是无穷多的.在第 1 章中我们谈到过的那个称物的试验就是一个例子.一般地,当某种指标值是由试验产生的,而试验原则上可在同样条件下无限制地重复时,都是这种情况.例如某种产品的外径,原则上可以设想,这种产品可以在同样的条件下造出无穷多个,每个有一个外径,它们都是一个可能的指标值.若以 X 记"产品的外径",则 X 这个变量原则上有无穷个可能值,即令我们想要以表 5.4 的形式给出总体指标的分布也不可能.这时,为了探求这个总体分布,我们可以采用"以有限逼近无限"的方法.如在本例中可以这样设想:先取 1 000 个这种产品,取组距为 5 毫米,作出一个直方图,如果只需要粗略地了解外径分布的趋势,这可能已够了.如果不够,可以取 10 000 件这种产品,取组距为 1 毫米,作一个直方图,则这更接近"外径"这个指标的真实分布情况.如有需要,还可以取更多的产品和更小的组距.这样,一开始我们得到一个像图 5.1 那样较粗糙的直方图,以后则可以作出愈来愈精细的直方图,如图 5.2(a)所示.最后,当产品个数无限制地增加下

[①] 在统计学上,习惯使用的名词是"概率密度曲线"和"概率密度函数".这个名词将在后面解释.

去时,这种直方图在理论上愈来愈接近一条曲线,如图 5.2(b)所示.从理论的观点看,这条曲线给出了总体指标分布的一个完整的描述,称为总体指标的分布密度曲线.如果在平面上引进直角坐标系,分别以 x 和 y 记一个点的横坐标和纵坐标,则一条曲线可用一个函数 $y = f(x)$ 去刻画.这个函数 $f(x)$ 也就称为总体指标的分布密度函数. y 是 x 的函数 $f(x)$,意思是说,在 x 和 y 之间存在着一种确定的关系,可以通过 x 的值表达出 y 的值.例如 $y = x^2 + 1$, $y = \sin^2 x$ 等等,都是函数.因为只要给了 x 的值,就可以根据写出的等式决定 y 的值.一个函数的确切内容就反映在这个等式中,其具体形式当然依赖于所讨论的问题的性质.

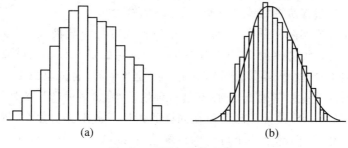

图 5.2 不同组距的直方图

总体指标的密度曲线有以下三条基本性质:

(1) 这条曲线全在横轴的上方;

(2) 总体中,指标值介于 a 和 b 之间的个体所占的比率,等于图 5.3 中斜线部分的面积;

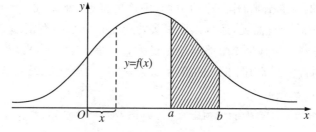

图 5.3 分布密度曲线与函数

(3) 曲线与横坐标轴之间围成的面积等于 1.

下面我们对这几条逐一作些解释.

性质(1)很明显,因为直方图就画在横轴的上方,密度曲线不过是一种组距极小的直方图,故仍要具有这个性质.

性质(2)是密度曲线最重要的性质,这条性质需要对指标的单位作一定的选择,然后适当调整直方图的高,使之反映"一个单位所占的比率"[①].这个意思只有拿一个具体例子才好说清楚.如图 5.1 中那个直方图,若我们以该图的组距 10 作为一"单位"而保持图中的比率不变,则图中每一个矩形,例如 40~50 分范围那个矩形,其面积正好等于该区间内个体所占比率(面积=底×高,底是一"单位",其长为 1,而高就是比率).因此,在该图中两分点之间个体数所占比率,正好等于两分点之间矩形面积之和.例如,40 分与 70 分之间的学生数所占比率为三个矩形面积之和,等于 0.60.若要以 1 分作为单位,则必须把图 5.1 中"比率"轴上的数字都除以 10,才能保持这个性质.一句话:在作直方图时,"比率"轴上标出的数字要根据直方图中各矩形的面积,而不是根据其高得出.如果这样做了,则画出的直方图就具有性质:总体中个体的指标值落在图上两分点之间所占的比率,等于这两分点之间矩形的面积之和.这一性质与组距的大小无关,当组距极小时,直方图转化为密度曲线,故密度曲线具有所述的性质.

性质(3)在一定意义上是性质 2 的特例.它反映了"比率之和为 1"这一点,如按上面交代的规则作直方图,则直方图中一切矩形面积之和将等于 1.在分布曲线的场合就是性质(3).

如果总体中所含个体的数目极大,但仍是有穷的,则在作直方图时,组距不可能定得任意小.这样,严格说来总体指标的分布也就无法用一条曲线去描述.但在理论上为讨论问题的方便,我们把这种总体按**无穷总体**(包含无穷多个个体的总体)一例看待,并用一条曲线去近似其直方图.也可以这样看:我们用一条曲线去反映总体分布的基本

[①] 单位长所占比率就是比率密度,这正是密度曲线这个词的来由.

特征,而舍弃若干不甚重要的细节.这种做法在各种科技部门中都是常见的.数学学得不多的同志,以及对统计学的理论部分了解甚少的同志,不大能体会到用一条曲线(一个函数)去刻画一个分布的好处,反而可能认为,用矩形构成的直方图在概念上更好理解,应用上也未必不方便.这个问题在本书这个程度上难于彻底说清楚,只能粗略地提出以下两点:① 在数学的演算和论证上,处理曲线比处理一个包含许多矩形的直方图确实要方便些;② 密度函数由于舍弃了分布中的一些无关紧要的成分而突出了其主要趋势,实质上是作了一种简化.特别是,由于在许多性质不同的问题中,指标值的分布尽管在次要细节上可能有些不同,但在主要趋势上往往有一些共同性,这就使某些密度函数有很广的代表性,因而有很广的应用范围.在统计理论上,只要把对有这种密度函数的总体的统计问题研究清楚了,就可用于解决很多具体问题.在统计学中,这类重要的密度函数颇有一些,其中尤以下面介绍的正态密度函数最为重要.

前面已经提到,总体指标可视为一个随机变量 X.因此,上文定出的分布密度函数也称为随机变量 X 的分布密度函数.

5.5 标准正态分布

标准正态密度函数是图 5.4 中的曲线所代表的函数.这条曲线关于 y 轴对称.就是说,如果把这张纸沿 y 轴折叠起来,则图形右边的部

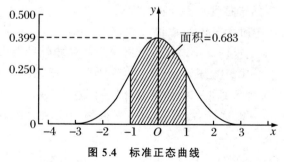

图 5.4 标准正态曲线

分与左边的部分合二为一.这条曲线在 $x=0$ 处达到它的最高点,从这最高点出发,往正负两个方向都下降到横轴上去.这条曲线与横轴(x轴)所围成的面积为1,而且：

在 -1 到 1 之间的面积为 0.683；

在 -2 到 2 之间的面积为 0.956；

在 -3 到 3 之间的面积为 0.997；

在 -1.960 到 1.960 之间的面积为 0.950；

在 -2.576 到 2.576 之间的面积为 0.990；

等等.书末附有这个分布的简表.

标准正态密度函数的确切形式由公式

$$y = \frac{1}{\sqrt{2\pi}} e^{-x^2/2} \tag{5.1}$$

给出.这里 $\pi = 3.14159\cdots$ 是圆周率,$e = 2.71828\cdots$ 是自然对数的底.对不熟悉公式(5.1)中涉及的运算的确切意义的读者,就只能满足于前面所作的一般性描述.好在这关系也不大,因为本书中不会涉及多少纯理论的问题,确切的表达式(5.1)不是必需的.

现设有一个总体,考虑其个体的某项指标 X.用 a 和 σ^2 分别记指标 X 的平均值和方差(σ 是标准差).我们把指标 X "标准化",即减去其均值 a 并除以标准差 σ.经过这个变换的新指标记为 X',

$$X' = \frac{X-a}{\sigma} \tag{5.2}$$

这相当于把原点移到均值 a 处,并取 σ 为单位.如果这样得到的新指标 X' 具有标准正态密度函数(5.1),则我们称原指标 X 有(或服从、遵从)正态分布.由此可见,正态分布不止一个,而是有很多.不论总体指标值 X 的均值 a 和方差 σ^2 等于多少,它都可能服从正态分布,只要经过式(5.2)变换后,X' 能有标准正态密度函数(5.1)即可.如果总体指标值 X 的均值是 0,方差是 1,则当它有正态分布时,它的密度函数就是式(5.1)."标准"一词的意思,正是指总体指标的均值和方差分别为 0 和 1.在统计学上,常用记号 $N(0,1)$ 来记标准正态分布.这里 N 是英语

"Normal"的第一个字母,0,1 分别记均值和方差.仿此,用 $N(a,\sigma^2)$ 记均值为 a、方差为 σ^2 的正态分布.若指标 X 有这样一个正态分布,则一般常记为 $X\sim N(a,\sigma^2)$.前面提到的标准化手续,用这种记号,可表述为:若 $X\sim N(a,\sigma^2)$,则 $(X-a)/\sigma\sim N(0,1)$.

正态分布是统计学中最重要的一种分布,这可以从实用与理论两个方面去说明.

从实用的方面看,在许多问题中,总体指标的分布都很接近于正态.例如一群人的身高、体重、血压,重复测量某个量(如称物)所得到的结果,大批生产一种产品时,其某项质量指标等等.人们曾就许多在具体问题中碰到的数据进行检验,发现它们与正态分布符合的程度都很高,以至在 19 世纪有一个时期,人们曾把这看成一个普遍的规律.虽然后来发现这个看法太简单化了(这在一定程度上要归功于数理统计学的奠基者之一——皮尔逊,他发现一些生物学上的数据有较严重的偏态,不适合用正态分布去描述,为此他引进了一类以他自己的名字命名的分布),但正态分布的重要性并不因此而降低,因为它确实能令人满意地描述一大批原本不同的问题中的分布.正态分布有时又称为常态分布.这个名词就隐含了一种意思,认为这种分布是合乎常规的,是事物在通常状态下应服从的规律.这一点后来在一定程度上得到了理论上的解释,研究的结果证明,如果某项指标 X 与其平均值 a 的偏差,是由大量的带随机性的因素所导致的,而每个因素起的作用又很小,则 X 的分布就接近于正态.这样的情况很多,例如某群人的身高,这群人有一个平均身高 a,任一个人的身高 X 与 a 有一定的偏差 $X-a$,其所以形成这个偏差,原因很多,每一项似乎都不是决定性的,它们的联合作用造成了这个偏差.工业产品的质量指标一般也符合这个情况,这甚至比身高这个例子更贴切些.从一大批产品中抽出一个,其质量指标 X 与平均值 a 的偏差 $X-a$ 的产生,是由于一大堆的偶然性因素的作用,每个因素的作用相对说来都不大,也无法查究.

如果正态分布只是在实用上常见,而缺乏有效的统计方法去对付它,那么它也许不会占如此重要的地位.可巧的是,这个分布从其表达式(5.1)看似乎不很简单,但有关它的统计问题在理论上却解决得很彻底且便于应用,这是在理论上正态分布占据如此重要地位的原因.

正态分布具有许多优良性质,限于本书的性质,无法作深入的讨论,这里只提及以后有用的几点.

(1) 样本均值的正态性.设总体中个体的某项指标 $X \sim N(a, \sigma^2)$. 我们复习一下这个记号的意思:该指标 X 有均值 a、方差 σ^2,并在变换到 $X' = (X - a)/\sigma$ 后,X' 有标准正态密度函数(5.1),或者说,$X' \sim N(0,1)$.现在给定一个自然数 n,从该总体中随机地抽出 n 个样本,结果记为 $X_1, \cdots, X_n$,以 $\bar{X}$ 记样本均值 $\sum_{i=1}^{n} X_i / n$,则 $\bar{X}$ 仍服从正态分布.

要理解(而不是从数学上严格证明)这个重要命题,需注意以下两点:① 凡是其某项指标服从正态分布的那种总体,在理论上必然包含无穷多个体,因而抽样没有放回与否之分(一律按放回处理).但在实际问题中,有可能总体是有限的而正态性只是一种近似.这时总体必然要包含数量极大的个体,其分布才能以很高的精度接近正态.如果样本大小 n 不大(相对于总体所含个体数 N 而言),则样本均值 $\bar{X}$ 的正态性仍成立(当然也只是近似),与抽样是否放回无关.② "样本均值 $\bar{X}$ 的分布"一语,是这样理解的:每次从总体中抽出 n 个样本,就可以算得 $\bar{X}$ 的一个数值.这个过程可以无限制地继续下去,而得到 $\bar{X}$ 的大量的(理论上说是无穷多)数值,这些数值服从一定的分布,就是 $\bar{X}$ 的分布.

在上一章中我们曾指出:若 $\bar{X}$ 有均值 a、方差 σ^2,则 $\bar{X}$(样本大小为 n)有均值 a、方差 σ^2/n.因此,这个命题可以简单地用符号表述为

$$\bar{X} \sim N(a, \sigma^2/n) \tag{5.3}$$

(2) 若指标 X 服从正态分布 $N(a, \sigma^2)$,A 和 B 为两个常数,$A \neq 0$.令 $Y = AX + B$,则指标 Y 仍服从正态分布,确切地说,有

$$Y \sim N(Aa + B, A^2\sigma^2) \tag{5.4}$$

从 $\bar{X}$ 到 Y 经历了一个线性变换.因此,这个命题可说成:正态分布在

线性变换下保持不变.

为了论证这个命题,先要计算指标 Y 的均值和方差.为此,假定指标 X 的分布为表 5.3,则因当 X 取值 b_i 时,Y 取值 $Ab_i + B$,又因 $A \neq 0$,当 $b_i \neq b_j$ 时,$Ab_i + B \neq Ab_j + B$,所以指标 Y 的分布可列成表 5.8(删去比率一栏).其平均值(记为 c)为

$$c = \frac{1}{N}[N_1(Ab_1 + B) + N_2(Ab_2 + B) + \cdots + N_M(Ab_M + B)]$$

$$= A\frac{N_1 b_1 + N_2 b_2 + \cdots + N_M b_M}{N} + B\frac{N_1 + N_2 + \cdots + N_M}{N}$$

表 5.8

指标值	$Ab_1 + B$	$Ab_2 + B$	$\cdots$	$Ab_M + B$
个 数	N_1	N_2	$\cdots$	N_M

因为 $N_1 + \cdots + N_M = N$,且 $(N_1 b_1 + \cdots + N_M b_M)/N$ 就是 X 的均值 a,故由上式得到

$$c = Aa + B \qquad (5.5)$$

再计算 Y 的方差(记为 δ^2).按第 4 章公式(4.3),有

$$\delta^2 = \frac{1}{N}\{[(Ab_1 + B) - (Aa + B)]^2 N_1$$

$$+ [(Ab_2 + B) - (Aa + B)]^2 N_2$$

$$+ \cdots$$

$$+ [(Ab_M + B) - (Aa + B)]^2 N_M\}$$

$$= \frac{1}{N}A^2[(b_1 - a)^2 N_1 + (b_2 - a)^2 N_2 + \cdots + (b_M - a)^2 N_M]$$

而按第 4 章公式(4.3),此式就是 $A^2 \sigma^2$.故

$$\delta^2 = A^2 \sigma^2 \qquad (5.6)$$

附带指出:式(5.5)和式(5.6)给出了当随机变量(个体的指标值)经线性变换时,其均值和方差的改变情况,是重要而有用的公式.

现在我们把指标 Y 标准化,即减去其均值并用其标准差 $|A|\sigma$ 去除(因 A 可以小于 0 而标准差大于 0,故标准差是 $|A|\sigma$ 而不是 $A\sigma$),

得

$$\frac{Y-c}{|A|\sigma} = \frac{(AX+B)-(Aa+B)}{|A|\sigma}$$
$$= \frac{A}{|A|} \cdot \frac{X-a}{\sigma}$$

若 $A>0$，则 $|A|=A$，于是 Y 的标准化就等于 X 的标准化 $(X-a)/\sigma$. 由于假定了 X 服从正态分布，知 $(X-a)/\sigma \sim N(0,1)$，故 Y 的标准化 $(Y-c)/(|A|\sigma) \sim N(0,1)$，这表明 Y 有正态分布. 当 $A<0$ 时，情况复杂一些，有 $(Y-c)/(|A|\sigma) = -(X-a)/\sigma$. 因为 $(X-a)/\sigma \sim N(0,1)$，而标准正态密度函数关于 0 点对称，故在 $(X-a)/\sigma$ 前加上负号不改变其分布，因此仍得到与 $A>0$ 时同样的结果.

5.6 正态分布均值的区间估计（方差已知）

现在我们回到本章开始时提出的问题，即有关用样本均值估计总体均值的精度问题. 前面我们已指出，标准差虽然可以在某种平均意义上反映样本均值的精度，但从区间估计的角度去看，仅凭标准差已不能给出什么带普遍性的结论，而必须结合指标的分布去考察才行. 由于在实际问题中分布是各式各样的，这就注定了不可能提出一种简易可行、处处适用的方法. 幸好有一类分布，即上文特别加以介绍的正态分布，有很大的普遍性. 因此，针对这种分布提出的解法，就有相当程度的普遍意义. 且我们还将指出，对一般的（可以是非正态的）分布而言，只要样本大小足够大，基于正态分布的解法仍能适用，只是从理论上说，这种解法是近似的而非确切的.

我们分几种情况来讨论. 先假定：总体中个体指标 X 的分布为正态的，而 X 的方差 σ^2 已知，即 $X \sim N(a,\sigma^2)$，其中 σ^2 已知，要估计的是均值 a. 一般地讲，方差已知的情况在实用中不多见. 但在有些情况下，根据以往的经验，也可能对它有较充分的了解，因而可以在问题中给它指定一个适当的值. 例如，在一架天平上重复称量一个物件以估

计其质量 a.在此,方差 σ^2 反映了天平的精密度.如果该天平已使用过一段时间,人们对其精度有了充分的了解,就可能给 σ^2 定出一个合乎实际的数值.

现从总体中抽取了 n 个样本(n 个个体的指标值)$X_1,\cdots,X_n$.因为我们已经用 X 这个变量去泛指总体中个体的指标,这抽样而得到的 $X_1,\cdots,X_n$ 是变量 X 在 n 次试验或观察(每抽样一次,就是做一次试验或观察)之下所实现的值,因此在统计学中常把"从总体中抽取 n 个个体,其指标值分别为 $X_1,\cdots,X_n$"这个冗长的表述,简化为"$X_1,\cdots,X_n$ 是 X 的观察值",或"对 X 进行 n 次观察得 $X_1,\cdots,X_n$",或"$X_1,\cdots,X_n$ 是 X 的样本".由于已假定了总体指标 X 有正态分布 $N(a,\sigma^2)$,根据式(5.3),知样本均值 $\bar{X}$ 有正态分布 $N(a,\sigma^2/n)$,于是标准化变量

$$(\bar{X}-a)/\frac{\sigma}{\sqrt{n}} = \sqrt{n}(\bar{X}-a)/\sigma$$

服从标准正态分布 $N(0,1)$.

根据前面所述,标准正态密度曲线在 -1 到 1 之间的那部分面积为 0.683.这句话的实际含义是:若总体中个体指标 X 服从标准正态分布,则其指标值介于 ± 1 之间的那些个体,在总体中所占比率为 $0.683 = 68.3\%$.或者说,若从该总体中随机地抽出一个个体而测定其指标值 X,则不等式 $-1 \leqslant X \leqslant 1$ 实现的机会为 0.683.由于 $\sqrt{n}(\bar{X}-a)/\sigma$ 服从标准正态分布,根据这个结论,不等式

$$-1 \leqslant \sqrt{n}(\bar{X}-a)/\sigma \leqslant 1 \tag{5.7}$$

实现的机会为 0.683.不等式(5.7)可以改写为

$$\bar{X} - \frac{\sigma}{\sqrt{n}} \leqslant a \leqslant \bar{X} + \frac{\sigma}{\sqrt{n}} \tag{5.8}$$

于是刚才的结论可改述为:式(5.8)实现的机会为 0.683.式(5.8)给出了未知值 a 的一个范围,即一个区间估计,其左右端点分别为 $\bar{x} - \sigma/\sqrt{n}$ 和 $\bar{x} + \sigma/\sqrt{n}$(也常把这个区间估计写为 $\bar{X} \pm \sigma/\sqrt{n}$).注意此区

间的两端都已知.$\bar{X}$ 从样本算出,而 σ 假定是已知的.以上的论述总结成下面几句话:抽样得出样本 $X_1,\cdots,X_n$,算出样本均值 $\bar{X}$,把未知的均值 a 估计在区间 (5.8) 内,正确(即 a 确在此区间内)的机会是 0.683,接近 0.7.在统计学上,把 0.683 叫作区间估计 (5.8) 的**置信系数**.通俗些说,意思如下:如果我们说未知的 a 值落在区间 (5.8) 内,对这个说法能相信到怎样的程度呢? 0.683 这个数字就确切地反映了这个程度.

如果一件事的发生只有约 70% 的把握,这一般可能会嫌太小些.我们可以提高这个数字,付出的代价是把区间的长度加大,因而估计就变得越来越不确定.例如,仿照推导出式 (5.8) 的做法,我们可得到一系列的区间估计

$\bar{X} \pm 2\sigma/\sqrt{n}$ (置信系数为 0.956)

$\bar{X} \pm 3\sigma/\sqrt{n}$ (置信系数为 0.997)

$\bar{X} \pm 1.96\sigma/\sqrt{n}$ (置信系数为 0.95)

$\bar{X} \pm 2.576\sigma/\sqrt{n}$ (置信系数为 0.99)

等等.我们看到,区间估计 $\bar{X} \pm 2\sigma/\sqrt{n}$ 正确的机会,即未知的均值 a 真是介于 $\bar{X} - 2\sigma/\sqrt{n}$ 与 $\bar{X} + 2\sigma/\sqrt{n}$ 之间的机会,达到 0.956,这比原来用 $\bar{X} \pm \sigma/\sqrt{n}$ 时相应的系数 0.683 高出很多,但付出的代价是区间长度大了一倍.从这个例子也看出统计推断的一个特点:统计推断往往并不截然地指出某件事情的是或非,而是希望尽可能给各种回答的正确程度以数量上的刻画.如你在路上碰到一个人,你估计他的年龄在 20 到 22 岁之间,这估计算是相当确切了,但把握不大.你也可以估计他的年龄在 15 到 30 岁之间,这把握可能很大,但估计太粗糙了.不过在日常生活中,对这类说法无法给以确切的数量刻画,因为你无法用一种合理的方法,标出"20～22 岁之间"这个估计的把握究竟有多大.

再回到上面的问题,究竟置信系数取多大为好呢? 换句话说,对估计的正确性给予多大的数量保障为好呢? 这当然要看问题的性质,要看一旦发生错误时可能导致的后果.在统计学上,当并无特殊的要

求时，人们往往取 0.95 这个数字为置信系数，这在本问题中，相应于区间估计 $\overline{X} \pm 1.96\sigma/\sqrt{n}$. 若要求把握更大些，也可以取 $\overline{X} \pm 2.576\sigma/\sqrt{n}$，这相应的置信系数为 0.99. 如果你不要求有这么大的把握，也可以取置信系数为 0.90，这相应于区间估计 $\overline{X} \pm 1.645\sigma/\sqrt{n}$，但一般以 0.95 用得最多.

一旦取定了一个置信系数，则区间长度也定下来了. 例如，取置信系数为 0.95，则区间长度为

$$l = 3.92\sigma/\sqrt{n} \qquad (5.9)$$

如果 l 太大，则估计很粗糙并且实际意义也很小. 我们不能靠牺牲置信系数来降低这个长度，因为这会使估计变得很不可靠，用起来有危险. 解决的办法是选择适当的样本大小 n，若事先指定区间之长不能超过某个限度 l_0，则由式(5.9)知道，n 必须满足条件

$$n \geqslant (3.92\sigma/l_0)^2 \qquad (5.10)$$

如果由于客观条件的限制无法抽取这么多样本，则别无他法，只好满足于一个较粗糙或者较不可靠的估计. 统计方法不是万能的，它不能搞无米之炊，既要得到足够精确和可靠的结论，又不肯下本钱多做些试验，这是不行的.

例 5.2 为估计一物件的质量 a，把它在一架天平上重复称量了 5 次，得到结果(单位：克)为

$$5.52, \quad 5.48, \quad 5.64, \quad 5.51, \quad 5.43$$

设它们可以看成是抽自一个服从正态分布 $N(a, \sigma^2)$ 的总体，并假定 σ 定为 0.1(克).

计算样本均值

$$\overline{X} = \frac{1}{5}(5.52 + 5.48 + 5.64 + 5.51 + 5.43)$$
$$= 5.516(克)$$

如果需要给出一个确定的数字作为质量 a 的估计，那我们就取这个数 5.516. 若允许给出一定的范围，如取置信系数 0.95，则将得到

$$\overline{X} \pm 1.96\sigma/\sqrt{n} = 5.516 \pm 1.96 \times 0.1/\sqrt{5}$$
$$= 5.516 \pm 0.088$$
$$= [5.428, 5.604] \tag{5.11}$$

即估计物件质量 a 在 5.428 克到 5.604 克之间,可靠的程度为 0.95.如取置信系数为 0.99 或 0.90,则相应的区间估计分别为

$$5.516 \pm 2.576 \times 0.1/\sqrt{5} = [5.401, 5.631]$$
$$5.516 \pm 1.645 \times 0.1/\sqrt{5} = [5.442, 5.590]$$

其确切程度不同,相应的可靠程度也各异.

区间(5.11)的长为 0.176,假如我们要求把区间的长降低到 0.05,而仍维持置信系数为 0.95,则做 5 次称量已不够,至少需做的称量次数由公式(5.10)定出:

$$n \geqslant (3.92 \times 0.1/0.05)^2 = 61.47$$

故至少需称量 62 次.

顺便谈一点题外的话.日常谈到平均值时,一般总是指算术平均值,但也可以设想另外意义下的平均,如几何平均、调和平均等.有一种做法在统计上得到相当的应用,就是取**中位数**[①].所谓中位数,就是数据中按大小正好居于正中的那一个.如本例中的 5 个数据,按大小 5.51 居正中,它就是中位数(如果有偶数个数据,则中位数定为正中那两个数据的算术平均).我们可以拿它作为物件质量 a 的估计,这个估计 5.51 与用算术平均值得出的 5.516 何者为优呢?孤立地看这个问题无法回答,因为质量 a 不知道,我们也就无法知道上述两个估计值中哪个离 a 更近.退一步说,由于数据受到随机因素的影响,一次特定的估计不足以说明整个方法的好坏(一个从全面看较优的方法,由于数据的随机性,可能在某次具体使用时给出不好的结果,反之亦然).表面上看,这两种做法好像都合理.难于提出很有说服力的哪一个好的理由断言.但从统计理论的角度看就可以清楚地分出优劣.原来,统计理论证明了:若基于中位数作 a 的区间估计,则在同样的置信系数之下,

---

[①] 更确切地,应当说样本中位数,因为它是由样本算出的,正如样本均值一样.

区间的长度约是基于算术平均值的区间长度的 1.253 倍. 如在例 5.2 中, 基于中位数的区间估计 (置信系数为 0.95) 将是

$$5.51 \pm 1.253 \times 1.96 \times 0.1/\sqrt{5} = [5.400, 5.620]$$

此区间比基于 $\overline{X}$ 的区间估计 (5.11) 长, 但可靠的程度都是一样.

在应用上, 总体指标的分布常是正态或接近正态的, 而我们已指出, 在这种情况下算术平均值优于中位数 (还有另外的理由, 不止我们上面所讲的). 这就说明了, 在应用上通常取算术平均而不取中位数, 但中位数在统计学中有其特殊的应用, 并不是都能用算术平均值代替的, 这些都不能在此细讲了.

两总体均值差的估计问题也可以用类似的方法处理.

设有两个总体, 假定其指标 X 和 Y 分别服从正态分布 $N(a, \sigma_1^2)$ 和 $N(b, \sigma_2^2)$, 即第一个总体有均值 a、方差 σ_1^2, 第二个总体有均值 b、方差 σ_2^2. 并假定 a, b 都未知, σ_1^2 和 σ_2^2 都已知, 要估计两总体均值的差 $b - a$.

设 $X_1, \cdots, X_m$ 是 X 的样本, $Y_1, \cdots, Y_n$ 是 Y 的样本. 样本均值 $\overline{X} = \sum_{i=1}^{m} X_i / m$ 和 $\overline{Y} = \sum_{i=1}^{n} Y_i / n$ 分别作为 a 和 b 的估计, 而 $\overline{Y} - \overline{X}$ 则作为 $b - a$ 的估计, 这在上一章中已谈到过了, 其区间估计可以用类似于前面的方法得到. 我们不再重复讨论那些细节, 只指出其结果如下: 若取置信系数 0.95, 则 $b - a$ 的区间估计是

$$(\overline{Y} - \overline{X}) \pm 1.96 \sqrt{\sigma_1^2/m + \sigma_2^2/n} \qquad (5.12)$$

如果把置信系数改为 0.99 或 0.90, 则上式中的 1.96 要分别改为 2.576 和 1.645. 注意, 根据第 4 章, $\overline{Y} - \overline{X}$ 的方差是 $\overline{Y}$ 的方差加上 $\overline{X}$ 的方差, 即 $\sigma_1^2/m + \sigma_2^2/n$, 因而 $\sqrt{\sigma_1^2/m + \sigma_2^2/n}$ 是 $\overline{Y} - \overline{X}$ 的标准差. 据此不难了解式 (5.12) 的来历.

例 5.3 回到例 5.2, 设有另一物件, 其质量 b 也未知, 在同一架天平上称了 4 次, 结果 (单位: 克) 为

$$5.45, \quad 5.40, \quad 5.34, \quad 5.51$$

其平均值为 $\overline{Y} = (5.45 + 5.40 + 5.34 + 5.51)/4 = 5.425$ (克). 这就是 b

的估计. $b-a$ 用 $\bar{Y}-\bar{X}=5.425-5.516=-0.091$(克)去估计.因为数据是在同一架天平上得到的,其方差一样,都是 $0.1^2=0.01$.又 $m=5$, $n=4$,故 $\sqrt{0.01/5+0.01/4}\approx 0.067$.于是按式(5.12),得两物质量差 $b-a$ 的区间估计(置信系数为 0.95)为

$$-0.091\pm 1.96\times 0.067=[-0.222,0.040] \quad (5.13)$$

该区间的左端点 -0.222 比 0 小,而右端点 0.040 比 0 大,这就产生一个有趣的现象.假如我们称这两个物件的目的是要回答"a 与 b 哪个大"的问题.如果只看点估计 $\bar{Y}-\bar{X}$,则因其值 -0.091 小于 0,我们会回答说"a 比 b 大".但因这个估计有一定的误差,我们不能肯定这个回答是否正确,也不知道在多大的程度上正确.用区间估计的方法则可以回答得稍稍深入一点,因为区间(5.13)既有小于 0 的部分,又有大于 0 的部分,我们的结论就只能是:"如果要以 0.95 这种可靠程度去估计,则只能说 a,b 何者为大尚不清楚".换句话说,在所得数据的基础上,我们无法以 0.95 这么大的可靠性作出偏向于任何一方的结论.这可能是由于两物件的质量太接近,天平的精密度不够,以及称量次数太少等原因.

可以算出,若取置信系数 0.80,则相应的区间估计为 [-0.177, -0.005].此区间全部落在小于 0 的范围内,这意味着我们可以推定 b 小于 a,但这个推定的可靠程度只有 0.80,而非 0.95.读者由此例也可看到一种统计学的思想方法.面对本例的数据,两个不熟悉统计方法的人也许会争论不休:一个说数据说明了 a 大于 b,一个说不见得,谁也难于说服谁.对统计学家来说就不这么看,他不截然排斥哪一个说法,而只注意这些说法可靠的程度如何.

后面一节讨论属于统计学中的一个重要分支——**假设检验**的范围,在第 6 章中还要讨论.

5.7 t 区间估计

仍设总体中个体的指标 X 服从正态分布 $N(a,\sigma^2)$,但 a 和 σ^2 都

未知.设 $X_1,\cdots,X_n$ 是 X 的样本,要估计 a,这是在应用上常见的情况.

作为 a 的点估计,仍取样本均值 $\bar{X}$,这一点不依赖于方差 σ^2 是否已知.但作 a 的区间估计时则不然.如果仍按照前面 σ^2 已知时的做法,取定置信系数 0.95 而用区间估计 $\bar{X}\pm 1.960\sigma/\sqrt{n}$,则因为 σ 不知道,这区间的端点算不出来,也就无法用了.

一种显而易见的解救办法是按第 3 章的公式(3.12),用 s 作为 σ 的估计以代替 σ,或者作一点第 3 章中指出的修正.用

$$s_1 = \sqrt{\frac{n}{n-1}}\, s = \sqrt{\sum_{i=1}^{n}(X_i-\bar{X})^2/(n-1)} \qquad (5.14)$$

代替 σ,而得出区间估计

$$\bar{X}\pm 1.96 s_1/\sqrt{n} \qquad (5.15)$$

如在例 5.2 中,设 σ^2 未知,用式(5.14)算出

$$s_1 = \frac{1}{\sqrt{4}}\sqrt{(5.52-5.516)^2+\cdots+(5.43-5.516)^2}$$
$$= 0.078$$

由此按式(5.15)算出 a 的名义上置信系数 0.95 的区间估计为

$$5.516\pm 1.96\times 0.078/\sqrt{5}=[5.448,5.584] \qquad (5.16)$$

这个区间较前面算出的区间(5.11)短,因此更精密些.这样看来,似乎按方差未知时去算反而更有利.然而需要注意:σ 的估计值 $s_1=0.078$ 较其假定值 0.1 低,这有可能是由于原假定值过高,更可能的是由于数据的随机性.特别是,由于样本大小只有 5,而我们在上一章已指出,要把方差估计到合理的精度,样本大小要相当大,比方说超过 100 才行,故仅此一特例不足以作出"按 σ^2 未知去算反而更好"的结论.何况,经过用 s_1 代替,区间估计(5.15)的置信系数已不再是假定的 0.950,理论上证明是有所降低的,所以式(5.16)与式(5.11)不能等同.

置信系数发生变化的根源,在于算出式(5.11)时,我们是根据"$\sqrt{n}(\bar{X}-a)/\sigma$ 服从标准正态分布 $N(0,1)$"这个性质,用 s_1 代替 σ 后,由于 s_1 本身就是从样本算出的,它有随机性而非常数,故代替后

的变量 $\sqrt{n}(\bar{X}-a)/s_1$ 已不再是标准正态分布,因而根据后者算出的置信系数 0.95 也就不对了.要确切算出这个置信系数,就需从头来研究 $\sqrt{n}(\bar{X}-a)/s_1$ 的分布.这问题在此不能细谈,只是指出,这个分布与样本大小 n 有关,它称为具有**自由度**为 $n-1$ 的 t 分布(自由度等于样本大小减去1).此分布的形状与图 5.4 的标准正态分布很相似,在外表上无法区别.事实上,在理论上可以证明,当样本大小 n 愈来愈大时,**自由度 $n-1$ 的 t 分布**愈来愈接近于标准正态分布.这个分布在统计学著作中常记为 t_{n-1}.它是英国统计学家哥色特在 1908 年发现的.和正态分布相似,这个分布也是统计学上的一个极重要的分布.

由于分布 t_{n-1} 已不是标准正态分布,与置信系数 0.95,0.99 和 0.90 等相应的,已不是前面指出的 1.96,2.576 和 1.645,而是比较复杂,因为它与自由度 $n-1$ 有关.为了方便应用,已经专门为这个目的造了表,其中对不同的自由度和置信系数给出了相当的系数.本书末的"附表"也给出了这样一个简表.以下我们约定:分别用 $t_{n-1}(0.95)$,$t_{n-1}(0.99)$ 和 $t_{n-1}(0.90)$ 记相应于自由度 $n-1$ 及置信系数 0.95,0.99 和 0.90 时的系数[①].这样,经过如此修正后的区间估计是

$$\bar{X} \pm t_{n-1}(0.95)s_1/\sqrt{n}.$$

例 5.4 回过头来考虑例 5.2,但假定方差 σ^2 未知,用 t 分布来做.

前面已算出 $\bar{X}=5.516, s_1=0.078$.要得到置信系数确切地为 0.95 的区间估计,只需在公式(5.15)中,把 1.96 改为 $t_{n-1}(0.95)=t_4(0.95)$.查本书附表得 $t_4(0.95)=2.776$.这样得到物重 a 的区间估计为(置信系数为 0.95)

$$5.516 \pm 2.776 \times 0.078/\sqrt{5} = [5.419, 5.613]$$

尽管此处用的 σ 的估计值 $s_1=0.078$,较例 5.2 中用的 σ 的假定值 0.1 小很多,但这个区间仍比例 5.2 中找出的区间(5.11)大,这意味着这里的估计(在同一置信系数 0.95 之下)不如例 5.2 中的确切,其原因当然

---

① 在一般统计学著作中,$t_{n-1}(0.95)$ 常记为 $t_{n-1}(0.025)[0.025=(1-0.95)/2]$,其余类推.

是系数 2.776 比 1.96 大得多.这正是由于方差未知而付出的代价,如果 $n=41$,则 $t_{n-1}(0.95) = 2.021$,比 1.96 大得不多.这意味着当样本大小较大时,由于方差未知而付出的代价也减小了.这自然是因为,当样本大小增大时,s_1 作为 σ 的估计也愈来愈精确.

两总体均值差 $b-a$ 的区间估计问题,也可以借助于 t 分布去解决.这里只能把具体实施的步骤介绍一下.设有两个总体:一个的指标记为 X,服从正态分布 $N(a, \sigma^2)$;另一个的指标记为 Y,服从正态分布 $N(b, \sigma^2)$. a, b 分别是这两个总体的均值,而方差 σ^2 是公共的. a, b, σ^2 都未知.现设 $X_1, \cdots, X_m$ 是 X 的观察值,$Y_1, \cdots, Y_n$ 是 Y 的观察值.要作出均值差 $b-a$ 的区间估计.

(1) 先算出样本均值 $\overline{X} = \sum_{i=1}^{m} X_i / m$ 和 $\overline{Y} = \sum_{i=1}^{n} Y_i / n$.它们分别是 a 和 b 的(点)估计,$\overline{Y} - \overline{X}$ 是 $b-a$ 的点估计.

(2) 算出 σ 的估计

$$s_1 = \sqrt{\frac{1}{m+n-2}\left[\sum_{i=1}^{m}(X_i - \overline{X})^2 + \sum_{i=1}^{n}(Y_i - \overline{Y})^2\right]} \quad (5.17)$$

(3) $b-a$ 的置信系数为 0.95 的区间估计是

$$\overline{Y} - \overline{X} \pm \sqrt{\frac{m+n}{mn}} t_{m+n-2}(0.95) s_1 \quad (5.18)$$

若置信系数指定为 0.99 或 0.90,则只需将式(5.18)中的 $t_{m+n-2}(0.95)$ 改为 $t_{m+n-2}(0.99)$ 或 $t_{m+n-2}(0.90)$ 即可.

例 5.5 再考虑例 5.3,但不假定方差已知.已算出 $\overline{X} = 5.516, \overline{Y} = 5.425$,故 $\overline{Y} - \overline{X} = -0.091$.再计算

$$\sum_{i=1}^{m}(X_i - \overline{X})^2 = (5.52 - 5.516)^2 + \cdots + (5.43 - 5.516)^2$$
$$= 0.024\ 12$$

$$\sum_{i=1}^{n}(Y_i - \overline{Y})^2 = (5.45 - 5.425)^2 + \cdots + (5.51 - 5.425)^2$$
$$= 0.015\ 70$$

又 $m=5, n=4$,算出 $\sqrt{(m+n)/(mn)} = \sqrt{0.45} \approx 0.671$,以及

$$s_1 = \sqrt{\frac{1}{7}(0.024\ 12 + 0.015\ 70)} = 0.075$$

再查表,得 $t_{m+n-2}(0.95) = t_7(0.95) = 2.365$.由公式(5.18)算出 $b-a$ 的区间估计(置信系数为 0.95)为

$$-0.091 \pm 0.671 \times 2.365 \times 0.075 = [-0.210, 0.028]$$

对以上步骤略作一点解释.首先,$\bar{Y} - \bar{X}$ 有均值 $b-a$,方差 $\frac{1}{m}\sigma^2 + \frac{1}{n}\sigma^2 = \frac{m+n}{mn}\sigma^2$(这一步用到方差相同的假定),故变量

$$\frac{(\bar{Y}-\bar{X})-(b-a)}{\sqrt{\frac{m+n}{mn}\sigma^2}} = \sqrt{\frac{mn}{m+n}}\frac{(\bar{Y}-\bar{X})-(b-a)}{\sigma} \quad (5.19)$$

有标准正态分布.但 σ 未知,因为两总体方差 σ^2 相同.由样本 $X_1, \cdots, X_m$ 和 $Y_1, \cdots, Y_n$,可分别得到 σ^2 的估计为

$$s_x^2 = \frac{1}{m-1}\sum_{i=1}^{m}(X_i - \bar{X})^2$$

$$s_y^2 = \frac{1}{n-1}\sum_{i=1}^{n}(Y_i - \bar{Y})^2$$

将它们结合起来,可得到 σ^2 的更好的估计,办法是求其加权平均,按 $(m-1):(n-1)$ 的权:

$$s_1^2 = \frac{m-1}{(m-1)+(n-1)}s_x^2 + \frac{n-1}{(m-1)+(n-1)}s_y^2 \quad (5.20)$$

(样本大小愈大,对 σ^2 的估计愈精确,因而在形成最后估计 s_1^2 时,占的比重要大些)不难看出,由式(5.20)定出的 s_1^2 与式(5.17)一致.以 s_1 代替式(5.19)中未知的 σ,就得到一个 t 分布,其自由度等于两组样本的自由度之和,即 $(m-1)+(n-1) = m+n-2$.这就是在式(5.18)中我们用 $t_{m+n-2}(0.95)$ 的原因.

这个方法有一个重要条件,即两总体要有同样的方差(除了服从

正态分布以外).对例 5.5 而言该条件成立,因为使用的是同一架天平.但在有些问题中,不存在这样充分的理由.例如,有甲、乙两个生产同一种产品的工厂,其产品的某项质量指标,分别用 X(甲厂)和 Y(乙厂)来记.现在要估计甲、乙两厂产品平均质量的差异.如果使用公式(5.18),就需假定这两厂产品质量指标有同样的方差 σ^2.在这种情况下,方差相等的假定就未必有充分的根据.但只要没有明显的反面理由(比方说,甲厂产品质量较稳定,因而其方差较小,乙厂则相反),我们通常仍使用公式(5.18)去处理.这是因为,一则理论上证实了,当两总体方差的差异不大时,这种方法受到的影响不大;二则是除公式(5.18)以外,难于找到比较可靠而简便的方法,故虽然在条件上不那么充分,也就顾不得了.

式(5.15)和式(5.18)在统计学上称为 t 区间估计.名称的来由,是因为它的建立是基于 t 分布的.更确切一些,有时把式(5.15)称为一样本 t 区间估计,把式(5.18)称为两样本 t 区间估计,这是因为在式(5.15)中只涉及一组样本 $X_1,\cdots,X_n$,而在式(5.18)中涉及两组样本 $X_1,\cdots,X_m$ 和 $Y_1,\cdots,Y_n$.t 区间估计属于最重要的统计方法之列,有很广泛的应用.

5.8 大样本情况

如果总体分布与正态分布有较大的背离,则前面讲的方法也不适用.除正态分布以外,还有一些特殊的分布,在统计学上也很重要.对这些分布,可以建立针对它们的特殊方法,这些不能在此细讲了,我们只交代一个有相当普遍性的,然而只是近似的方法.

设有一个无限总体(包含无穷个个体),或包含极大数目个体的总体.假定总体中个体指标 X 的均值 a 和方差 σ^2 都未知,对该总体进行抽样(或者说,对 X 进行观察),得样本 $X_1,\cdots,X_n$.要用它来对均值 a 作估计.

在无限总体的场合,以及在总体虽然有限,但样本大小 n 与总体

中全部个体数 N 之比极小的场合,抽样可视为有放回的.如用 $\bar{X}$ 记样本均值,则变量 $\bar{X}$ 本身有均值 a 和方差 σ^2/n.作新变量 $(\bar{X}-a)/\sqrt{\sigma^2/n}=\sqrt{n}(\bar{X}-a)/\sigma$,则它有均值 0、方差 1.前面曾提到:若原总体有正态分布,则这个变量将有标准正态分布.现在我们并未假定原总体有正态分布,因此这个论断并不成立.然而,统计学的理论证明了一件极重要的事实:不论原总体的分布如何,只要 n 很大且 n/N 很小(对于无限总体,$N=\infty$ 而 $n/N=0$,故只有"n 很大"这一个条件),则变量 $\sqrt{n}(\bar{X}-a)/\sigma$ 仍近似地有正态分布①,甚至在把 σ 用其估计值 s_1(见式(5.14))代替时,这个性质仍成立:$\sqrt{n}(\bar{X}-a)/s_1$ 近似地服从 $N(0,1)$,当 n 很大而 n/N 很小时.在应用上,我们就把这个分布看作是 $N(0,1)$.在这个约定的前提下,用前面的方法,就可以求出 a 的区间估计(置信系数为 0.95)为

$$\bar{X} \pm 1.96 s_1/\sqrt{n} = [\bar{X}-1.96 s_1/\sqrt{n}, \bar{X}+1.96 s_1/\sqrt{n}]$$
(5.21)

但这只是近似的.意思是,区间估计(5.21)的置信系数只是近似地等于 0.95,而非确切地等于 0.95.但到底近似到何种程度,或者说,为了近似到某种满意的程度,样本大小 n 要达到多大才行? 这种问题很复杂,从根本上说,直到现在我们了解得也不很多.

公式(5.21)属于这类方法之列:它只在样本大小 n 相当大时才能用.在统计学上,这类方法很多,它们都统称为**大样本方法**.近几十年来,大样本方法和理论在统计学中有了很大的发展,并不限于估计均值的问题.

公式(5.21)的一项重要应用,是关于比率的区间估计问题.

设一总体所包含的个体数 N 极大,每一个体都具有或不具有某种性质 P.以 M 记具有性质 P 的个体数,$p=M/N$ 为其比率.引进指标 X,它等于 1 或 0,视该个体具有或不具有性质 P 而定.从总体中随

---

① 在统计学上,把这个重要的理论结果叫作"中心极限定理".

机抽出 n 个个体,具指标分别记为 $X_1,\cdots,X_n$,则 $\overline{X} = \sum_{i=1}^{n} X_i/n$ 就是样本中具有性质 P 的个体的比率.在此处,习惯上用 $\hat{p}$ 来记 $\overline{X}$,就用 $\hat{p}$ 作为 p 的估计,这是点估计.为求其区间估计,利用第 3 章公式(3.16),用 $\hat{p}(1-\hat{p})$ 去估计指标 X 的方差,取 $s_1 = \sqrt{\hat{p}(1-\hat{p})}$,并用式(5.21),得到比率 p 的区间估计(置信系数为 0.95)

$$\hat{p} \pm 1.96\sqrt{\hat{p}(1-\hat{p})/n}$$
$$= [\hat{p} - 1.96\sqrt{\hat{p}(1-\hat{p})/n}, \hat{p} + 1.96\sqrt{\hat{p}(1-\hat{p})/n}] \quad (5.22)$$

这只是近似的,即区间估计(5.22)的置信系数与 0.95 会有些差异,n 愈大(仍要保持 n/N 很小.若抽样是放回的,则与 N 无关,只需 n 很大就行了),差异愈小.若需要采用其他的置信系数,则只需把式(5.22)中的 1.96 改成相应的系数就可以了.举一个数字例子.

例 5.6 甲、乙两人为竞选一个职位,进行了一次民意测验,调查了 3 000 人,其中表示将投票选举甲的有 1 695 人.试对甲的得票率进行估计.

一个国家内,选民动以百万计,故此处的 N 可以认为是极大的.样本大小 $n = 3\ 000$ 也算是很大,且 n/N 相当小,故本例可说是应用公式(5.22)的一个理想情况.

由于 $\hat{p} = 1\ 695/3\ 000 = 56.5\%$,故估计甲的得票率是 56.5%.为估计此值可能的上、下误差,尤其估计是否能以很大把握断言甲的得票率超过 50%,取置信系数 0.95,按式(5.22),算出甲的得票率 P 的置信区间是

$$0.565 \pm 1.96\sqrt{0.565(1-0.565)/3\ 000} = [0.547, 0.583]$$

即可以有 95% 的把握说,甲的得票率不会小于 54.7%,也不会超过 58.3%.下限 54.7% 也显著超过 50%.故这项民意测验很有利于甲.自然,到真正投票时,情况可能发生了某种变化,而大选的结果就可能与民意测验不符.再者,抽样调查组织得如何,抽出的这 3 000 人是否有代表性,也有很大关系.这一点在第 2 章中已谈到过了.

区间估计(5.22)的上、下限与其中点 $\hat{p}$ 的距离为 $1.96\sqrt{\hat{p}(1-\hat{p})/n}$. 因为 $\hat{p}(1-\hat{p})$ 的值不超过 $1/4$,故这个距离不会超过 $1/\sqrt{n}$.要使它不超过 0.02 ,需取 $n \geqslant 2\,500$.在通常应用中,这不一定容易做到.但就本例而言,民意测验几千人的规模不算大, $n \geqslant 2\,500$ 要算是一个合理的要求.这个计算也说明,尽管一国的选民动以百万计,只抽取千分之一以至万分之一的选民作调查,就足以作出相当准确的预测,而不用像早期某些情况那样,被调查的人数以百万计,更重要的是抽样调查的组织问题.

第 6 章 概率初步知识

6.1 什么是概率

一个不透明的袋中放置三个球,两红一白,其大小、质量、质地都一样.将它们搅乱以后,随意从袋中抽出一个球,则"抽到一个红球"的机会是 2/3.这类性质的说法,在前章中我们已提及多次了.

"机会"的概念在统计学中极其重要,这是因为统计结论是根据样本作出的,样本是从总体中抽出的一些个体.总体中的个体极多,谁被抽出,谁不被抽出,完全凭机会.因此,依据样本而作的统计结论,其精度如何,是否可靠,也要凭机会.同是碰机会,机会却有大有小,不能一概而论.在统计学上,常要求对种种情况的机会大小作出数量上的计算.一个明显的例子是上一章讨论的,总体均值的区间估计 $\bar{X} \pm 1.96\sigma/\sqrt{n}$.这个区间可以包含 a,也可以不包含 a,要看取得的样本 $x_1, \cdots, x_n$ 如何而定,包含 a 的机会是 0.95.

因此,要了解统计学的思想和方法,我们有必要对机会和机会大小的计算有些初步知识.先有个"正名"的问题,鉴于"机会"这个字眼是一个很普通的日常用语,但作为专门名词似觉不妥,在数学上引进了**概率**这个名词(也有称为**几率**、**或然率**的).概率就是机会大小的数量刻画.如在上面的例子中,人们说抽到红球的概率是 2/3.数学里有一个分支专门研究机会大小的计算,这就是**概率论**,它是统计学的姊妹学科.

关于给机会的大小以数量刻画的思想可追溯到几百年以前,最初是由赌博产生的.赌博完全是凭机会,因此自然会出现一些胜负机会多少之类的问题.有的赌徒把这类问题提给数学家,从而产生了若干初步概念,促使了概率论这门学科的萌芽.由于在人类活动中常要和机会打交道,这门学科因其各方面的实际应用而不断得到发展,到如今已成为数学中一个重要的分支学科.但是,也正因为机会的表现形式多种多样,所以,尽管几百年来好多学者不知费了多少脑筋,也未能建立一套关于"机会"的全面而公认的理论.学者们在某些根本问题上仍有分歧,好在对我们这本书来说,这些都不很重要,我们可以满足于介绍某些较流行的理论中的若干初步概念,目的只在于帮助读者更好地理解统计学上的一些问题.

6.2 事 件

本章开头那个例子是够简单的了,把它用学究式的语言叙述一下,就可以带出概率论中若干基本术语.

我们把从袋中摸出一个球这个行动称作一次试验,做试验要有些条件,这里的条件是袋子不透明,球两红一白,各球大小、质地、质量相同,并要彻底搅乱等.这试验有三个可能的结果:若把两个红球编号为 1,2,白球编号为 3,这三个可能的结果可记为 1,2,3.它们称为此试验的**基本结果**(在概率论的专门著作中常称为**基本事件**)."抽到一个红球"是一个事件,它由 1,2 这两个基本结果构成.人们常说,1,2 号基本结果**有利于**这个事件,而 3 号基本结果**不利于**它.常用一个英文字母,如 $A,B,C,\cdots$ 之类来记事件.

一般地,事件可以定义为与试验的基本结果有关联的一个确切的陈述.要紧之处在于,这个陈述必须明确地划分出:哪些基本结果使这个陈述正确,哪些基本结果使它不正确.若试验的(基本)结果使陈述正确,我们称该事件**发生**(或出现)了,否则就说它**不发生**.拿本例来说,"抽到一个红球"是一个事件,它是一个确切的陈述,它明确划分了,基本结果 1,2 使之正确而 3 则否.注意这与通常的"事件"概念有些不同.在日常用语中,事件是已发生了的情况.如发生了打架"事件",在何时何地,肇事者为谁,参加者多少人,伤多少人,拘留多少人,如何善后……在本例中,我们只是对摸球试验的一个描述和与之相关的陈述."抽到红球",并不是说谁具体去抽了,更不是说"抽到红球"这事件确实发生了.什么时候谁愿意去做这个试验,都没有关系,试验结果也可以不一样.

按其发生的可能性,概率论中把事件分成三类.一类事件是永远发生的,叫**必然事件**;一类事件是总不发生的,叫**不可能事件**;一类事件是可发生可不发生的,是否发生凭机会,叫**随机事件**(或**偶然事件**).如在上述抽球的试验中,下述三个事件:

$A = \{$抽出的球为白色的或红色的$\}$
$B = \{$抽出的球为黑色的$\}$
$C = \{$抽出的球为红色的$\}$

分别是必然事件(A)、不可能事件(B)和随机事件(C).自然,事件之所以为必然、不可能或随机的,都是与具体的试验条件联系起来说的.若袋中还有一个黑球,则 A 不是必然的,B 也不是不可能的.

6.3 古典概率

再回过头来分析一下开始那个例子.袋中有三个球,两红一白,随意抽出一个,我们说抽到红球的概率为 2/3,理由何在呢?显然是这样的:一共有三个可能的基本结果 1,2,3.这三个结果是"同等可能"的.就是说,这些结果出现的可能性,谁也不比谁大.既然三个结果同等可能,其中有两个使事件 $A = \{$抽得红球$\}$ 发生,于是把事件 A 的概率定为 2/3.

把这个例子推广到 N 个球的情况,其中有 M 个是红球而其余为白球,就得到下面定义概率的一般方法:设一个试验有 N 个同等可能的基本结果,其中 M 个结果有利于事件 A(使事件 A 发生),其余 $N-M$ 个结果不利于事件 A,则定义事件 A 的概率(记为 $P(A)$)为

$$P(A) = \frac{M}{N} \tag{6.1}$$

这称为**概率的古典定义**."古典"一词的由来,是因为这定义产生于概

率论发展的初期,如前所述,是由赌博活动而产生的一种概念.其意义简明合理,一般人都认同,看一个例子.

例 6.1 甲、乙两人赌博,各下赌注 100 元,约定谁先胜满三局,谁就把 200 元全拿走.两人赌技相同,设已赌了三局,甲两胜一负,到此时因有事两人同意中止赌博,但这 200 元赌本怎么分才算公平呢?

立时能想到的分法有两种:① 平分,这对甲不公平,因他多胜了一局;② 全归甲,这对乙不公平,因他虽暂时落后,但仍有起死回生的可能.于是"公平"的分法只能按一定比例.按什么比例好呢? 初一看会觉得,按甲 2、乙 1 的比例公平,进一步分析发现则不然.

试想甲、乙不中断赌博,则在至多两局内可见高低.两局有四种可能结果:甲甲、甲乙、乙甲、乙乙(甲甲表甲连胜两局,其余类推).根据甲、乙赌技相同的假定,这四种结果是同等可能的,而前三种结果都使甲得到最后胜利,只有第四种有利于乙.因此,按公式(6.1),"甲得胜"这个事件的概率为 3/4,因而他应当分到全部赌注的 3/4,即 150 元才算公平.这个例子是历史上曾提出过的现实问题的简化,正是在这类例子中如何公平分赌本的考虑,引出了概率论的一些基本概念,包括后文提到的**均值**或**数学期望**的概念.

这个定义中的一个重要要求是各基本结果"同等可能".什么叫同等可能呢? 如果我们找一些说法来解释它,则这些说法本身也需要解释,说来说去还是说不清.实际上,我们往往是从反面去思考:有没有理由认为这一个结果比那一个更可能? 若找不到这样的理由,就只好认为大家都同等可能.如在例 6.1 中,甲、乙再赌两局,根据赌技相同这一点,没有理由认为结果"甲甲"比"乙甲"更可能.在与赌博相类似的涉及排列组合的问题中,这问题一般好解决,在这个范围之外则不然了.总之,在使用公式(6.1)时,我们必须细心检查"同等可能"这个假定是否合理,不然就会出错.

下面我们要举一些计算古典概率的较复杂的例子.先要介绍一点关于**排列组合**的基本知识.

设从甲地到乙地有三种走法(三条路),乙地到丙地有四种走法.

问从甲地(经过乙地)到丙地有多少种走法?答案显然是 $3\times 4=12$.这个小问题可以推广成如下的一般形式:要办成一件事情有 r 个环节,第一个环节有 n_1 种办法,第二个环节有 n_2 种办法……第 r 个环节有 n_r 种办法,则办成这件事的方法总共有 $n_1 n_2 \cdots n_r$ 种.这里 r 个环节必须按顺序办,且两种办法只要在一个环节上不同,就算作是不同的.

利用这个规则就可以解决排列数的问题.有 n 个相异物件[①],要从中选出 $r(r\leqslant n)$ 个排成一列(要计顺序,例如从左至右.物件相同而顺序不同者,视为相异排列),问能排出多少种不同的样式?这问题可分成 r 个环节:首先从 n 个物件中取一件放在最左边,有 n 种办法;再从剩下的 $n-1$ 个物件中取一件放在左边第二位,有 $n-1$ 种办法……最后从剩下的 $n-r+1$ 个物件中取一件放在最右位置,有 $n-r+1$ 种办法.因此,总共可排出

$$A_n^r = n(n-1)(n-2)\cdots(n-r+1) \qquad (6.2)$$

种不同的样式. A_n^r 常称为 n **相异物件的** r **元排列数**.

例如,用 $1,2,\cdots,9$ 这九个数字,能组成多少个各位数字都不同的三位数? 这显然是排列问题.比方说,321 与 213 不是一个数,这里 $n=9, r=3$,按公式(6.2)有 $A_n^3 = 9\times 8\times 7 = 504$,即可以组成 504 个各位数都相异的三位数.

特别地,当 $r=n$ 时,有 $A_n^n = n\times(n-1)\times\cdots\times 2\times 1$,该表达式叫 n 的阶乘,记为 $n!$.我们约定 $0!=1$.用阶乘记号可把式(6.2)写为

$$A_n^r = \frac{n!}{(n-r)!} \qquad (6.3)$$

其次谈到组合.有 n 个相异物件,从中取出 r 个,不计次序,问有多少种不同的取法? 这问题可以分两步去解.第一步,取出 r 个排成一列,要计次序.如上所述,这有 A_n^r 种方法.第二步,注意到 r 个物件可以排列出 $A_r^r = r!$ 个不同的次序,而它们同属于一个组合,故排列

[①] 或实际相异,或赋予某种标志使之相异.如两个大小、颜色一样的球,外观上分不清,可在上面写上数字 1,2.

数应是组合数的 $r!$ 倍. 因此, 若以 $\binom{n}{r}$ 记上述组合数(常称为 n **相异物件的 r 元组合数**), 则有

$$\binom{n}{r} = \frac{A_n^r}{r!} = \frac{n!}{r!(n-r)!} \tag{6.4}$$

我们约定 $\binom{n}{0} = 1$, 这与 $0! = 1$ 的约定一致. $\binom{n}{r}$ 也可记为 C_n^r.

例如, 有 9 个人, 只有三张电影票. 挑选 3 个人去看电影的方法有 $\binom{9}{3} = 9!/(3!6!) = 84$ 种. 这里是不计较谁拿到哪一张票的. 如果要计较这一点, 就成为一个排列问题, 方法有 504 种.

式 (6.4) 定义的 $\binom{n}{r}$ 叫作**组合系数**, 也称**二项式系数**. 后一名称的来由, 是这种系数出现在 $(p+q)^n$ 的公式中:

$$(p+q)^n = \sum_{r=0}^{n} \binom{n}{r} p^r q^{n-r} \tag{6.5}$$

公式 (6.5) 称为**二项式公式**或**二项式定理**.

关于排列组合的基本知识我们就只讲这些, 这方面的内容非常丰富, 以至构成了数学的一个分支, 叫组合数学. 它在理论上和应用上都有重要意义. 下面我们来研究几个古典概率计算的例子.

例 6.2 一批产品有 N 个, 其中 M 个是废品. 现从中随机不放回地取出 n 个, 以 A 记"其中恰好有 m 个废品"这个事件, 求事件 A 的概率.

因为是不放回抽取, 可以把 n 个看成是一次抽出, 总共有 $\binom{N}{n}$ 种不同的抽法 (因为这里显然不涉及次序, 所以是组合问题). 每一种具体抽法都是本试验 (试验的内容是从这批产品中不放回地抽出 n 个) 的一个基本结果. 我们把这 $\binom{N}{n}$ 个基本结果看成是同等可能的. 实际上, 所谓"随机地抽取", 意思指的就是得到这 $\binom{N}{n}$ 个结果是同等可能

的.反过来,也只有在这些结果同等可能时,我们才有理由说抽取是随机的.因此,仔细分析起来,"随机抽取"与"同等可能"是一种打圈子的关系:一个说明了另一个,谁也没有说明谁.这个问题只好从实际的角度去理解,那就是我们要设法保证,在抽取时,大家都机会均等.例如,把这批产品彻底搅乱,让抽样者蒙上眼睛,大体上就可以说保证了这个要求,对下面几个例子也是作类似的分析.

现在看有利于事件 A 的基本结果有多少.为使事件 A 发生,必须从 M 个废品中抽 m 个,从 $N-M$ 个非废品中抽 $n-m$ 个.抽的方法分别有 $\binom{M}{m}$ 和 $\binom{N-M}{n-m}$ 种.故有利于事件 A 的基本结果数为 $\binom{M}{m}\binom{N-M}{n-m}$. 用公式(6.1),得事件 A 发生的概率为

$$P(A) = \binom{M}{m}\binom{N-M}{n-m} \Big/ \binom{N}{n} \qquad (6.6)$$

因为在组合系数 $\binom{n}{r}$ 中,r 只能为 $0,1,\cdots,n$,故为了使式(6.6)有意义,除了 $n \leqslant N$ 外,还必须要求 $m \leqslant M, n-m \leqslant N-M$.否则 $P(A)=0$(A 是不可能事件).

例 6.3 设有 n 双型号彼此都不同的鞋,从中随机抽出 $2r$ 只.问恰能配成 r 双鞋的概率是多少?

n 双鞋有 $2n$ 只,从中抽出 $2r$ 只的不同抽法有 $\binom{2n}{2r}$ 种,它们都是同等可能的.有利的抽法是把 n 双鞋看成 n 个单位(物件),从中抽出 r 个单位,共有 $\binom{n}{r}$ 种不同的抽法,故得所提事件的概率为 $\binom{n}{r} \Big/ \binom{2n}{2r}$.

例 6.4 设有 10 个学生,8 男 2 女,随机地排成一列.问"2 个女生之间恰有 4 个男生"这一事件 A 的概率是多少?

10 个学生排成一列,有 10! 种不同的排法.为计算有利于事件 A 的排法,我们把各位置从左至右编号为 $1,2,\cdots,10$.并以甲、乙记 2 个女生,则为使事件 A 发生,甲、乙的位置必须是:甲 1 乙 6,甲 6 乙 1;甲

2乙7,甲7乙2……共有10种.一旦甲、乙站定后,8名男生在留下的8个位置上可任意排列,共有8!种方法.因此,有利于事件A的排列法有$10\times 8!$种.由公式(6.1),得

$$P(A) = 10\times 8!/10! = \frac{1}{9}$$

或以为这问题可以这样简单地去解:2个女生之间的男生数有0,1,…,8等9种可能.由于排列是随机的,这9种结果是同等可能,故其间有4个男生的概率应为1/9,与上面算出的一样.但这只是一种巧合,这个算法的错误在于,"随机地排成一列"的意思是指所有的排列法都同等可能,而不是指女生之间的各种人数同等可能.事实上,读者不难算出,"2个女生相邻"的概率为1/5,而不是1/9.由此可见,在用古典概率公式(6.1)计算概率时,"同等可能"的结果有多少,我们不仅要准确掌握题意,还要将有利结果的数目考虑周密,在较复杂的问题中,这数目易漏算或多算.

例6.5 设一事件A在试验中发生的概率是p.现在同样的条件下将该试验重复n次,问"事件A恰好发生r次"这个事件B的概率是多少?

这个例子包含了一个很广泛、很重要的模型,叫作**二项模型**.名称的来由是从事件A是否发生这个角度去看,该试验只有两种可能的结果:A,或非A.有时把A发生称为"成功",A不发生(非A)称为"失败".又有时把A发生记为1,A不发生记为0.故该模型有时又称为**成-败模型**或**0-1模型**.它在应用上和理论上都极其重要,具体例子很多.例如,向一个目标射击,命中目标(事件A发生,或成功)的概率为p,射击n次,命中r次的可能性多大? 在一大批产品中抽出n个,该批产品的废品率为p,问抽出的n个产品中恰有r个废品的概率多大? 该问题表面上看不属本例的模型,但如这批产品的个数极大(相对于n而言),我们可以把抽取n个看成是一个一个有放回地抽.这样,每次抽取(做一次试验)时,抽得废品(事件A发生)的概率都是p,一共抽n次就是做n次试验,故仍属于本例模型.

本例中要求"在同样条件下"将试验重复 n 次.这"同样条件"的确切意思,一方面是要求每次试验时,事件 A 发生的概率总保持是 p.除此以外,还有一点没有很清楚说出的要求,即各次试验要彼此不相干.更确切些说,在做每次试验时,不能受到前面已做试验结果的影响.比方拿射击目标这个例子来说,如果枪是端在手上自由瞄准,这个要求大体上是成立的.反之,若枪是放置在架子上瞄准,则上次射击偏左时,下次就往右边调一点,这样就会使上次射击结果影响到下一次,而不符合所说的要求.这后一个要求叫**独立性**,在统计上很重要.以前我们常强调,从总体中抽样有放回与不放回之分,并说放回抽样简单些,根子就在这个"同样条件"和"独立性"上.如果放回,则抽一次后,下一次抽时总体已恢复原状,这就维持了同样条件,也维持了独立性.若不放回,则下次抽时,总体中少了一个个体,条件有改变,且改变的情况与已抽出的有关,故独立性也不能维持,在实际问题中用二项模型处理时,严格能满足这些要求的几乎没有,但只要能以相当好的近似程度满足,也就可以了.比如在从一批产品中抽 n 个的例子中,通常总是不放回抽,二项模型的条件,严格说来不满足,但通常一批产品数往往很大,作为二项模型去处理,在实用的目的上也说得过去了.

为了计算事件 B 的概率,我们取 n 个袋子,编上号 $1,2,\cdots,n$.每个袋子里放红球 M 个、白球 $N-M$ 个.选 M,N,使 $M/N=p$.从每个袋子里各抽出一个球,如是事件 B 就转化为事件 C:{抽出的 n 个球中,恰有 r 个红球}.从 n 个袋子里各抽一个球,所能产生的不同的基本结果有 N^n 种(这里把 n 个袋子中的全部 nN 个球都看成是相异的).有利于事件 C 的抽法可如下产生:先从 n 个袋子中抽出 r 个,抽法有 $\binom{n}{r}$ 种,然后从抽出的这 r 个袋子中,各抽一个红球,抽法有 M^r 种,从未抽出的 $n-r$ 个袋子中各抽一个白球,抽法有 $(N-M)^{n-r}$ 种.故有利于事件 C 的抽法有 $\binom{n}{r}M^r(N-M)^{n-r}$ 种(共三个环节,各环节分别有 $\binom{n}{r}$,M^r 和 $(N-M)^{n-r}$ 种方法办理).于是得到事件 C 的概

率,也就是事件 B 的概率,等于

$$\binom{n}{r}M^r(N-M)^{n-r}/N^n = \binom{n}{r}\left(\frac{M}{N}\right)^r\left(1-\frac{M}{N}\right)^{n-r}$$

已知 $M/N = p$,再记 $q = 1-p$,则得

$$P(B) = \binom{n}{r}p^r(1-p)^{n-r} = \binom{n}{r}p^r q^{n-r} \qquad (6.7)$$

这是一个很重要的公式.有趣的是,它正好是二项式公式(6.5)中的一项,本例称为二项模型,除了其结果为"成-败"型以外,这个概率的具体形式也是一个重要原因.

还可以附带提及一个有趣的事实:因为做 n 次试验时,事件 A 发生的次数只能是 $0,1,\cdots,n$ 这些数,故把式(6.7)对 $r=0,1,\cdots,n$ 求和,应得到1,即 $(p+q)^n$(因 $p+q=p+1-p=1$).这就在这个特例下证明了式(6.5).一般情况可由这个特例推出,这里就不细述了.重要的倒不是这个证明,而是这样一件事实:从概率考虑,可得出某些纯数学结果.

在结束这一节以前,我们提一下公式(6.1)的两个重要特例:若 A 是必然事件,则任何一个试验结果都使 A 发生,这时 $M=N$;若 A 是不可能事件,则任何一个试验结果都使 A 不发生,这时 $M=0$.由此知

$$P(必然事件) = \frac{N}{N} = 1$$

$$P(不可能事件) = \frac{0}{N} = 0$$

6.4 频率与统计定义

概率的古典定义式(6.1)在应用上受到两个条件的限制:一是试验的基本结果只是有限个;二是这些结果要有等可能性,但这些条件常不能全部满足.

例如,考虑用一架天平称物时的误差.原则上说,任何一个实数,

或者更实在一些,一定范围内的任何一个实数,都可以是误差值,因此本试验有无限多个可能的结果.即使退一步说,我们承认天平无论多精密,总只能测量到某一最小的单位,例如 1 克的百分之一.因而可能的误差只取有限个值,但这些值仍不能认为是同等可能的.比方说,太大的误差可能性很小,而中等及偏小的误差可能性就大一些.这样,要利用公式(6.1)去计算误差落在一定范围内的概率,就不可能.又如人得了某种疾病后死亡的概率,就这个试验而言,只有两个可能的结果:不死或死.但这二者并非同等可能的,因而无法用公式(6.1).

如果试验在原则上是可以在同样条件下无限制地重复的,就可以用试验的方法去估计它发生的可能性的大小,即其概率.用这种办法去定义概率,叫作**概率的统计定义**.设想有一个与某试验相联系的事件 A,把这个试验一次又一次地做下去,每次都记录下事件 A 是否发生了,设如做了 n 次试验,而记录到事件 A 发生了 m 次,则我们称比率 m/n 是事件 A 发生的**频率**.这不是一个完全确定的数字,因为在每次试验时,A 是否发生有偶然性.因此在 n 次试验中,A 发生的次数 m 也有偶然性.如果另一个人把这个试验重做 n 次,则他所观察到的 A 发生的次数不见得仍是 m;而且试验次数 n 改变时,频率 m/n 也会改变.而事件 A 的概率 $P(A)$ 应是一个只随事件 A 而定的数(还与试验条件有关,在此试验条件看成是已完全确定了的),故直接拿频率 m/n 作为 $P(A)$ 的定义不行.

以下就要用到一点抽象思维.人类长期活动的经验使我们相信,尽管频率 m/n 本身有随机性且随 n 而变化,但随着 n 增加,这个值会愈来愈稳定,变化愈来愈小,最终会落实到某一个数 p 上去.这意思是说,有这样一个数 p 与事件 A 相应,在做试验时,A 的频率在 p 附近摆动,当 n 比较小时,摆动较大些,随着 n 增加,摆动愈来愈小,且可以变得要多小就多小.这个数 p 就定义为事件 A 的概率 $p(A)$.例如,一种病的死亡率,即人得这种病时死亡的概率,在理论上无法算出来,但我们可以观察大量患这种病的人.若观察了 n 个人而发现其中 m 个人因此病而死,就将该病的死亡率估计为 m/n.当 n 很大时,我们相信,即使此病真正的死亡率与估计数 m/n 有些差距,但也相去不远.

这样一种定义事件概率的方法,叫作**统计定义**,因为它是依据大量的统计数据而得到的.这种思想起源于何时何人已无法考察,但也许更符合事实的是,它在好多年以前就为人们自发地使用过,时至今日,一些并未接触过概率论的人,也常在种种场合用它来估计机会的大小.可以推想,它的起源一定很早.对这个方法进行系统的研究,并倡议在这个基础上建立概率论的是数学家冯·米泽斯,他写了一本专著讨论这个问题.

人们普遍承认概率的统计定义的合理性及其在实用上的重要性.但是,冯·米泽斯的观点,即把概率论建立在频率解释上的观点,却没有得到理论界一致的同意,这里面的道理不能在此细讲,只就上述统计定义本身来说,从纯观念的角度看就有些问题.在现实生活中我们永远只能做有限次试验,因此在原则上说,永远无法确定频率是否确实稳定到某一个数,也无法确实定出这个数是多少.

从实用的观点看,我们不必去深入追究这个定义在逻辑上的某些不妥之处.重要的是它提供了一种现实的方法,可以用于估计随机事件发生的可能性的大小.它也提供了一种通过实践去检验理论的正确性的方法,最简单的是下面这种情况:据某种理论,事件 A 发生的概率应当是 p.为检验这一点是否与实际符合,我们把试验重复做若干次.例如,在 n 次重复中,观察到事件 A 发生了 m 次.如果频率 m/n 与 p 的差距不大,则试验结果与理论可算是比较符合,否则就有理由怀疑理论的正确性.这种问题属于假设检验的范围,将在下一章中作较仔细的讨论.

当试验次数愈来愈大时,事件的频率稳定到一个数值(称为该事件的概率)这个经验事实[①],在概率论中称为**大数定律**."大数"就是大量次数试验的意思.就是说,这种规律性或称为"定律",只有在大量次

[①] 在公理化的概率论中,一切概念都在几条不经证明就被接受为真理(称为公理)的基础上有确切的定义.在那里,频率的稳定性可给予理论上的证明.

数的试验之下,才能显现出来.例如一枚硬币,在形状和质地都相当均匀时,投掷时国徽一面(正面)向上的概率很接近 1/2.如果把该硬币投掷很多次,会发现正面出现的频率接近 1/2.事实上,有很多人做过这种试验,投掷次数有过万次的,结果无不证实了这一点.但是,如果投掷次数不多,则这个规律就没有机会表现出来.

从某种意义上说,频率稳定到概率这个事实,给了"机会大小"即概率一个浅显而说得通的解释.试回到本章开始的那个例子.袋中有三个球,两红一白,说抽出一个红球的机会为 2/3,这话初一听好像理所当然,正如我们在讨论古典概率时曾讲过的,但细一想则觉得事情没有这么简单.如果你真去抽一个球,则结果只能有一种:或红或白.你不可能抽出 2/3 个红球和 1/3 个白球,那么就要问:所谓"抽出红球的机会是 2/3"究竟是什么意思? 2/3 这么大的机会,与 3/4 这么大的机会,其差异究竟何在? 使用频率,我们就可以作如下的解释:尽管在一次抽球时,结果只能有一个,但是,如果反复地抽很多次(每次放回),则大约有 2/3 的次数是抽出红的,1/3 的次数是抽出白的.我们不能预言这 2/3 的次数具体是哪些次,但总次数的比例却可以预言.

这样一种解释在统计学上有很重要的意义,试回到上一章讨论正态分布 $N(a,\sigma^2)$ 的均值 a 的区间估计问题(σ^2 未知).我们曾提出区间估计 $\bar{X} \pm t_{n-1}(0.95)s_1/\sqrt{n}$,说它的"置信系数"是 0.95.在上一章中,我们把此语的意思解释为:该区间包含被估计的 a 的机会是 0.95,用我们现在的语言,就是"这区间包含 a"这个事件的概率为 0.95.在一次具体使用时我们得到区间 [5.419,5.613].我们说这个区间包含 a 的"机会"是 0.95,可是细想起来,这里就有些问题:a 虽然不知道,但总是一个确定的数,a 或者在区间 [5.419,5.613] 内,或在其外,二者必居其一且只居其一(尽管我们不知道是何者).因此,该区间包含 a 的机会只能是 1 或者 0.可见,如果停留在某一次具体使用的结果上,0.95 这个数字就无法解释.但是,如果我们不只是把眼光局限在这一次使用上,而是考虑其多次使用,则会得到类似于图 6.1 那样的结果.每条线段代表一次由 5 个数据得出的区间,这些区间中,有的包含 a(a 设为 5.520),有的不包含 a,前一情况约占 95%.置信系数意义的具体解释是:如果你用这个方法(即区间 $\overline{X} \pm 2.776 s_1/\sqrt{5}$)去估计 a,那么在每 100 次使用中,平均有 95 次对了,有 5 次错了.因此,我们只好说这个方法的置信系数为 0.95.在习惯上,我们也常说某一具体区间(例如上文的[5.419,5.613])的置信系数为 0.95,但当我们这样说时,是在大量次数使用的背景下去看的.

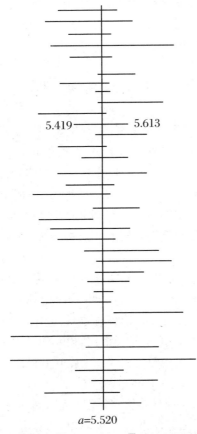

图 6.1　区间估计 $\overline{X} \pm 2.776 s_1/\sqrt{5}$ 在多次使用时的结果
每次都是 5 个数据,图中特别标出了上一章例 5.4 的数据所算出的区间[5.419,5.613]

按照这种看法,统计结果都必须在频率——大量次数使用的基础上去解释.坚持这种观点的统计学派也就称为**频率学派**.有一些统计学者不赞成这种观点.他们认为,与应用者利害相关的,是他这一次使用的结果如何,把它放在大量次数使用的背景下去解释是不合理的,纵然这个情况出现的频率很高,但它未必就在我这一次出现了.何况在有些实用问题中,根本不容许重复,这时频率解释失掉了依据.坚持这种观点的统计学家,也试图建立自己的理论和方法.其中一些组成了统计学中一个有影响的学派,叫作**贝叶斯学派**,但是,这个学派的理论和方法也存在一些问题.

6.5 主观概率

如果试验是可以无限次重复的,则用频率去解释事件发生可能性的大小,不失为一个合理或可行的方法.虽然正如上一节结尾处所提到的,也还是存在着一个关于大量重复与一次实现之间的关系究竟有何意义的问题.可以打一个比方,设在本章开头那个例子中你与别人赌博.规定由你摸一个球,若摸出红球,别人付给你 10 000 元,否则你付给别人 10 000 元.如果你与别人约定好要赌许多局,则你可以放心地赌下去.但现在设只赌一局而你又不是一个百万富翁,则尽管这赌博规则明显有利于你,你也未必敢冒这个险.可见在有些实用的场合,单凭大量次数重复的频率,不一定能作为决定现实问题的合理根据.

还有一个问题,人们常谈论种种事件出现机会的大小,而这种事件根本不能重复.例如,我今天要出门,要估计下雨的可能性多大;我托人办件事,估计办成的可能性多大;某项工程能在半年内完工的可能性多大;以至关于第三次世界大战在 50 年内打不起来的可能性多大;火星上有生命的可能性多大;等等.我们也常拿一个数字去估计这类可能性的大小,而心目中并不与频率相联系.鉴于这类情况,有人提出了**主观概率**的概念.它把一个事件发生的概率,规定为某人(或某集体)在主观上相信该事件会发生的程度的数字衡量.例如,我说火星上

有生命的概率是 10^{-5},这表示我很不相信火星上有生命,但也不绝对否定其可能性.我相信的程度,可以用 10^{-5} 这么小的数字来衡量.这讲清了我对这个问题的态度.人们在日常生活中常听说的"某事可能性多大"一类说法,都是这种主观概率的表述,可见这个概念有相当的生活基础.反对这个概念的人认为,事件发生的可能性大小,应是不依人们意志为转移的一个客观的数字.主观概率依人的看法而定,因此使它成为一个主观任意性的东西,失掉了客观性,也就失掉了科学性.赞成主观概率的人则认为,且莫说在许多情况下,所谓"客观地"决定一个可能性大小的数字,既不可能也没有意义(例如,"火星上有生命"的可能性如何客观决定?有什么客观意义?).而且主观概率反映了一个人关于某件事的知识,是很有意义的.例如,在一二百年前,一般人乃至有专门知识的科学家,不少人都相信火星上有生命的可能性很大,而今日则不然.再过若干年,可能看法又有改变.又如,求神拜佛能治好病的可能性多大?对这个问题,你可以说客观上是 0.但在现实生活中,由于一个人的知识水平和思想的差异,他对这个问题的估计会有不同.主观概率从数量上表达了人们对这件事看法的差异,也是有意思的.还有一说,在涉及要采取行动因而要承担后果的情况下,各人所处地位不同,掌握的情报不同,他对可能性大小的看法也会受到影响.因此,研究主观概率,并以这种观点来处理统计学的问题,可能很有现实的意义.但从目前情况看,基于概率的频率解释的统计学仍占据着主导的地位.

6.6 随机变量

随机变量的概念在前一章就已提到过了.一般地说,它是取值要依机会而定的那种变量.从某种意义上说,随机变量是随机事件的一种推广,它也是要与一定的试验联系起来考虑的,下面举一个例子.

例 6.6 向一个目标射击 4 次,以 X 记命中目标的次数,则 X 可能取 0,1,2,3,4 这五个数值.这些值称为 X 的可能值.它在一次具体的试验(试验的内容是向目标射击 4 次)中究竟取值如何,要凭机会,不是在试验前可以确切预知的.

若我们把一次射击的结果记为 S(命中)或 F(不命中),则本试验有 16 个可能的基本结果,它们是

SSSS	SSSF	SSFS	SFSS	FSSS	SSFF	SFSF	SFFS
(1)	(2)	(3)	(4)	(5)	(6)	(7)	(8)
FSSF	FSFS	FFSS	SFFF	FSFF	FFSF	FFFS	FFFF
(9)	(10)	(11)	(12)	(13)	(14)	(15)	(16)

对以上 16 个基本结果的每一个,变量 X 都对应着一个确定的值.如 $SFSF$ 对应的 X 为 2 ($SFSF$ 表示第 1 和第 3 次命中,第 2 和第 4 次不命中,其余类推).由这个分析看出,随机变量是其取值依试验的基本结果而定的那种变量.它取值的机会性质,表现在试验中究竟出现哪一个基本结果,要凭机会.不同的基本结果可对应 X 的同一取值.如在本例中,基本结果(1)对应的 X 值为 4,(2)~(5)对应的为 3,(6)~(11)对应的为 2,(12)~(15)对应的为 1,(16)对应的为 0.

这个例子可推广为以下的一般情况:设 A 是与某试验Ⅰ相联系的一个随机事件.在每次做试验Ⅰ时,A 可以发生也可以不发生.现将试验Ⅰ重复 n 次,以 X 记这 n 次试验中事件 A 发生的次数.这是一个极重要的随机变量,特别是当 $n=1$ 时,随机变量 X 成为

$$X = \begin{cases} 1, & \text{当事件 } A \text{ 发生时} \\ 0, & \text{当事件 } A \text{ 不发生时} \end{cases}$$

这样,事件 A 是否发生,与 X 是否为 1 是一回事.因此我们可以把事件 A 等同于这个随机变量 X.前面我们称随机变量是随机事件的推广,其道理就在这里.

随机变量的例子可以说俯拾即是.我们再随便列举几个,其中 X 都是随机变量.

例 6.7 一大批产品共有 N 个,从中不放回地抽出 M 个,以 X 记这 M 个中废品的个数.

例 6.8 固定一段长为 t 的时间(例如,上午 9 时至下午 2 时,以

小时为单位,$t=5$),在一交通路口观察这段时间内交通事故的数目 X.

例 6.9 称一个物件,称出的质量为 X;或称一个物件若干次,各次所得结果的算术平均值为 X.

例 6.10 一个电子元件从开始使用起到失效为止所经历的时间为 X,称为该元件的寿命.人的寿命 X 也是随机变量.从一大批人中随机抽出一个,其寿命多长与抽样(即试验)的结果有关.

由这些例子可看出随机变量的广泛性.如果把概率论说成是研究随机变量的学科,也不为过.在统计学上,随机变量一般是在下述三种情况下出现的:

(1) 刻画总体.这一点我们在上一章已谈到过了.从总体中随机地抽出一个个体,其指标值 X 是一个随机变量.由于问题中所注意的只是个体的该项指标,可以把总体就说成是这个变量 X.

(2) 刻画样本.从总体中随机抽取 n 个样本,其指标值分别记为 $X_1,\cdots,X_n$.由于抽得哪些个体是凭机会而定的,所以 $X_1,\cdots,X_n$ 的值也是凭机会而定的,它们是随机变量.

(3) 刻画统计量.统计量是通过样本而算出的值.例如,样本 X_1, $\cdots,X_n$ 的样本均值 $\overline{X}$ 和样本方差 S^2,就是最重要的统计量的例子.既然样本的值要凭机会,故由它们所决定的值(即统计量)也依赖于机会,因此也是随机变量.

因此在统计学中,我们也是要与种种随机变量打交道.从这个角度看,也可以说统计学的理论就是研究随机变量的.那么,它与概率论的差别何在呢? 差别就在于,统计学的任务是通过随机变量的观察值,也就是样本,去研究问题中有关的随机变量的某些未知方面.而概率论则是一般地研究种种随机变量的性质,不需要也不涉及其样本.例如,在例 6.6 中我们提到了一个很重要的随机变量 X:n 次试验中,事件 A 发生的次数.这种随机变量有何性质? 这就属于概率论研究的范围.事实上,在概率论中证明了有关这变量的很多重要性质,它们并不需要对 X 进行观察.但如我们要了解的是事件 A 发生的概率 p,则

尽管变量 X 的种种性质对处理这个问题有用,单靠它们不能给出 p 的估计,而必须观察 X,即实地做 n 次试验,记下 A 出现的次数 x. x 就是 X 在试验中取的值,然后用 x/n(也还有其他的估计公式)去估计 p. 这种估计有什么性质和优点呢?要研究这种问题,概率论所证明的有关变量 X 的性质很有用处,然而,在实际应用中需要的是估计 p,故观察 X 之举总不能少,这就是统计学与概率论差别之所在.

6.7 概率分布

研究一个随机变量,首先看它能够取哪些值. 如在例 6.6 中,变量 X 只能取 $0,1,2,3,4$ 等五个值,其数目有限. 例 6.7 也如此,但要确切指出 X 能取哪些值,需要知道 N, M, n 的具体值. 例 6.8 中的变量 X 可以取 $0, 1, 2, \cdots$. 实际上总是有一个上限,但这个上限难于明确规定,因此,往往说它可以取任一个正整数值. 在例 6.9、例 6.10 中,变量 X 取的值不能为负数,它在实际上也有一个上限,但难确知,所以往往把它看成是可以取 0 与 ∞ 之间的任何数值. 这里还涉及一个抽象化,因为在衡量物重和元件的寿命时,总只能到某个单位为止. 故实际上, X 的取值只能是这单位的倍数,但这种单位难于作一般的规定,且在单位甚小时, X 取的值形成一个很密集的集合. 为方便计,不如把它说成可取任何非负数值更简单.

由此可见,"随机变量可能取的值"不一定是一个很确切的概念. 因此,单停留在这个地方得不出多少深入的东西. 这还有一个更重要的理由:可能值一样的随机变量,其性质可以很不同. 拿例 6.6 来说,设想两种情况,其一是每次射击命中概率 $p = 0.01$,另一是 $p = 0.97$. 两种情况下问题中的变量(即 4 次射击中的命中次数),分别用 X 和 Y 来记,则 X 和 Y 可能取的值都是 $0, 1, 2, 3, 4$,并无区别. 然而, X 取 0 的可能性很大,取其余值的可能性很小. Y 则相反,取 4 的可能性很大,而取其余值的可能性小. 这种差别极其重要,它是通过概率分布这个工具来刻画的. 随机变量的分布这个概念在上一章中也提到了,只是当时没有称它是概率分布而已.

所谓随机变量 x 的**概率分布**,是指一个规律,它给出了 X 取各种值的概率的大小.先举一个例子.

例 6.11 在一次试验中,事件 A 出现的概率为 p,把这个试验在同样的条件下重复 n 次,以 X 记事件 A 出现的次数.

X 所能取的值为 $0,1,\cdots,n$,共 $n+1$ 个值.在例 6.5 中已证明了 X 取 r 的概率是(见式(6.7))

$$P(X=r)=\binom{n}{r}p^r q^{n-r} \quad (q=1-p; r=0,1,\cdots,n) \quad (6.8)$$

这就是 X 这个随机变量的概率分布.如果把式(6.8)对 $r=0,1,\cdots,n$ 求和,则结果为1(见式(6.5)).这个道理很清楚.因为"X 或等于0,或等于1……或等于 n"是一个必然事件,其概率为1.因此,式(6.8)给出了一个规律,指明全部概率1是如何在其各个可能值之间去分配的.或者说,全部概率1"分布"的情况如何.这就是概率分布这个名称的由来.当 $n=8$ 而 $p=1/4$ 时,X 的分布可通过图 6.2 来表达.

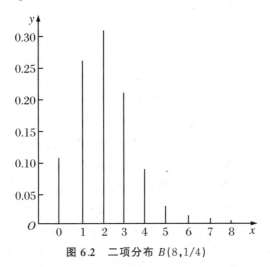

图 6.2 二项分布 $B(8,1/4)$

由公式(6.8)确定的分布称为二项分布,其名称的由来就是前面提到过的二项式定理.这是概率论与统计学中最重要的分布之一,常记为 $B(n,p)$. $X \sim B(n,p)$,就是指 X 的分布为式(6.8),图 6.2 中给出的是分布 $B(8,1/4)$.

例 6.12 根据例 6.2、例 6.7 所定义的随机变量 X 的分布是(见式(6.6))

$$P(X = m) = \binom{M}{m}\binom{N-M}{n-m} / \binom{N}{m} \tag{6.9}$$

m 取非负整数,且要使上式有意义,即 $m \leqslant M, n-m \leqslant N-M$,也即 $m \geqslant n-(N-M)$(若 $n < N-M$,则此式理解为 $m \geqslant 0$),这个分布称为**超几何分布**.

例 6.13① 对例 6.8 来说,情况比较复杂.为了要推导出在长为 t 的时间段内恰好发生 k 次事故(即 $X=k$)的概率,需要对事故发生的规律性作许多一般性的假定.这些无法在此详细讨论,我们只指出:在一组比较简化但还是在许多情况下基本适用的假定之下,可以推导出事故数 X 取值 k 的概率为

$$P(X = k) = e^{-a} a^k / k! \quad (k = 0, 1, 2, \cdots) \tag{6.10}$$

这里 $a > 0$ 是一个与所考察的情况有关的数.可以证明,它就是该路口单位时间内平均事故的个数.在实用上此数值可以通过 X 的观察值去估计.分布(6.10)也是概率论上一个很重要的分布,叫**泊松分布**.

分布的概念在上一章就提出来了,只是当时我们用"比率"这个通常的字眼来代替"概率"这个专门名词.在总体中只包含有限个个体的情况下,根据古典概率定义,这二者是一致的.设总体包含 N 个个体,其指标值 X 为 b_1 的有 N_1 个,为 b_2 的有 N_2 个……为 b_M 的有 N_M 个,则满足"$X=b_i$"的个体数所占比率为 N_i/N.这样列出第 5 章的表 5.3.若从总体中随机抽出一个个体(每个体抽出的可能性同等),则按古典定义,有 $P(X=b_i) = N_i/N$,这就是 X 的概率分布.在无限总体的情况下,"比率"一词已失去意义,因此,按前一章的讲法去定总体指

---

① 不了解指数函数的读者可略去本例,在后面我们不会用到它.

标 X 的分布,实在是有些勉强,但按我们现在的观点,以"概率"来代替"比率",就没有这个困难.因为概率可以用种种方法确定,不必非用古典定义不可.比方说用统计定义,以及通过某种理论的途径.例 6.13 就是用理论推导决定概率分布的,虽然我们没有把推导过程写出来.

像例 6.9 和例 6.10 那种情况,用计算 X 取各可能值的概率的形式表达 X 的概率分布,已行不通了.因为 X 可以取某个范围内的一切值,它取其中任一个指定值的概率在理论上都是 0.这两例与例 6.6~例 6.8 的区别,可以用一个形象的比喻来说明,例 6.6~例 6.8 的情况,好比一条无质量的细绳上穿了一些小钢球(球很小,近似地看成一个点,但有一定的质量).要描述质量在这条细绳上的分布情况,只需指出各钢球在细绳上的位置和质量即可.例 6.9 和例 6.10 的情况则相当于一条不均匀的细钢杆,整个钢杆有一定质量,作为一个单位.但杆上每一个点处的质量(想象为在该点处切出的一极薄的薄片的质量)都是 0.因此,要指出钢杆上质量的分布情况,必须找另外的办法,常用的办法是用密度,即钢杆上每一点附近单位长的质量.把这个想法用到像例 6.9~例 6.10 这样的随机变量上,就得到概率密度的概念:指定一个值 x,取一个区间 (a,b),包含点 x."X 的值落在区间 (a,b) 内"是一个随机事件,因为在做一次试验观察 X 时,结果可以在 (a,b) 内也可以不在,要凭机会.正如指定一个范围,如 70~80 年,随机抽取一个人,其寿命 X 是否在这个范围内,要凭机会.把事件"X 的值落在区间 (a,b) 内"的概率记为 $P(a<X<b)$,除以区间之长 $b-a$,即得此区间内单位长度的概率是 $P(a<X<b)/(b-a)$.当长度 $b-a$ 足够小[①](但总让它包含点 x),这个值就近似地等于变量 X 在 x 点处的**概率密度**,记为 $f(x)$.在直角坐标系中描出 $y=f(x)$ 的图形,典型的情况如图 6.3 所示.所描出的曲线称为**概率密度曲线**.这个函数 $f(x)$,或者说这条曲线提供了随机变量 X 的概率分布的全部情况.这是基于如下

---

① 理论上说要求 $b-a$"无限小",学过微积分的读者会明白这指的是,令 $b-a\to 0$(总使区间 (a,b) 包含点 x)取极限.

的性质:指定任何区间(a,b),"X 在试验中取(a,b)内的值"这个随机事件的概率,就等于曲线下在 $x=a$ 和 $x=b$ 两条线之间的面积,如图 6.3 中的斜线部分所示[①].以上所讲的内容,实际上在上一章中也已提到了,只是没有用"概率密度函数"这个名词,且在那里,图 6.3 中斜线部分的面积解释为"总体中,其指标值 X 落在(a,b)内的个体数目所占的比率".由于总体中所含个体数为无限的,这个说法有些牵强.用现在的讲法就没有这个问题,原因仍是在于:"概率"与"比率"的联系要通过古典定义,但概率还有别的方法可以决定.

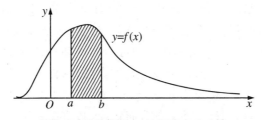

图 6.3 随机变量 X 的概率密度曲线

在概率论中,除了用上述两种方法来描述概率分布以外,还常用概率分布函数这个工具:对每个指定的数值 x,确定$\{X\leqslant x\}$这个随机事件(在试验中,X 取的值是否不大于 x,要凭机会,故是一随机事件)的概率,记为 $F(x)$.对每个数值 x 都确定 $F(x)$ 的值,就定出了这个函数,它称为 X 的**概率分布函数**,简称**分布函数**.这个工具可以把以上两种情况都包括在内.知道了密度曲线 $f(x)$,则分布函数 $F(x)$ 的值,就等于密度曲线下 x 点左边部分的面积(见图 6.4,斜线部分的面积为 $F(x)$).反过来,若知道随机变量 X 的分布函数 $F(x)$,则 X 的值落在(a,b)内的概率为 $F(b)-F(a)$,故(a,b)区间内单位长的概率为 $[F(b)-F(a)]/(b-a)$.当 $b-a$ 很小且区间(a,b)包含点 x 时,该比值接近 X 的概率密度 $f(x)$.因此,知道了 X 的分布函数也可以决定

[①] 学过微积分的读者,会知道这块面积等于积分$\int_a^b f(x)\mathrm{d}x$.以后在正文中,我们不会用到这种公式.

其密度函数[1].对例 6.6～例 6.8 那种情况,类似的性质也成立.举一个很简单的例子说明一下.设随机变量 X 只取 0,1 这两个值,其概率分别是

$$P(X=1)=p, \quad P(X=0)=1-p \quad (0<p<1) \quad (6.11)$$

则随机事件 $\{X\leqslant x\}$ 的概率有三种可能:当 $x<0$ 时为 0;当 $0\leqslant x<1$ 时为 p;当 $x\geqslant 1$ 时为 1.这就对每个 x 值定下了分布函数 $F(x)=P(X\leqslant x)$ 的值,如图 6.5 所示.反之,若知道了随机变量 X 的分布函数有图 6.5 的形状,则不难看出它的概率分布就由式(6.11)决定.当 X 取多于两个值时,情况也完全类似.

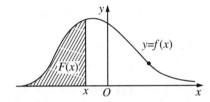

图 6.4 分布函数与密度函数的关系

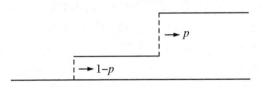

图 6.5 式(6.11)定义的 X 的分布函数

再回到前面的例 6.9 和例 6.10[2].例 6.9 中随机变量 X 的概率分布,通常规定为正态分布 $N(a,\sigma^2)$,这在上一章已提到过.其确切意义是:标准化变量 $(X-a)/\sigma$ 的概率密度函数就是标准正态密度函数,即第 5 章的式(5.7).可以算出 X 本身的概率密度函数是

---

[1] 学过微积分的读者,会了解分布函数 $F(x)$ 与密度函数 $f(x)$ 的关系是

$$F(x)=\int_{-\infty}^{x}f(t)\mathrm{d}t, \quad f(x)=\frac{\mathrm{d}F(x)}{\mathrm{d}x}$$

[2] 不懂得指数函数的读者可略去到下文式(6.13)为止的内容.

$$f(x) = \frac{1}{\sqrt{2\pi}\sigma} e^{-(x-a)^2/(2\sigma^2)} \qquad (6.12)$$

这里 a 是物件的真正质量,即 X 的均值(见下文), σ^2 是衡量天平精度的方差.

例 6.10 中的随机变量 X 的概率分布如何,要依赖对寿命 X 所作的某些一般性的理论假定,这与例 6.8 相似.对一种很简化的但在实用上许多情况还较符合的假定,寿命 X 服从指数分布,其密度函数 $f(x)$ 和分布函数 $F(x)$ 分别为

$$f(x) = \begin{cases} 0, & x < 0 \\ \frac{1}{\lambda} e^{-x/\lambda}, & x \geq 0 \end{cases}$$

$$F(x) = \begin{cases} 0, & x < 0 \\ 1 - e^{-x/\lambda}, & x \geq 0 \end{cases} \qquad (6.13)$$

此处 $\lambda > 0$ 是一个常数.可以证明,它等于该元件的平均寿命(即 X 的均值,见下文).在实际工作中, λ 可以通过 X 的样本去估计.

从概率论的观点看,随机变量的分布是随机变量的最基本、最重要的性质,其他的性质都取决于它.我们前面说过,可以把概率论说成是研究随机变量的.现在可以明确地说:概率论是研究随机变量的分布的.凡与分布无关的性质,都不属于概率论的研究范围.两个随机变量 X,Y,尽管其本义相去甚远(比方说,一个与某一物理现象有关,一个与某一社会现象有关),但只要有一样的概率分布,则在概率论上就一视同仁.这一看法对统计学也适用.在统计学的应用中,我们要与各领域的具体问题打交道.但是在对统计方法作理论上的研究中,有关系的东西,只是作为随机变量的样本的概率分布,统计方法的一切性质都取决于它,与用到的问题的具体含义无关.

6.8 均值和方差

我们再回到本章开始时的那个例子.袋中有三个球,两红一白.现

设甲从中随机地抽出一个,并约定:若他抽到红球,则给 60 元;若抽到白球,则给 90 元.问"平均说来",通过一次抽球甲能得到多少元?

甲可能得到的数目是 60 元或 90 元.把平均所得定为前者偏低,后者偏高,合理的平均数应在二者之间.取二者的算术平均 75 元也不合理,因他得 60 元的可能性大些,得 90 元的可能性小些.考虑到某甲得 60 元和 90 元的可能性(概率)分别为 $\frac{2}{3}$ 和 $\frac{1}{3}$,其平均所得看来以定为 $60 \times \frac{2}{3} + 90 \times \frac{1}{3} = 70$(元)为合理.

现以 X 记"甲在一次抽球中所得(元)",则 X 为随机变量,其概率分布是

$$P(X=60) = \frac{2}{3}, \quad P(X=90) = \frac{1}{3}$$

甲在一次抽球中的平均所得,就称为 X 的均值,定义为

$$E(X) = 60 \times \frac{2}{3} + 90 \times \frac{1}{3} = 70$$

因此,一个随机变量 X 的均值,就定义为其各个可能值对其概率作加权平均,均值也常称为**数学期望**.这个名词带有赌博的意味,因为它源于赌博活动.试以本章例 6.1 为例,赌本 200 元在赌徒甲、乙之间如何分才公平? 据我们在例 6.1 中的分析,若继续赌下去,甲取胜的概率为 3/4,这时他应得 200 元;甲失败的概率为 1/4,这时他所得为 0.如以 X 记"甲所得",则 X 为随机变量,其分布为

$$P(X=0) = \frac{1}{4}, \quad P(X=200) = \frac{3}{4}$$

于是甲通过这一赌博活动的平均所得,即 X 的均值,为

$$E(X) = 0 \times \frac{1}{4} + 200 \times \frac{3}{4} = 150(元)$$

这就是我们在例 6.1 中建议的分法.这里把这 150 元说成是赌徒甲在所述情况下的"期望"所得是合适的,数学期望一词的来由即在此.

不难把这个想法推到较一般的情况:设随机变量 X 可能取的值

为 $b_1,\cdots,b_M$，其概率分布是

$$P(X=b_i)=p_i \quad (i=1,\cdots,M;\, p_i\geqslant 0;\, \sum_{i=1}^{M}p_i=1) \quad (6.14)$$

则 X 的均值定义为 $b_1,\cdots,b_M$ 以 $p_1,\cdots,p_M$ 为权的加权平均，即

$$E(X)=b_1p_1+b_2p_2+\cdots+b_Mp_M=\sum_{i=1}^{M}b_ip_i \quad (6.15)$$

我们在上一章中曾提出过总体均值的说法，后来又把它说成是总体中个体指标 X（看作是随机变量）的均值。现在不难看到，这与此处所述是一回事。设总体有 N 个个体，其中指标值为 b_i 的有 N_i 个，$i=1,\cdots,M$，则全部指标值之和为 $\sum_{i=1}^{M}b_iN_i$。因一共有 N 个个体，故指标平均值为 $\sum_{i=1}^{M}b_iN_i/N=\sum_{i=1}^{M}b_ip_i$，其中 $p_i=N_i/N$。但若以 X 记从总体中随机地抽出的一个个体的指标值，则 X 为随机变量，其概率分布为式(6.14)。按均值的定义，$E(X)$ 由式(6.15)决定，与上述从通常意义下去考虑总体中各个体指标的算术平均值相同。

例 6.14 考虑例 6.11，其中变量 X 服从二项分布式(6.8)。根据定义式(6.15)，这个 X 的均值应为

$$E(X)=\sum_{i=1}^{n}i\binom{n}{i}p^i(1-p)^{n-i}$$

可以算出上式右边的和等于 np。该计算有些复杂，我们可以用一个比较简单的方法。为此，以 X_i 记在第 i 次试验中，事件 A 出现的次数，则 X_i 只取 1 和 0 两个值，其概率分别为 p 和 $1-p$，因此其均值为

$$E(X_i)=0\times(1-p)+1\times p=p \quad (i=1,\cdots,n)$$

因为全部 n 次试验中事件 A 出现的次数 X，就等于 $X_1+\cdots+X_n$，故 X 的均值等于 $X_1,\cdots,X_n$ 的均值之和[①]，因此

$$E(X)=E(X_1)+\cdots+E(X_n)$$

[①] 在此用了这样一个性质：若干个随机变量之和的均值等于各随机变量的均值之和。这个性质在直观上很显然，在概率论的理论中可给予严格的证明。

$$= p + \cdots + p = np \tag{6.16}$$

这是一个重要的公式,它的直观意义是清楚的. 例如,你向一个目标射击 n 次,平均说来,你能期望的命中次数应是 n 与 p 之积. 用类似的方法,可以求出例 6.12 中的变量 X 的均值为 $n \cdot (M/N)$. 这意义在直观上也很明显:这批产品的废品率为 M/N,你现在抽 n 个,期望能得到的废品数应是 n 与废品率之积,这一点与抽样是否放回无关.

对例 6.8 那种 X 取无限个值的情况,定义式(6.15)仍可以用,不过求和从有限的 $\left(\sum_{i=1}^{M}\right)$ 变为无限的 $\left(\sum_{i=1}^{\infty}\right)$. 例如,可算出例 6.8 中变量 X 的均值为

$$E(X) = \sum_{i=0}^{\infty} i \cdot \frac{a^i}{i!} e^{-a} = a$$

像例 6.9 和例 6.10 那种情况,定义均值的基本思想(它是随机变量的各可能值对其概率的加权平均)仍适用,不过已不能用简单的求和来表达了. 此处我们不能再往下深入,只指出例 6.9 和例 6.10 中的随机变量 X 的均值,可以算得分别是 a 和 λ[①].

均值是刻画随机变量性质的一个最重要的数量指标,其他许多重要的数量指标是通过均值而间接地定义的,例如**方差**. 随机变量的方差,记为 $\mathrm{Var}(X)$,是刻画 X 的可能值在其均值周围的散布程度的,记 $a = E(X)$,则 $(X-a)^2$ 是 X 取的值与 a 的偏差的平方(取平方是避免正负抵消). 它本身也是随机变量,我们取它的均值 $E(X-a)^2$. 这个量就表达了 X 的可能值在其均值 a 周围的"平均"散布程度,它就定义为 X 的方差:

$$\mathrm{Var}(X) = \sigma^2 = E(X-a)^2 \tag{6.17}$$

因此它是通过均值去定义的,方差的平方根(取非负根) σ 称为 X 的标准差或均方差.

[①] 对学过微分的读者,我们可以指出:若 X 的概率密度函数为 $f(x)$,则其均值 $E(X)$ 定义为积分 $\int_{-\infty}^{\infty} x f(x) \mathrm{d}x$. 用这个公式不难算出这里指出的结果.

在上一章中我们曾提到过"总体方差",并说它是刻画总体中各个体指标值的散布程度的.这与此处定义的方差一致,其意义和道理正与前面就均值情况所作的解释相同,此处不赘述了.

方差的计算比均值更复杂,此处不能讨论了,我们只指出两个重要的特例.例 6.11 中的二项分布变量 X 的方差是

$$\mathrm{Var}(X) = np(1-p) \qquad (6.18)$$

又以式(6.12)为概率密度的正态分布变量 X 的方差为

$$\mathrm{Var}(X) = \sigma^2 \qquad (6.19)$$

6.9 均值的大数定律

前面我们把在大量次数试验中频率接近概率这个经验事实,称为大数定律.确切一些说,应是关于概率的大数定律.因为对随机变量的均值,我们可以建立类似的定律,叫作均值的大数定律.

设 X 为与某一试验相关联的随机变量,其概率分布由式(6.14)确定.把该试验在同样条件下重复 n 次,记录 X 在各次试验下取的值 $X_1, \cdots, X_n$.设它们之中,等于 b_i 的有 m_i 个,$i = 1, \cdots, M$,则样本均值 $\overline{X}_n$ 为

$$\begin{aligned}\overline{X}_n &= \frac{X_1 + \cdots + X_n}{n} = \frac{b_1 m_1 + \cdots + b_M m_M}{n} \\ &= \sum_{i=1}^{M} b_i \frac{m_i}{n}\end{aligned} \qquad (6.20)$$

m_i/n 是事件 $\{X = b_i\}$ 的频率,其概率是 p_i.根据概率的大数定律,当 n 很大时,频率 m_i/n 接近概率 p_i.故由式(6.20)可知,$\overline{X}_n$ 会接近 $\sum_{i=1}^{M} b_i p_i$,即 $E(X)$.这就是均值的大数定律.说确切一些:当 n 较小时,样本均值 $\overline{X}_n$ 会与 $E(X)$ 有些偏差.当 n 增加时,$\overline{X}_n$ 在 $E(X)$ 的上下摆动,且(随着 n 的增加)摆动的幅度愈来愈小,以至可以变得要多小就多小,如图 6.6 所示.

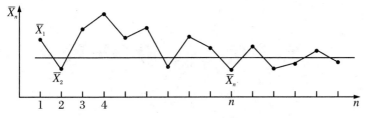

图 6.6　样本均值在 $E(X)$ 附近的摆动

均值的大数定律在统计学上有重大意义.以往我们提出,用样本均值估计总体均值是一个基本的统计方法,这也是一般人常用的方法.这个方法貌似浅显,但如细问起其根据究竟何在,却不易回答.在统计学中从多种角度回答了这个问题.此处的均值大数定律是其中之一.这个定律说明:当试验次数足够多时,样本平均值确能接近要估计的总体平均值.当然,在不少应用中,试验次数不一定能达到为使这个定律能表现出来所需的那么多.但样本均值有这样一个特点而其他方法未必具有,这就为样本均值的优良性提供了一种论据.何况在不少应用场合,试验次数的确是相当多的.

另外,许多其他重要的量,例如方差,是通过均值定义的.因此,对这些量往往也有相应的大数定律.例如,当试验次数 n 增大时,样本方差愈来愈接近于总体方差.因此,至少在这种情况下,样本方差是总体方差的一个良好的估计.

第 7 章 假 设 检 验

7.1 原假设和对立假设

甲、乙两位棋手下棋,甲三胜一负.你可以把这个纪录解释为甲的棋艺高出乙,但是在水平相同或接近的选手进行比赛时,由于很难具体说明的偶然性因素的影响,比分有较大差距的情况,也屡见不鲜.因此,恐怕多数人都会认为,凭这个 3∶1 的比分去判定甲优于乙,还不够令人信服.

如果这两位棋手的比分是 5∶1(甲胜 5 局,乙胜一局),则我们面临同样性质的问题:你可以据此结果判定甲优于乙,但人们可以提出异议,认为此结果是出于偶然.与 3∶1 的情况相比,这个看法的说服力要小些.若比分是 10∶1 则有利于甲,这恐怕使多数人会认为,已有足够理由判定甲优于乙.也许还会有人认为这仍不过是出自偶然性,这更缺乏说服力,即使在逻辑上也不能绝对否定它.这里所提的比例(3∶1,5∶1,10∶1 等)当然是所知的甲、乙比赛的全部纪录,但在实际生活中,人们必然倾向于把本次比赛的纪录与以往的纪录结合起来去考察,这样问题就大大复杂化了.

再举一个例子,对两个生产电视机的工厂甲、乙的产品进行评比.从两工厂的产品中各随机抽出 5 个,经实际使用,得出甲厂 5 个产品平均无故障使用的时间为 5 000 小时,乙厂为 4 900 小时,于是据此可判定甲厂的产品质量优于乙厂(就此项指标而言).但也可以提出异议,认为这个差别可以用偶然性(在此表现在抽样的随机性)来解释.如果试验结果差异更大(例如甲 5 000 小时,乙 3 500 小时),或试验规模更大(例如每厂抽出产品 100 件做试验),仍表现出同样的差别,则判定甲优于乙的理由就更充足了,当然在逻辑上仍不能断然排斥"差别来自偶然性"的看法.

第三个例子如下:工厂供给用户某种产品,规格为每袋 100 千克.经抽查 10 袋,发现平均每袋重 99 千克.这就产生了一个问题:这个抽查结果究竟是由偶然性在起作用,还是由于该厂提供的产品确实是系统地低于每袋 100 千克的规格.这在原则上仍然是模棱两可的,但是总存在哪一个理由更充足的问题.

以上所讲不过是一些人所共知的普通常识,但因这类问题在各方面的应用以至日常生活上经常出现,因此有必要对它作深入的研究.这类问题属于统计学研究的范围,因为这类问题是与带随机性的数据打交道的.两人下棋,决定胜负的因素,除了各人棋艺水平不同这个系统性因素外,还有在一局之中起作用的众多随机因素.其他两例就更明显了.事实上,问题的实质可以总结为:观察到了某种表面上的差异(甲胜的局数比乙多,甲厂电视机的平均无故障时间比乙厂的长,抽查的 10 袋平均质量低于 100 千克的规格,等等),这差异是否可以仅凭随机性这个理由去解释.如果可以,则我们没有足够的理由肯定,这表面上的差异反映了一种实质差异(甲的棋艺高出乙等等).当然,这不是说观察或试验结果证明了不存在实质差异,而只是说,既然仅凭随机性也可以解释得通(没有说它是**唯一**可能的解释),也就不能肯定"有实质差异"的说法确实成立了.对本章的论题,读者要习惯这样的思想:发生了一件事,其原因不外乎 A 或 B.可以只是 A,也可以只是 B,也可以兼而有之.现在先试用 A 去解释,如果还能说得通,则就没有理由肯定 B 是此事发生的原因之一,虽然这并不排斥原因 B 的可能性.

该问题有两种可能的提法.**一种提法**是"二中取一"的形式.即根据所获得的数据,在"无实质差异"与"有实质差异"这两种推断中选择其一,分别把它们写在一个箭头号的左右两端,以形象地显示这是两种互相竞争的可能性.就以上三例来说,有

甲、乙棋艺水平一样 ↔ 甲、乙棋艺水平不同

（因观察结果有利于甲,箭号右边的推断自然意味着认为甲的棋艺水平高于乙.其他两例类似）.

甲、乙两厂生产的电视机平均无故障使用时间相同
↔时间不相同

该厂所供产品每袋平均重 100 千克
↔平均重不为 100 千克

在统计学上,常把箭号左边的命题称为**原假设**,也有称**零假设**或**解消假设**的.把右边的命题称为**对立假设**或**备择假设**.名称可解释如下:比方说,甲、乙两棋手从未比赛过,人们无法比较其水平如何,这时（比赛结果出来前）只好暂认为两人水平相同（不好事先就说谁优于谁）.因此,这是一个**在做试验之前原有的假设**.在这个假设之下,甲、乙水平的差异为**零**.或者说,这假设**解消**了甲、乙水平的差异.仿此,在观察以前,就不好武断地认为该厂产品每袋平均质量一定不合规格,或武断地认为甲、乙两厂生产的电视机谁比谁优.总之,原假设就意味着无差别或无偏差,具体形式取决于问题的实际内容.例如,要考察吸烟与患肺癌是否有关联,在没有作任何观察以前,不好先天地认定二者一定有关联,于是原假设应是"二者无关联".对立假设就是对立于原假设.备择假设的意思是:一旦你决定不采纳（即否定）原假设,则这假设可备你选择.

"二中取一"的意思,就是在原假设和对立假设二者中决定其一.或者说,在**接受原假设**和**否定**（**拒绝**）**原假设**（即接受对立假设）这两个可能作的决定中取一个.要注意的是,根据现在仍很流行的统计学观点,这二者的意义并非对等.接受原假设只是意味着,按所获数据来看,并无足够的根据认为原假设不对.而不是说,从所获数据证明了或有足够的理由认为原假设是对的,因此,问题多少仍处于未决的局面.反之,否定原假设则意味着,按所获数据有充足理由（而非绝对地证明,因为数据有随机性）认为原假设不对,即有充足的理由认为对立假设成立.故在一定限度内,可以说问题有了一个明确的结论（"一定限度"的意义详见后文）.对于上述思想,拿棋手比赛的例子很好说明:在

观察数据为"甲5胜1负"时,据一定方法(详见下文),我们决定接受"甲、乙水平相同"的原假设.理由是这个比分还未大到足以肯定甲的棋艺高于乙(比赛结果可能纯出偶然).但这比分显然也不能肯定甲、乙水平相同.若比赛结果是甲10胜1负,则据一定方法,我们否定"甲、乙水平相同"的原假设.这根据相当充分,因此在一定限度内,问题有了一个明确的解决,即我们认为甲棋艺高于乙.而在前一情况(甲5胜1负)下,甲、乙棋艺谁高的问题仍处于未定局面.

另一种提法的思想是:在取得试验数据后,并不在"接受"和"否定"原假设之间作一明确的决定,而只是提出一个介于0和1之间的数字,以表达试验结果对原假设的**支持程度**.这种提法也符合习惯和常识.例如,甲、乙棋手赛10局,"甲6胜4负",对"甲、乙棋艺一样"这原假设的支持程度,与"甲9胜1负"对它的支持程度不一样,前者大而后者小.对这一点恐怕不会有任何异议.问题是这个"支持程度"该如何计算,这个问题有其微妙性.一方面,计算方法应当是客观的、科学的,这样才能为人们所公认;另一方面,因为"支持程度"是一个无法确切定义的笼统概念,在有些情况下,存在着许多表面上看来都合理的算法,而算出的结果却不同.要解决这个麻烦问题,就得用统计学的理论了.这一点要在今后结合具体例子去说明.

要指出的是,在一定意义下有理由认为,这一种提法比前一种提法更为根本.因为,如我们在后面将要说明的,按目前流行的统计方法,按第一种提法处理问题,采用了如下的程序:先指定一个界限,最常用的是0.05,其次是0.01,0.1等等.有了数据以后,算出它对原假设的支持程度r.若r小于所指定的界限,则决定不接受原假设,否则就接受原假设.

这种指定界限的做法,在现实生活中也不陌生.如在加工资时,规定某年以前毕业的加两级,以后毕业的加一级之类,就是一例.不过,这种做法总使人感到有一种不大自然的人为性.因此,不少统计学者主张只用第二种提法.但是,在许多应用中,要求人们对是否接受原假设作一个明确的决定,因此,第一种提法不能废弃,相反,它还是现在使用较多的一种提法.在这种提法之下,可以把问题说成是:根据观察或试验结果去**检验**原假设是否成立.因此在统计学中引进了**假设检验**这个名词.假设检验是统计学中的一个很重要的基础性分支.

7.2 拟合优度

我们先采用第二种提法,即有了数据以后,去计算它对原假设支持到何种程度.要做这件事,重要的是,要对随机性起作用的方式制定出清楚的模型.在这个前提下就可以计算概率,而所谓"支持的程度",就是以概率的形式表示出.我们通过一些例子来解释这个思想和具体做法.本章以后的内容也与此有关.

例 7.1 甲、乙两棋手比赛 6 局,甲 5 胜 1 负.如果原假设成立,则甲、乙的棋艺一样.在排斥和局这个约定下(若允许有和局,则只需把所有和局弃置不计即可).每局比赛的结果如何,就好比从装着红、白球各一个的盒子里随机抽出一个球,若抽出红球则甲胜,否则乙胜.现准备 6 个这样的盒子,甲、乙的 6 局比赛,相当于从这 6 个盒子里各抽一个球.现得到的结果是,红球 5 个,白球一个.这个"盒子模型",就以妥当的方式,清楚地表明了随机性所起的作用.这是一个二项模型,其中 $p = 1/2$.

我们这样想,按这个盒子模型,6 个抽出的球中,红、白球都应在 3 个左右.现其中一种球达到 5 个之多,这似乎不大理想.但我们不妨来算一下,像这样极端的情况以至更极端的情况,其概率能有多大.这样的情况有四种:

$$5 红 1 白, \quad 5 白 1 红, \quad 6 红, \quad 6 白$$

按二项概率公式,第 1,2 两种情况的概率都是 $\binom{6}{1}(1/2)^6 = 6/64$.第 3,4 两种情况的概率都是 $(1/2)^6 = 1/64$.于是,全部概率是

$$\frac{6+6+1+1}{64} = \frac{14}{64} = 0.219$$

第 7 章 假设检验

也就是说,在这个盒子模型之下,产生像试验结果(红 5 白 1)那种情况以至更极端情况的可能性约为 0.22.回到原问题,此结果就是:即使甲、乙的棋艺相同,胜者一方所胜局数达到或超过 5 的可能性约为 0.22.它被解释为比赛结果对原假设(甲、乙棋艺一样)的支持程度.在统计学上常采取另一种说法,称 0.22 为比赛结果与原假设的**拟合优度**.此数愈大,就意味着试验结果与原假设"拟合"得愈好,也就是对原假设支持的程度愈大.因此从字面上看,这两个说法指的也是一个意思.

要注意的是,我们并不说 1 − 0.22 = 0.78 这个数字是比赛结果对于对立假设的支持程度或拟合优度.虽然表面上看这样做似乎合理,其实不然.因为,刚才计算"对原假设的支持程度"时,我们是从"原假设成立"这个前提出发的,假如要计算"对对立假设的支持程度",则仿此应从"对立假设正确"的前提出发.而在此,对立假设是一个很复杂的东西.若笼统地假定"甲、乙棋艺水平不同",还不足以构成计算的充分出发点:甲、乙水平不同,可以是甲高于乙,或乙高于甲,可以是甲只高出乙一点点,也可以高出很多.数据对这种种情况的"支持程度"不会一样,无法用一个统一的数去反映数据对于对立假设的支持程度.

例 7.2 下述"女士品茶"的例子,是由统计学家费希尔提出的.一种饮料由茶加上牛奶制成.某女士声称,她品尝一杯这种饮料就能鉴别是先注入茶后注入牛奶(TM)还是相反(MT).这听起来不太可信,且在试验前人们也不能相信.因此他决定做一个试验来考察这一点,而取"该女士对 TM 或 MT 无鉴别力"为原假设.费希尔设计的试验如下:取 8 个一样的杯子,每杯含体积相同的饮料,由同样比例的茶和奶混合调匀而成,其中 4 杯做了记号,是 TM.另 4 杯无记号的是 MT(该女士不知这记号,外形上无法看出).把这 8 个杯子随机排成次序让该女士逐一品尝,事先告诉她其中有 4 杯为 TM,品尝后让她指出哪 4 杯是 TM.

设想原假设成立,则不论是 TM 还是 MT,对于该女士都一样.因此,她从 8 杯中排出 4 杯,事实上等于从一个含红、白球各 4 个的盒子里,不放回地随机抽出 4 个(以红球代表 TM).按通常想法,若她抽出的 4 个球中,红球数为 4 或 3(即该女士说对了 3 杯或更多),则证据对她好像有利.然而,需要计算一下,纯由机遇而出现这类结果的可能性有多大.

如果她 4 杯全说对,即抽出的 4 个球全是红的,则因从 8 个球中取 4 个的方法有 $\binom{8}{4}=70$ 种,它们是同等可能的,而有利于"四球全红"的取法仅 1 种,故其概率为 $\frac{1}{70}$.这就是在原假设(该女士无鉴别力)下,纯因碰巧而 4 杯全说对的可能性,也就是试验结果(4 杯全对)对原假设的支持程度,即拟合优度.

如果她说对了 3 杯,则需要计算:仅凭机遇得到这样好的以至更好的成绩,可能性有多大.从 4 红 4 白的 8 个球中取 4 个,结果为 3 红 1 白的取法,有 $\binom{4}{3}\binom{4}{1}=16$ 种.结果为 4 红的取法有一种.总共 17 种.故所求的可能性(概率)为 17/70.这就是"说对 3 杯"这个结果与原假设的拟合优度.类似地,当她说对 2 杯时,与原假设的拟合优度为 53/70.

在以上两例中,对"支持程度"的计算看来是合理的,也似乎难于找到其他合理的算法(读者不妨试着想一想),然而,在更复杂的例子中则不是这样,后面读者将见到这一点.

7.3 检验的水平

现在考虑第一种提法,即取得数据后,必须对是否接受原假设作一明确的选择.具体做法就是上文已解释过的:指定一个界限 $\alpha(0.05$ 等),算出数据对原假设的支持程度 γ,若 $\gamma<\alpha$,则否定原假设.若 $\gamma\geqslant\alpha$,则接受原假设.注意:在这种提法下,并不需要确切算出 γ 的值,只需弄清它是否小于指定的 α.做到这一点往往要容易些.α 称为检验水平.

例 7.3 考察例 7.1,甲 5 胜 1 负.在例 7.1 中已算出,此试验结果说明"甲、乙棋艺水平相同"的原假设的拟合优度为 0.219,若取 $\alpha = 0.05$,则 $\gamma > \alpha$.因此不能否定原假设.即使把 α 提高到 0.1 或 0.2 也不能.因为在指定的界限 α 为 0.05(以至 0.1,0.2)时,现有的试验结果并未提供足够的证据以否定原假设.我们已说过,这不意味着证明了原假设确切无误,而只是说,在现有资料下,我们决定先维持原假设,如果有必要和可能的话,这问题在将来还可以再提出来讨论.

若比赛结果是甲 6 局全胜,则像这样极端的不利于原假设的情况有两种:甲 6 胜和乙 6 胜.在原假设成立的前提下,它们的概率都是 1/64,由此得出,比赛结果与原假设的拟合优度为 $1/64 + 1/64 = 1/32 < 0.05$.因此,在指定界限 $\alpha = 0.05$ 时,"甲 6 局全胜"的结果已构成否定原假设的充分证据,因而我们决定否定原假设.若指定 $\alpha = 0.01$,则仍不能否定原假设.

若甲、乙比赛 10 局,出现三种情况:"甲全胜"、"甲 9 胜 1 负"、"甲 8 胜 2 负",则按以上交代的算法和二项概率公式来计算,这三种比赛结果与原假设的拟合优度分别为 1/512,11/512 和 7/64.只有后一个数大于 $\alpha = 0.05$,这意味着,若指定 $\alpha = 0.05$,则甲至少要有 9 胜 1 负的战绩,才能令人信服地证明他的棋艺确实比乙高.

这类结论往往使一些缺乏统计观点的人感到迷惑不解.他们不明白,为什么像"甲 8 胜 2 负"这样压倒优势的比分尚不能作为甲高出乙的有力证据.这是由于对以下三点缺乏了解所致:

(1) 提问题的基本态度;

(2) 统计性推断的意义;

(3) 随机性作用的大小幅度.

为了使读者对问题获得更切实的了解,有必要对这三点作更详细的分析.

第一点,需要明确我们提问题的基本态度,是要为"甲、乙棋艺水平不同"找出足够充分的证据(不是绝对可靠的证据),而不是从比赛结果去估量这个看法与另一个看法(即"甲、乙棋艺水平一样")谁更可能.一般人面对像8∶2这样悬殊的比分,即使对统计学略知一二的人,也会倾向于更相信甲确实高出乙.然而,若要问这样的比分是否能使人很有把握下这样的判断,就值得三思了.打个不太确切的比喻,法官审理一个案件,不利于被告的证据很多而有利于被告的很少.这个法官心里很可能会倾向于认为被告有罪,他在私下的场合甚至也可能把这个想法谈出来,但如要据此对被告正式判刑,他就会慎重起来,觉得呈庭的证据还不够充分有力.如果证据只有这些,他可能会宣告被告无罪,这与他心里的带倾向性的想法并不矛盾.

明白了这个思想,就会懂得为什么要把界限 α 取得很小,例如 0.05,0.01 之类.因为,如果说拟合优度 $\gamma<0.05$,根据 γ 的意义,这表明,若原假设成立,则出现所得到的试验结果,以及更不利于原假设的试验结果的可能性不超过 1/20.相当于从 20 个球中抽出特定的一个球的机会.这样的机会算是很小了(当然不是不可能),硬要作这种解释(即碰巧抽到该球),显得很勉强.因此就很有理由认为其反面(即对立假设)成立.若 $\alpha<0.01$,则数据按原假设解释的根据,只相当于从 100 个球中抽出特定一球的机会,因而更为勉强.就是说,承认其反面显得更有道理.若取 $\alpha=0.2$,则数据按原假设解释的根据大小,相当于从 5 个球中抽出特定一球的机会,这种事的发生不算稀罕.因此,以之作为否定原假设的根据就显得无力了.这就解释了 α 的意义,也解释了为什么要把它取得很小.

总之,α 定得愈小而仍能否定原假设,就说明这种否定愈有力.取 $\alpha=0.001$ 而仍得到拟合优度 $\gamma<\alpha$ 的试验结果,意味着人们必须在下面两件事情中承认其一:① 从装有 1 000 个球的盒子里随机抽出一个,正好抽到了事先指定的那个球;② 原假设不对.承认第一件事情显得太勉强,一般人都会乐意接受第二件事,即承认原假设不对.

在统计学应用中人们也常这样说,由试验数据算出的拟合优度愈小,则数据背离原假设的**显著性**愈高.并习惯于称当 $\gamma<0.05$ 时为**显著的**,而当 $\gamma<0.01$ 时则为**高度显著**.因此,人们也常把这种检验假设的方法称为**显著性检验**.

第二点,"接受原假设"这个推断的含义,只是认为否定原假设的根据还不充分,而不是说原假设正确无误,也不是说试验结果有利于原假设一方.正如法官在审理案件中,作出无罪的判决,只是因为在法律上给被告定罪的证据不够,而不一定意味着此判决证明了被告确没有犯指控他的罪行,也不一定意味着法官内心倾向于这样认为.对于在8胜2负的比分之下,仍维持"甲、乙棋艺水平相同"的假设一事,也是这样.

以上两点的论述给人这样一个印象,即我们一方面给原假设以较优的"待遇"(不轻易否定它),同时又把它置于一种不利的地位.因为当它被否定时我们认为这比较可靠,而当它被接受时则认为这不一定说明问题.好比经常考一个学生,每次都给他出较易的题,他一不及格,就说他真的不行.而在及格时,又说这不一定说明问题,还得再考,考来考去,总有一天会出纰漏.贝叶斯学派统计学家杰弗里斯在谈到这个问题时,批评说,原假设好比一个挨打的活靶子,每次射击的命中率虽低,但一次一次地打下去,迟早会要命中.于是乎,迟早我们总会得出"否定原假设"的结论.

怎样回答这种批评呢?作者的看法是,在杰弗里斯提出问题的那个限度内,他的意见是有道理的.一些书籍只强调了"否定原假设可信,接受则还有问题"这一面,而没有作必要的解释,确实造成了杰弗里斯指出的那种误解.可是应当注意:我们这里指的是孤立一次的检验结果,而不是在一长系列的检验中,只要有一次被否定,原假设就完了.两个棋手下棋,今天下出10胜1负的结局.我只见到这一天的结果,当然有理由判胜者棋艺高一筹.但如果这两个人每天都下棋,且不少时候是乙的胜局多于甲,今天偶然一次得出甲10胜1负的结果,自然不会据此就作出甲优于乙的推断.可见,在杰弗里斯的上述批评中,他已把命题更换了.他的命题是:"对一个原假设用各种方法进行多次检验,只要有一次被否定,就认为原假设不成立".现行的检验理论并不包含这个意思.

在现行的假设检验中还带着一些历史的痕迹.原来,早期(卡·皮尔逊时代)提出的假设检验问题,都是为了从观察或试验数据上,去检验一项科学结论或假说 H 是否成立(是否与数据符合).因此,一方面由于对 H 的正确性已有一些科学上的理由予以相信,因而不愿在证据不很充足时轻易放弃它;另一方面,又因为宣布一项科学结论是一件大事,必须慎重处理,故又不愿在孤立一次试验(即使结果与理论的符合还可以)之后就匆忙定论.这样就导致两种情况:一是把检验水平取得过小,以使原假设不易否定;一是在原假设不被否定时,我们还不能下定论,认为还有考察的必要.但也不是无限期地检验下去,直到迟早碰到一次"符合不佳"的试验结果为止.在这个情况以外,当然就不一定非这样处理不可.比如在判断两个工厂生产的电视机质量优劣的例子中,判断"有差异"的尺度就似可略宽些,不必拘泥于把 α 取得很小的说法.或者,如果要把 α 取得很小(这样使两厂电视机质量无差异时,被宣布有差异的机会很小),则一般也应要求保证:当质量上的差异达到某个限度以上时,被检验出有差异的机会也很大(例如,不小于0.90).这就要求有足够多的试验数据才行.用统计学的方法可算出最低限度所需试验的数据数.与此相类似的一个重要例子是产品验收.工厂提供一批产品,由商店抽样决定接受或拒绝.原假设是"产品合格"(常以废品率不超过某个约定的数 p_0 表示).工厂要求检验水平 α 很小,以免合格的产品有不少被拒收,而商店则要求当产品的废品率达到一定限度(超过某个指定的数 p_1)时,被接受的可能性不超过某个很小的数 β.在这里,α,β 的值要由工厂和商店双方协商决定,而并不是只考虑到要求 α 很小这一点.

第三点,随机性的影响有多大?这需要用概率论的方法作精确计算.经验指出,一般对此估计易于过低.作者曾对"两棋手水平一样,而在6局比赛中出现5∶1或6∶0的悬殊比分,机会大小如何",询及若干人的看法,有答以"微乎其微"的,有答以"不过百分之几吧",而没有答以"相当可能"的.事实上,我们曾算出此事的概率约为0.22.换句话说(按频率接近概率的大数定律),若两个水平一样的棋手每日赛6局,则平均9天中就有2天出现这样悬殊的比分,可见这确是"相当可能"的.那么,在出现这样的比赛结果时,我们仍不愿据以作出"两棋手水平有差别"的推断,就不足为怪了.

以上各点,是正确理解假设检验这一统计方法的基本要点所在.举一反三,在其他各例中读者不难自求之.

现让甲、乙赛20局,取 $\alpha=0.05$.若甲胜15局负5局,则像这个,甚至比这个更不利于原假设的比赛结果还有:甲胜5局乙胜15局、甲胜16局乙胜4局、甲胜4局乙胜16局……甲胜20局乙胜0局、甲胜0局乙胜20局.按二项概率公式,在"原假设成立"的前提下,这些结果的概率之和,即15:5的结果与原假设的拟合优度为

$$2\left[\binom{20}{5}+\binom{20}{4}+\cdots+\binom{20}{0}\right]\left(\frac{1}{2}\right)^{20}=\frac{43\ 400}{1\ 048\ 576}<0.05$$

若甲胜14局负6局,则可算出拟合优度为

$$2\left[\binom{20}{6}+\binom{20}{5}+\cdots+\binom{20}{0}\right]\left(\frac{1}{2}\right)^{20}=\frac{120\ 920}{1\ 048\ 576}>0.05$$

由此可知,为否定原假设(指定 $\alpha=0.05$),则胜方所胜局数必须不小于15.一旦建立了这个事实,我们无需对每个比赛结果去计算其拟合优度,就可据以判定是否接受原假设.比如说,当甲胜12局负8局时,算拟合优度很费事,但根据上述规则,我们无需计算,就知道应接受原假设.在统计学上,把每一个这样的规则(即明确指出了哪些试验结果该接受原假设,哪些该否定原假设)都称为一个**检验**.

类似地,对女士品茶的例子,若取 $\alpha=0.05$,则只有在"4杯全说对"时才能否定"该女士无鉴别力"的原假设.若取 $\alpha=0.01$,则因 $1/70>0.01$,甚至这一最好成绩也不足以否定原假设.因此,当取 $\alpha=0.01$时,费希尔所设计的试验将作不出任何结论.但如果我们将试验条件略作修改,则情况将有所不同.例如,维持费希尔的试验条件只作一点改变,不告诉该女士 TM 有几杯,把8杯逐一让她品尝,而令她逐一说出该杯是 TM 还是 MT.当原假设成立时,该女士在品尝每杯饮料时,实际上相当于从一个包含红、白球各1个的盒子中随机抽出1个.因此,这模型与例7.3毫无分别.按该例的算法,算出当该女士"说对8

杯"和"说对 7 杯"时,与原假设的拟合优度分别为 $2/2^8 = 1/128$ 和 $2(1+8)/2^8 = 9/128$.因此,取 $\alpha = 0.05$ 时,前一结果才构成否定原假设的充分根据(即使取 $\alpha = 0.01$ 也如此).无论如何,这样的试验方案提供了作出决定的可能性,因而优于费希尔的原试验方案.

还要注意:尽管我们在前面说过,在指定了 α 以后,只需定出拟合优度 γ 是否小于 α,而不需算出 γ 的确值,我们且通过例 7.3 解释了这一点,但是这不意味着 γ 的确值没有多大意义.相反,能算出 γ 的确值,还是比只知道它是否小于 α 好.例如,指定 $\alpha = 0.05$,知道 $\gamma > 0.05$,因而应接受原假设.若不知 γ 的确值,则我们什么也说不出.反之,若知道 $\gamma = 0.051$,则尽管 γ 仍大于 0.05,但已很接近它,因此可以说,虽然试验结果仍维持了原假设,但已很不利于它.若知道 $\gamma = 0.85$,则可以说试验结果不仅维持了原假设,还很有利于它.二者的含义当然有不小的差别.

7.4 两类错误

在检验一个假设时,可能做对了(即原假设成立而接受了它,或不对而否定了它),也可能犯以下两类错误之一:

(1) 原假设成立,但被否定了,这称为**第一类错误**;

(2) 原假设不对,但被接受了,这称为**第二类错误**.

是否犯错误,取决于所用的检验方法及所获得的样本即试验数据.犯哪一类错误,则取决于原假设到底是否成立.如果成立,则不会犯第二类错误;如果不成立,则不会犯第一类错误.

两类错误的观点是 20 世纪著名的统计学家奈曼和皮尔逊提出的.这两位学者在 1928~1938 年合作期间,发表了一系列的有关假设检验的研究论文,大大地发展了这个分支学科,而成为统计学发展史上一块重要的里程碑.他们理论的出发点,就是这两类错误的观点.不熟悉统计学发展史的读者也许会感到难于理解,为什么这样一个常识性的事实会有这么大的作用?大体说来是这样的,在他俩之前,研究假

第 7 章 假设检验

设检验的先驱主要是卡·皮尔逊和费希尔.他们都是这样提问题的：所得数据是否与某一假设有显著分歧（在前几节中,我们事实上也是按这观点讨论的）？按这一提法,根本不用去考虑或明确对立假设,因而也就谈不上两类错误的问题.奈曼和皮尔逊首先提出,在检验一个（原）假设时,必须同时关心其对立假设,因此就必然注意到两类错误.

那么注意到这两类错误有什么好处呢？暂把这件事放下来,而回过头来再分析一下拟合优度 γ 及指定的界限 α.

设我们取得试验数据并算出 $\gamma < \alpha$ 后,决定否定原假设.我们不能保证这不会犯错误（犯第一类错误）,只是犯错误的可能性（概率）不超过 α 而已.为说明这一点,回到甲、乙两棋手赛 10 局的例子.如前所述,在取 $\alpha = 0.05$ 时,只有在胜方所胜局数至少为 9 时,才能否定原假设.但即使原假设确实成立,即甲、乙水平一样,胜方所胜局数达到或超过 9,也并非不可能.事实上,我们前已算出可能性大小为 $11/512 \approx 0.021$. 它就是 9：1 这个结果的拟合优度,小于 $\alpha = 0.05$.

所以,指定界限 α,就等于限制了我们所能选用的检验方法——限制所用检验方法犯第一类错误的概率不得超过 α.前已说过,把 α 称为检验的水平.故所谓**水平 α 的检验**,就是指满足上述限制的任一检验.

无疑,错误越少越好.这样看来,α 取得越小越好吗？不然.问题在于,当你缩小了第一类错误的概率时,第二类错误的概率会上升.这是很清楚的,为了少犯第一类错误,我们只好尽量少否定原假设,这样就会使得当原假设不对时,也常不否定它,即导致第二类错误.为使读者有更清楚的印象,让我们考察一个例子.

甲、乙共赛 10 局,取 $\alpha = 0.05$.前已指出,只有在胜方所胜局数不小于 9 时,才否定原假设.现设原假设不对,且更具体地假定,在每局比赛中,甲胜的概率为 0.8 而乙为 0.2（因此甲的水平高于乙）.在这种情况下,否定原假设的概率有多大呢？这就要在二项分布 $B(10, 0.8)$ 之下,算出 10：0, 0：10, 9：1, 1：9 这 4 种情况的概率之和.按二项概率公式,结果为

$$\binom{10}{10}\left(\frac{4}{5}\right)^{10} + \binom{10}{0}\left(\frac{1}{5}\right)^{10} + \binom{10}{9}\left(\frac{4}{5}\right)^{9}\left(\frac{1}{5}\right)^{1} + \binom{10}{1}\left(\frac{4}{5}\right)^{1}\left(\frac{1}{5}\right)^{9}$$

$$= 3\,670\,057/9\,765\,625 \approx 0.376$$

故不否定原假设的概率为 $1 - 0.376 = 0.624$，这就是本检验方法犯第二类错误的概率.

顺便说一句，这个结果再次肯定了以前提到过的一个论点：我们的基本态度是不轻易否定原假设.哪怕在甲、乙水平相差悬殊（0.8：0.2）的情况下，按所用检验法，原假设仍有0.624这么大的可能被接受.一般地，当试验次数（在此为10）不甚大时，原假设易被通过，因而犯第二类错误的概率 β 很大.提高 α（增大犯第一类错误的概率）可使 β 下降，但在试验次数少时，达不到使 α 和 β 都小的理想结果.要使 α，β 都小，唯一的办法是加大试验次数.比方说，让两位棋手比上几百局，就可见分晓.这仍证实了在前几章里的一个提法，要作出充分可靠的结论而又不肯下本钱多做试验，是不行的.统计方法虽是一种有力的科学方法，但无法搞无米之炊.

回到原问题，现在假定为了降低犯第一类错误的可能性，而把 α 由 0.05 降为 0.01.相应地，检验方法应调整为，只在一方10局全胜时才否定原假设（前已算出这时 $\gamma = 1/512 < 0.01$）.若对立假设成立且仍设在一局中，甲胜的概率为 0.8，则不难算出，原假设被否定（它应该否定）的概率为

$$0.8^{10} + 0.2^{10} \approx 0.107$$

故不否定原假设的概率，即犯第二类错误的概率 β 为 $1 - 0.107 = 0.893$，比原先的 0.624 上升许多.

由此就可以看出引入第二类错误很有用.不然就难于清楚地解释，我们为何不能随心所欲地降低 α.正是对这类错误的担心，才制约了我们对水平 α 的选择.引入第二类错误还有另一个重要意义，这个问题我们后面将要谈到.

我们就这样结束了关于假设检验的一般性讨论.以下几节中要介绍几个常用的重要检验法.

7.5 卡·皮尔逊的 χ^2 检验

我们再回过头来谈谈第 1 章提到的孟德尔的著名的豌豆试验.根据他提出的理论,黄绿颜色豆子数应是 3∶1.孟德尔观察的结果与此接近(正因为如此,他才提出了他的理论).但由于随机性,观察结果与 3∶1 总有些差距.因此有必要去考察某一大小的差距是否已构成否定 3∶1 理论的充分根据.这正是我们所讨论的假设检验问题.

这类问题还常以更复杂的形式出现.例如,孟德尔在另一项豌豆试验中,除颜色外还考虑到豆子的两种不同的形状.这"颜色-形状"共可构成 4 种不同的豆子.按孟德尔的理论,这 4 种豆子数应是 9∶3∶3∶1.故也有观察结果与理论是否符合的问题.又如,某工厂制造一批骰子,声称它们是均匀的,因而在投掷时,出现 1 点、2 点……6 点的概率都是 1/6(若不满足这一条,就不能作为公平的赌具).为检验这一点,要把骰子实地投掷若干次,根据各点出现的频率与 1/6 的差距如何,去决定"骰子均匀"的说法(这就是原假设)是否可信.

又如,某工厂生产一种产品,其质量长期维持的情况为

1 等:25%;2 等:30%;3 等:35%;不合格:10%

现该厂作了一些改革,以期望质量有所改善.抽取改革后的产品若干件,计算出其中各等品及不合格品的比率,用以判定是否有充分的根据认为,提高质量的期望实现了[①].

解决这类问题的工具,是卡·皮尔逊在 1900 年发表的一篇文章中引进的所谓 χ^2 检验法.这是一项很重要的工作,不少人把它视为近代统计学的开端.下面我们就来介绍它.

首先把问题表成一般的模式.设一总体包含 k 种可以区别的个体.根据某种理论或是纯粹的设想或假设,第 i 种个体数的比率应为某

[①] 下文要引进的检验只是用于判定改革后产品质量是否起了变化(与改革前比).如判定起了变化,则有变好、变差两种情况,究竟是何种变化,尚需对数据作其他分析才能下定论.

个已知的数 $p_i(i=1,\cdots,k)$.有 $p_i > 0$,$\sum_{i=1}^{k} p_i = 1$.**这一组比率**$(p_1,\cdots,p_k)$**就作为我们的原假设**.现从该总体中随机有放回地抽取 n 个个体(若抽样不放回,则需假定总体所含个体数与 n 的比是很大的),发现其中第 i 种个体数为 $V_i(i=1,\cdots,k)$.有 $\sum_{i=1}^{k} V_i = n$.这 $(V_1,\cdots,V_k)$ 就是我们的观察数据,即样本.要据以检验原假设 $(p_1,\cdots,p_k)$.

用概率论的语言,可以这样说,引进一个随机变量 X,$X=i$.当个体是第 i 种时[①],则按原假设,X 的概率分布为

$$P(X=i) = p_i \quad (i=1,\cdots,k) \tag{7.1}$$

现对 X 进行了 n 次观察,即每次抽一个个体而观察它是第几种,共做 n 次,结果记为 $X_1,\cdots,X_n$.X_i 就是第 i 次抽出的个体的种别,以 V_i 记 $X_1,\cdots,X_n$ 中等于 i 的个数.我们记下 $(V_1,\cdots,V_k)$.要根据它去检验现以 X 的概率分布形式表出的原假设(7.1).就以上所谈的几个例子来说,分别有:

(1) 孟德尔的 3∶1 理论:

$$k=2, \quad p_1 = \frac{3}{4}, \quad p_2 = \frac{1}{4} \tag{7.2}$$

(2) 孟德尔的 9∶3∶3∶1 理论:

$$k=4, \quad p_1 = \frac{9}{16}, \quad p_2 = p_3 = \frac{3}{16}, \quad p_4 = \frac{1}{16} \tag{7.3}$$

(3) 均匀骰子:

$$k=6, \quad p_1 = p_2 = \cdots = p_6 = \frac{1}{6} \tag{7.4}$$

(4) 工厂产品质量:

$$k=4, \quad p_1 = 0.25, \quad p_2 = 0.30, \quad p_3 = 0.35, \quad p_4 = 0.1 \tag{7.5}$$

根据我们在前面例子中所阐述过的做法,原假设(7.1)的检验步

---

① 更确切地说,从总体中随机抽取一个个体,若抽出来的个体是第 i 种,则 $X=i$.因此,X 的值取决于这个随机试验(即从总体中随机抽取一个个体)的结果,因而是随机变量.

骤如下：

(1) 定出那些试验结果，其与原假设(7.1)的偏离，与现有试验结果$(V_1,\cdots,V_k)$和式(7.1)的偏离一样大，或者更大.

(2) 把(1)中那些试验结果的概率，在原假设(7.1)成立的前提下，计算出来.这概率 γ 就是$(V_1,\cdots,V_k)$与原假设(7.1)的拟合优度.

(3) 把 γ 与指定的水平 α(0.05 等)去比较.若 $\gamma<\alpha$，则否定原假设；若 $\gamma\geqslant\alpha$，则不否定原假设.

这第一步就有些困难.以(3)为例.设$(V_1,\cdots,V_4)=(85,28,32,15)(n=160)$.它相应于频率$(0.531,0.175,0.200,0.094)$，与分布(7.3)即$(0.563,0.188,0.188,0.063)$有所偏离.现取一个可能的试验结果$(87,26,35,12)$(其和为160，在试验时可能出现)，它相应的频率是$(0.544,0,163,0.219,0.075)$，与$(0.531,0.175,0.200,0.094)$相比，首尾两个分别与 0.563 和 0.063 更接近些，而中间两个则与 0.188 背离更远.这样，我们就难于肯定地说，试验结果$(87,26,35,12)$比现有结果$(85,28,32,15)$更背离原假设(7.1)，抑或更接近它.

这里就不可避免地要引进某种人为因素，我们引入一种综合性的可比指标，例如

$$l = c_1\left(\frac{V_1}{n}-p_1\right)^2 + c_2\left(\frac{V_2}{n}-p_2\right)^2 + \cdots + c_k\left(\frac{V_k}{n}-p_k\right)^2$$

(7.6)

其中 $c_1,\cdots,c_k$ 是适当选择的常数.对每一个试验结果，都按式(7.6)算出其 l 值.若由某个可能的试验结果$(u_1,\cdots,u_k)$所算出的 l 值，不小于由现有试验结果所算出的 l 值，就把$(u_1,\cdots,u_k)$算作更背离于原假设(7.1)(与现有试验结果比较而言).这个取法在道理上讲得通.因为与原假设(7.1)"符合"得好的试验结果$(u_1,\cdots,u_k)$，其各频率$u_1/n,\cdots,u_k/n$应分别与 $p_1,\cdots,p_k$ 接近，故其 l 值应倾向于小.所以 l 的大值意味着$(u_1,\cdots,u_k)$与式(7.1)有大的背离.但是，看来也合理的选择还有很多，例如，取

$$L = c_1\left|\frac{V_1}{n}-p_1\right| + c_2\left|\frac{V_2}{n}-p_2\right| + \cdots + c_k\left|\frac{V_k}{n}-p_k\right|$$

也说得通.由于平方比绝对值简单,人们取 l 而不取 L.但这只是数学上的方便,并非理论上的问题.其次,式(7.6)中的 $c_1,\cdots,c_k$ 也可以有种种取法,看来都有其合理性.例如,取

$$c_1 = c_2 = \cdots = c_k = 1 \qquad (7.7)$$

这个选择貌似简单,其实不然.卡·皮尔逊的选择是取

$$c_1 = \frac{n}{p_1}, \quad c_2 = \frac{n}{p_2}, \quad \cdots, \quad c_k = \frac{n}{p_k} \qquad (7.8)$$

这道理将在后面说明.这个选择的好处是:它使式(7.6)有如下的形式(l 已改记为通常用的记号 χ^2):

$$\chi^2 = \frac{(V_1 - np_1)^2}{np_1} + \cdots + \frac{(V_k - np_k)^2}{np_k} \qquad (7.9)$$

V_i 称为第 i 组(第 i 种个体)的**观察频数**,np_i 称为其**理论频数**.后一名称的来由,是因为 $E(V_i)$(即 V_i 的期望值)应为 np_i(在式(7.1)成立的前提下).因此式(7.9)可形象地写为

$$\chi^2 = \sum \frac{(\text{观察频数} - \text{理论频数})^2}{\text{理论频数}} \qquad (7.10)$$

式(7.9)定义的 χ^2 称为卡·皮尔逊的 χ^2 **统计量**.它是一个统计量,因为只要知道了样本,就可以算出它的值(注意 $p_1,\cdots,p_k$ 是已知数).

回到步骤(2).为清楚起见,以 $\chi^2(V_1,\cdots,V_k)$ 记式(7.9)所定义的 χ^2,以表明 χ^2 值与样本 $(V_1,\cdots,V_k)$ 有关.按拟合优度 γ 的定义,有

$\gamma =$ 在原假设(7.1)成立的前提下,所有那些满足条件

$\chi^2(u_1,\cdots,u_k) \geqslant \chi^2(V_1,\cdots,V_k)$ 的

可能样本[①] $(u_1,\cdots,u_k)$ 的概率的和 $\qquad (7.11)$

故如严格按这个公式计算,要首先找出所有满足上述条件的 $(u_1,\cdots,u_k)$,然后逐一算出其概率再相加.如果 n 不太小,则这个过程十分繁复.皮尔逊1900年工作中的一个要点,就是他证明了,当样本大小 n 很大时,式(7.11)中的 γ 可通过一个所谓的 χ^2 **分布**去近似地算出来.

[①] 可能样本 $(u_1,\cdots,u_k)$,即满足条件:$u_1,\cdots,u_k$ 都是非负整数;其和为 n 者,即在试验中可能(不一定现在)出现的结果.

与 t 分布一样，χ^2 分布也有其**自由度**：

$$\text{自由度} = k - 1 \tag{7.12}$$

(其所以是 $k-1$，是因为有 k 个组，本有 k 个自由度，但 $p_1 + \cdots + p_k = 1$，即 $p_1, \cdots, p_k$ 受到一个**约束**，故自由度少了一个).

自由度为 $k-1$ 的 χ^2 分布常记为 χ^2_{k-1}。这个分布的概率密度函数也求出来了，其形式并不复杂，但未学过高等数学的读者还是不易理解，故只画出这个密度函数的大致形状，如图 7.1 所示.

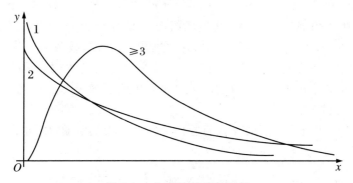

图 7.1 χ^2_m 的密度函数形状

曲线上的数字表示自由度 m

根据卡·皮尔逊 1900 年工作中证明的结果，拟合优度 γ 的近似值，就是图 7.2 中斜线部分的面积. χ^2 分布是统计学中很重要的分布，已造了详细的表，γ 的值可通过查表得到.

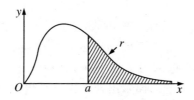

图 7.2 拟合优度 γ 的近似值

图中曲线是 χ^2_{k-1} 的密度函数图像，$\alpha = \chi^2(V_1, \cdots, V_k)$

例 7.4 孟德尔豌豆试验中的几次结果为：(黄 25，绿 11)，(黄 32，

绿 7），(黄 14，绿 5)，(黄 70，绿 27).计算其 χ^2 值,例如,(25,11)一组为

$$\chi^2(25,11) = \frac{(25-27)^2}{27} + \frac{(11-9)^2}{9} = 0.593$$

(此处 $n = 25 + 11 = 36, p_1 = 3/4, p_2 = 1/4$.理论频数为 $np_1 = 27$ 和 $np_2 = 9$).同样算出

$$\chi^2(32,7) = 1.084, \quad \chi^2(14,5) = 0.018, \quad \chi^2(70,27) = 0.416$$

查自由度为 $k - 1 = 2 - 1 = 1$ 的 χ^2 分布表[①],知第一组样本的拟合优度 γ 在 0.30 到 0.50 之间,其他各组的 γ 依次在(0.20,0.30),(0.80,0.90)和(0.50,0.70)范围.这些 γ 值都远超出 0.05,故我们承认,这些试验结果(考虑到 n 不很大)都与 3∶1 的理论符合得较好.值得注意的是,第 3 组样本的 n 只有 19,但其拟合优度 γ 却很大.这是随机性的作用所致,不足为怪.

若将四组试验结果合并而看作一规模较大的试验,则结果为(黄 141,绿 50),$n = 191$,理论频数为

$$191 \times \frac{3}{4} = 143.25 \quad \text{与} \quad 191 \times \frac{1}{4} = 47.75$$

χ^2 值为

$$\chi^2(141,50) = \frac{(141-143.25)^2}{143.25} + \frac{(50-47.75)}{47.75}$$
$$= 0.141$$

相应的拟合优度 γ 介于 0.70 和 0.80 之间.

总之,这些试验及其他一些试验,都显示孟德尔的 3∶1 理论与实际是符合的.当然,如果你不断地重复这种试验,你迟早会碰到 $\gamma <$ 0.05 的情况.因为,即使 3∶1 理论正确,这种情况在平均 20 次中也会碰到 1 次.所以我们不能因偶尔出现 1 次这种情况,就宣布 3∶1 理论与事实不符,而需要考察多次试验的全部分析结果.

[①] 这里用的是中国科学院系统科学研究所概率统计室编的《常用数理统计表》(第 6 页).该表只能查出 γ 的很粗糙的**约值**.

要得出拟合优度 γ 的较准确值,需要精细的 χ^2 分布表.如以前曾指出过的,只需弄清 γ 是否小于指定的 α,则不需算出 γ,而可用下面的做法,先按图 7.3 定出一个值 $\chi^2_{k-1}(\alpha)$.显然,为了能使拟合优度 $\gamma < \alpha$,由样本算出的 χ^2 统计量值(7.9)必须大于 $\chi^2_{k-1}(\alpha)$.于是就得到下面的检验法则:

若式(7.9)的 χ^2 值大于 $\chi^2_{k-1}(\alpha)$,就否定原假设(7.1);

不然就不否定 (7.13)

这个检验法是建立在用 χ^2 分布近似计算 γ 的基础上的,故常称为(皮尔逊)χ^2 **检验**.对某些常用的 α 值(0.05,0.01 之类)及常见的自由度 m,算出了 $\chi^2_m(\alpha)$ 之值并列成表(本书末附了这样一张简表),在进行检验时只需查这个表就行了.

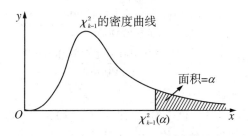

图 7.3 $\chi^2_{k-1}(\alpha)$ **的定义**

例 7.5 为检验一颗骰子的均匀性,甲、乙两人分别进行了试验.甲将这个骰子投掷 60 次,结果出现 1,2,…,6 点的次数分别为

$$7,6,12,14,5,16 \quad (\text{和为 } 60) \tag{7.14}$$

其相应的频率依次为

$$0.116\ 7, 0.100\ 0, 0.200\ 0, 0.233\ 3, 0.083\ 3, 0.266\ 7 \tag{7.15}$$

这看起来与原假设(7.4)(1/6 = 0.166 7)相去甚远.计算数据(7.14)的 χ^2 值,为(理论频数 $= 60 \times 1/6 = 10$)

$$\chi^2 = \frac{(7-10)^2}{10} + \frac{(6-10)^2}{10} + \cdots + \frac{(16-10)^2}{10}$$
$$= 8.6$$

若取 $\alpha = 0.05$,则因自由度等于 $6 - 1 = 5$,查表知 $\chi^2_5(0.05) = 11.070$.因

8.6＜11.070,故在水平取 0.05 时,不能否定骰子为均匀的原假设(7.4).即使取 $\alpha=0.10$(这通常已算较大了),则因 $\chi_5^2(0.10)=9.236$,仍比 8.6 大,故原假设仍不能否定.

现试验者乙将这个骰子投至 9 000 000 次,结果为

$$1\ 500\ 300, 1\ 502\ 100, 1\ 503\ 000$$
$$1\ 498\ 500, 1\ 496\ 700, 1\ 499\ 400 \qquad (7.16)$$

得到 $1,2,\cdots,6$ 各点的频率依次为

$$0.166\ 7, 0.166\ 9, 0.167\ 0, 0.166\ 5, 0.166\ 3, 0.166\ 6 \qquad (7.17)$$

它们都与骰子均匀时各点概率 $1/6=0.166\ 66\cdots$ 很接近,故看来似乎乙的试验结果与原假设很符合.现算数据(7.17)的 χ^2 值(理论频数 = $900\ 000\times 1/6=150\ 000$):

$$\chi^2 = \frac{(1\ 500\ 300 - 1\ 500\ 000)^2}{1\ 500\ 000} + \cdots$$
$$\qquad + \frac{(1\ 499\ 400 - 1\ 500\ 000)^2}{1\ 500\ 000}$$
$$= 16.067$$

这不仅大于 $\chi_5^2(0.05)=11.070$,也比 $\chi_5^2(0.01)=15.068$ 大.用统计术语说,乙的试验结果与骰子均匀的原假设的背离"高度显著".因此,应否定原假设.

本例的结果说明了,在解释统计性推断的意义时要小心,不然就会步入歧途.我们提出以下几点来讨论.

(1) 试验规模太小时,即使原假设不对,也难于发现,特别是当实际情况虽与原假设不完全符合但很接近时.本例就是这样一种情况.因为乙已投掷至 900 万次之多,他对各面出现的概率的估计应是很准的.估计值(7.17)表明:该骰子各点出现的概率即使不严格为 $1/6=0.166\ 6\cdots$,也相差极少,因此,当试验规模很小而作出维持原假设的决定时,这可能只是反映了数据太少,而不见得真的表明实际情况切合原假设.

(2) 规模极大的试验可把与原假设有极细微的差别检测出来,而这种差别可能并无多大实际意义.如果我们只是简单地宣称"原假设

不对",而不作进一步的交代,则可能使人误解为,实际情况与原假设有颇大的背离(就本例说,就是使人误认为骰子相当不均匀).如果考虑到绝对均匀的骰子是不存在的,则必须承认,这颗骰子事实上是"非常均匀"了.即使各面出现的概率与 1/6 略有偏离,这也不会影响它作为"公平赌博"工具的作用.因此,乙的试验**在统计上**是否定了骰子的均匀性,而**在事实上**恰恰是证实了它的均匀性.因此,当试验规模极大而得到否定原假设的结果时,需要进一步(使用区间估计等方法)考察与原假设的偏离有多大,不能只是宣布一下统计检验的结果就了事.反之,若试验规模很大而仍能维持原假设,则可视为对原假设的有力支持.总而言之,若试验规模小,则否定原假设的意义大;若试验规模大,则接受原假设的意义大.

例 7.6 考察工厂产品质量那个例子.原假设是(7.5),其中 0.25, 0.30,⋯依次是理论上该厂一等品、二等品⋯⋯的比率.

在改革后从工厂生产的产品中抽取 200 件,发现其中一、二、三等品及不合格品依次有 80,30,60 和 30 件.理论频数依次为

$$200 \times 0.25 = 50, \quad 200 \times 0.30 = 60$$
$$200 \times 0.35 = 70, \quad 200 \times 0.10 = 20$$

算出 χ^2 值为

$$\frac{(80-50)^2}{50} + \frac{(30-60)^2}{60} + \frac{(60-70)^2}{70} + \frac{(30-20)^2}{20}$$
$$= 39.429$$

自由度 $= 4 - 1 = 3$,查表得 $\chi_3^2(0.05) = 7.815$, $\chi_3^2(0,01) = 11.345$, $\chi_3^2(0.001) = 16.266$.因此,即使在 $\alpha = 0.001$ 这样低的水平下,也要否定原假设(7.5).就是说,试验结果极有力地证实了该厂产品质量情况在改革后确已起了变化.这变化是好是坏?由这检验本身还不能回答.我们可以估计一下,改革后产品各等级的比率依次为

一等品:$\frac{80}{200} = 0.40$, 二等品:$\frac{30}{200} = 0.15$

三等品:$\frac{60}{200} = 0.30$, 不合格品:$\frac{30}{200} = 0.15$

虽然该估计多少会有些误差,但大体上仍可以说,改革后一等品比率上升,但不合格品率也上升了,二、三等品比率则下降了.权衡全面,得失如何,应由经济分析去解决,而统计无能为力.

7.6 无关联性的检验

以前多次提到过吸烟与患肺癌有无关联的问题,在实际中类似的问题很多.例如,家庭小孩多少与收入多少有无关联?受教育时间长短与收入多少有无关联?血型与某种性格上的差异有无关联?等等.

首先把这类问题提成一般化的形式.总体中的个体可按两种属性 A,B 作交叉分类.属性 A 分成 s 个等级,B 分成 t 个等级.问题是要考察属性 A,B 有无关联.例如:

(1) 属性 A 分 2 个等级:① 患肺癌;② 不患肺癌.属性 B 也分 2 个等级:① 吸烟;② 不吸烟(也可以按日吸烟多少支分成更多等级).每个人可交叉分入四类之一,例如,患肺癌、不吸烟是一类;不患肺癌、吸烟也是一类.它们可分别记为 $(1,2)$ 和 $(2,1)$.还有两类是 $(1,1)$ 和 $(2,2)$.

(2) 属性 A 分 4 个等级:① 月收入 120 元以下;② 月收入 120~200 元;③ 月收入 200~300 元;④ 月收入 300 元以上.属性 B 分 4 个等级:① 0 个小孩;② 1 个小孩;③ 2 个小孩;④ 3 个或更多个小孩.每个家庭可交叉划分到 $4\times 4=16$ 个类之一.

现在来看看,"属性 A 与 B 无关联"这个命题在数学上如何表达.

设 A 的等级 $1,\cdots,s$ 的比率分别是 $p_1,\cdots,p_s$,即

$$p_i = \frac{\text{总体中按属性 }A\text{ 是等级 }i\text{ 的个体数}}{\text{总体中全部个体数}} \quad (i=1,\cdots,s)$$

显然有 $p_i>0$,$p_1+\cdots+p_s=1$(若 $p_i=0$,则等级 i 不存在,不必列入).类似地,以 $q_1,\cdots,q_t$ 记属性 B 的各等级的比率,也有 $q_i>0$,$q_1+\cdots+q_t=1$.

以 w_{ij} 记总体中按 A 属性等级 i、按 B 属性等级 j 的那些个体的比

率. 如果属性 A,B 无关联, 则在 A 的每个等级内, B 的各等级的比率仍应当是 $q_1,\cdots,q_t$. 由此可知, 应有

$$w_{ij} = p_i q_j \quad (i=1,\cdots,s; j=1,\cdots,t) \tag{7.18}$$

这就是属性 A,B 无关联这个命题的确切数学表达, 也就是我们的原假设.

其所以把"无关联"作为原假设, 除了以前讲过的理由, 即在未做试验或观察之前, 我们不好先天地认为二者有关联之外, 还因为肯定两属性有关联标志着一项科学发现, 对此是应持慎重态度的. 把"无关联"作为原假设符合这个思想, 因为如前所述, 当取很小的水平 α 时, 原假设难于否定, 而一旦否定了, 就有较充分的根据.

现在从总体中随机地抽出 n 个个体[①], 结果列于表 7.1.

表 7.1 列联表

n_{ij} \ B \ A	1	2	$\cdots$	j	$\cdots$	t	行合计
1	n_{11}	n_{12}	$\cdots$	n_{1j}	$\cdots$	n_{1t}	c_1
2	n_{21}	n_{22}	$\cdots$	n_{2j}	$\cdots$	n_{2t}	c_2
$\vdots$	$\vdots$	$\vdots$		$\vdots$		$\vdots$	$\vdots$
i	n_{i1}	n_{i2}	$\cdots$	n_{ij}	$\cdots$	n_{it}	c_i
$\vdots$	$\vdots$	$\vdots$		$\vdots$		$\vdots$	$\vdots$
s	n_{s1}	n_{s2}	$\cdots$	n_{sj}	$\cdots$	n_{st}	c_s
列合计	d_1	d_2	$\cdots$	d_j	$\cdots$	d_t	n

统计学上把表 7.1 称为列联表, 或更确切地称为 $s\times t$ 列联表. 表中记号解释如下: n_{ij} 是样本中分入类 (i,j) 的个体数, 即 A 的等级为 i, B 的等级为 j 的个体数. $c_i = n_{i1} + \cdots + n_{it}$, 是样本中属性 A 等级为 i 的个体数. $d_j = n_{1j} + \cdots + n_{sj}$, 是样本中属性 B 等级为 j 的个体数. n

---

[①] 仍要求有放回, 或 n 与总体所含个体数相比是很小的.

$= c_1 + \cdots + c_s = d_1 + \cdots + d_t$ 是样本大小.

这是一个使用 χ^2 检验的格局. 因总体中的个体分成 st 类, st 相当于前面的 k. 不同的是, 前面在原假设下各类比率 $p_1, \cdots, p_k$ 已知, 而在此, 即使在原假设下各类比率 w_{ij} 也未知, 而只知它满足式(7.18). 解决的办法是: 基于式(7.18)去估计 w_{ij}, 按式(7.18)只需估计 $p_1, \cdots, p_s$ 和 $q_1, \cdots, q_t$ 即可. 按以频率估计概率的方法, 分别用 c_i/n 和 d_j/n 去估计 p_i 和 q_j, 于是, 以

$$w_{ij} = \frac{c_i}{n} \cdot \frac{d_j}{n} = \frac{c_i d_j}{n^2}$$

去估计 w_{ij}. 这样, 算出类 (i,j) 的理论频数为 $nw_{ij} = c_i d_j/n$, 其观察频数为 n_{ij}. 故

$$\frac{(观察频数 - 理论频数)^2}{理论频数} = \frac{(n_{ij} - c_i d_j/n)^2}{c_i d_j/n}$$
$$= \frac{(nn_{ij} - c_i d_j)^2}{nc_i d_j}$$

于是, 按公式(7.10), 算出 χ^2 统计量:

$$\chi^2 = \sum_{i=1}^{s} \sum_{j=1}^{t} \frac{(nn_{ij} - c_i d_j)^2}{nc_i d_j} \tag{7.19}$$

此处双重 $\sum$ 号表示求和时, i,j 各自独立地由 1 变到 s 和 t.

除了 w_{ij} 由样本估计外, 与前面比还有一个不同. 按前面的规则, 自由度应为分类数减去 1, 即 $st - 1$. 但实际上, 此处 w_{ij} 是通过估计而来的, 被估计的数有 $p_1, \cdots, p_s$ 和 $q_1, \cdots, q_t$. 因为它们的和都是 1, 实际上只需估计 $p_1, \cdots, p_{s-1}$ 和 $q_1, \cdots, q_{t-1}$, 共有 $s-1+t-1 = s+t-2$ 个. 每估计一个数, 自由度就少 1, 故自由度只剩下

$$(st - 1) - (s + t - 2) = st - s - t + 1$$
$$= (s-1)(t-1) \tag{7.20}$$

算出 χ^2 统计量的值并定出其自由度后, 就可以依前面的方法, 定出现有样本的拟合优度 γ 的(近似)值. 在给定了水平 α 后, 就可据以检验

原假设(属性 A,B 无关联,用式(7.18)表达)是否该接受.

例 7.7 为考察性别与用左手的习惯有无关联,美国有人在 1962 年调查了 6 672 人,其结果列成表 7.2.

为检验"性别与用左手的习惯无关联"这个原假设,按式(7.19)算 χ^2 值.例如,表 7.2"左上角"(2 780)一项为

$$\frac{(6\ 672 \times 2\ 780 - 6\ 061 \times 3\ 091)^2}{6\ 672 \times 6\ 061 \times 3\ 091} = 0.278$$

表 7.2

	男	女	合 计
右手	2 780	3 281	6 061
左手	311	300	611
合计	3 091	3 581	6 672

其他三项可类似计算,相加得 $\chi^2 = 5.65$.这里 $s = t = 2$,故按式(7.20),自由度为 1.查 χ^2 分布表,得 $\chi_1^2(0.05) = 3.841, \chi_1^2(0.02) = 5.412, \chi_1^2(0.01) = 6.635$.这样,在水平 $\alpha = 0.05$ 以至 0.02 时,应否定原假设,且 χ^2 虽小于 $\chi_1^2(0.01)$,但已很接近,故结论是:性别与用左手习惯的关联接近高度显著.

从表 7.2 的数据看出:男性的"左手率"为 0.1,而女性只有约 0.08,较男性为低.原因何在,是生物性的抑或社会性的(比方说,用左手不合社会习惯,女性对此较敏感,因而更留意矫正),都需要另作研究,非此处的分析所能解决.正如本书开头处就提到的,统计方法是从事物外在的数量表现探求可能存在的规律性,它本身不涉及这种规律性(如确实存在的话)的学理上的原因.然而,在进一步研究这种学理上的原因时,往往仍需做试验并用数据分析问题,也可能用得着统计方法.

例 7.8 1936 年在瑞典调查了 25 263 对夫妇,按其小孩数与收入数列成表 7.3(收入以千瑞典克朗为单位).

表 7.3

小孩数 \ 夫妇对数 \ 收入	0~1	1~2	2~3	>3	合计
0	2 161	3 577	2 184	1 636	9 558
1	2 755	5 081	2 222	1 052	11 110
2	936	1 753	640	306	3 635
3	225	419	96	38	778
4	39	98	31	14	182
合 计	6 116	10 928	5 173	3 046	25 263

要检验的原假设是"小孩数与收入无关联".按式(7.19)算 χ^2 值.例如,与 3 577 这个数据对应的那一项是

$$\frac{(25\ 263 \times 3\ 577 - 9\ 558 \times 10\ 928)^2}{25\ 263 \times 9\ 558 \times 10\ 928} = 75.173$$

其他各项可类似计算,相加得 χ^2 值.其实,此处只算这一项就够了,因此处自由度为 $(5-1)(4-1)=12$. 查 χ^2 分布表,得 $\chi^2_{12}(0.001)=32.909 < 75.173$. 故此调查结果显示出,小孩数与收入数的关联达到极高的显著性.关于关联的性质,略浏览这张表,即易看出总的趋势是收入愈多,小孩愈少.统计分析以很高的可靠性证明了这种规律的存在性.它极不可能是出自抽样的偶然性,但统计方法无法解释这种现象的社会原因.大量统计资料证明了,穷困的国家,人口自然增长率也高,这一点大家都承认.然而,究竟是人口出生率高引起贫困,还是贫困是人口出生率高的原因,看法就不一致了.

7.7 u 检 验

到目前为止,我们所讨论的都属于分类数据的问题.两棋手下棋,各胜负多少局,每棋手算作一类;产品按等级分类;家庭按小孩数与收入分类等.所得数据都是整数.以下要讨论有关连续性数据的几个重要的检验问题,都是与最重要的正态分布有关的.

回到本章开始的那个例子:工厂供给用户一种产品,按规格每袋

100千克.现用户对这项规格是否达到有怀疑,决定抽取若干袋进行检查,来看看这种怀疑是否有根据.

为处理这个问题,需要一些基本前提.首先,所谓"每袋100千克",严格说来毫无意义.因有随机因素的干扰,不论厂方主观上如何努力,也不能做到每袋恰为100千克.因此,若以 X 记从该厂随机抽取的一袋产品,则 X 为随机变量.而所提规格应解释为:X 的均值为100(千克),即该厂产品的**平均袋重符合规格**.其次,**假定 X 服从正态分布**.这形式上是一个纯粹的数学性假定,但正如我们曾提到过的,它有一定的理论和经验上的根据.

我们设 X 服从正态分布 $N(a,\sigma^2)$.在第5章曾指出:该分布的均值为 a,方差为 σ^2.厂方的规格可表为"$a=100$",这就是要检验的原假设.为什么要以此作为原假设而不用"$a\neq100$"?理由还是以前交代过的:在没有实地检查前不好先天地认为它不合规格,且在正常情况下,厂方也会努力做到合规格.因此,在得出"不合规格"的结论时,应当更为慎重.

设从工厂产品中抽取 n 袋,以 $x_1,\cdots,x_n$ 记它们的质量,则 $\bar{x} = \sum_{i=1}^n x_i/n$ 是均值 a 的良好估计.若原假设成立,则 $a=100$,故 $|\bar{x}-100|$ 应倾向于小.因此,我们自然地把那些满足条件

$$|\bar{X}-100|>|\bar{x}-100| \quad \left(\bar{X}=\sum_{i=1}^n X_i/n\right)$$

的样本 $(X_1,\cdots,X_n)$ 看作比 $\bar{x}$ 更背离原假设.按前面所述,在原假设下算出这些样本的概率 γ,即为样本的拟合优度.暂记

$$d = \bar{x}-100 \quad (d\text{ 由样本算出,是已知的}) \quad (7.21)$$

则

$$\gamma = P(|\bar{X}-100|>|d|) \quad (7.22)$$

假定 σ 已知.因为 $\sqrt{n}(\bar{X}-100)/\sigma$ 有标准正态分布,记此变量为 Y,$Y\sim N(0,1)$.把式(7.22)改写为

$$\gamma = P(|\sqrt{n}(\bar{X}-100)/\sigma|>\sqrt{n}|d|/\sigma)$$
$$= P(|Y|>\sqrt{n}|d|/\sigma) \quad (7.23)$$

由样本按式(7.21)算出 d,再按已知的 σ 值算出 $c=\sqrt{n}\,|d|/\sigma$,然后就可由正态分布表查出 γ.见图 7.4.

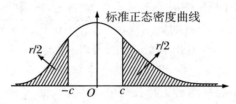

图 7.4 拟合优度 γ 等于斜线部分的面积 ($c=\sqrt{n}\,|d|/\sigma$)

给定水平 α 后,按照要求
$$P(|Y|>u_\alpha)=\alpha$$
(图 7.5)从正态分布表上查出 u_α.例如,当 $\alpha=0.05$ 和 0.01 时,u_α 分别为 1.960 和 2.576.

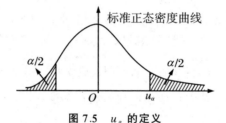

图 7.5 u_α 的定义

图中左右对称的两块面积都是 $\alpha/2$

比较图 7.4 与图 7.5,立即看出,只有在 $c>u_\alpha$,即
$$|\bar{x}-100|>\sigma u_\alpha/\sqrt{n} \tag{7.24}$$
时,才(在水平为 α 时)否定原假设 $a=100$.这是因为,当且仅当 $c>u_\alpha$ 时,才有 $\gamma<\alpha$.而水平 α 的意义,就是指当且仅当 $\gamma<\alpha$ 时才否定原假设.

在统计学上,把由不等式(7.24)规定的检验法则叫作 **u 检验**,这是因为记号 u_α 中包含字母 u.

显然,若要检验的原假设是 $a=a_0$ (a_0 是某个已知数),则只需在式(7.24)中改 100 为 a_0,其他不变.

还有一说,本例就用户而言,关心的其实只是袋平均重 a 是否小于 100. 若 $a>100$,则虽与规格 $a=100$ 不合,但用户不见得提出交涉. 因此,用户只把那些满足条件

$$\overline{X} - 100 < \bar{x} - 100 = d$$

的样本 $(u_1, \cdots, u_d)$ 视为比 $\overline{X}$ 更背离原假设. 按这个想法算出的拟合优度

$$\gamma' = P(\overline{X} - 100 < d) = P(Y < \sqrt{n}d/\sigma) \tag{7.25}$$

(Y 仍为 $\sqrt{n}(\overline{X}-100)/\sigma$,在 $a=100$ 时服从标准正态分布) 此值可由正态分布表查出. 把图 7.6 与图 7.5 比较,立即看出,只有在 $c < -u_{2\alpha}$ 时,才 (在水平为 α 时) 否定原假设 $a=100$,即当且仅当

$$\bar{x} < 100 - \sigma u_{2\alpha}/\sqrt{n} \tag{7.26}$$

时. 类似地,若关心的只是 a 不大于 100,则应取当且仅当

$$\bar{x} > 100 + \sigma u_{2\alpha}/\sqrt{n} \tag{7.27}$$

时否定原假设. 当 $\alpha = 0.05$ 和 0.01 时, $u_{2\alpha}$ 分别为 1.645 和 2.327.

在统计学上,常把检验式 (7.24) 称为**双侧**的,而检验式 (7.26) 和式 (7.27) 则称为**单侧**的. 名称的来由很显然. 同样,当要检验的原假设是 $a = a_0$ 时,只需在式 (7.26) 和式 (7.27) 中,改 100 为 a_0,其他不变.

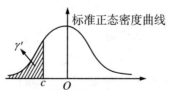

图 7.6 γ' 等于斜线部分的面积 ($c = \sqrt{n}d/\sigma$)

从公式 (7.24),或者式 (7.26)、式 (7.27),立即看出以下两点:

(1) 样本大小 n 愈大,则与原假设 $a=100$ (一般 $a=a_0$) 的差异愈容易检验出来. 因为 n 愈大, $\sigma u_\alpha/\sqrt{n}$ 或 $\sigma u_{2\alpha}/\sqrt{n}$ 愈小. 因此,只要 $\overline{X}$ 与 100 (一般与 a_0) 略有差距,就可以判断原假设不对.

(2) 同理,标准差 σ 愈小,则与原假设的差异愈易检验出来. 其道理也不难理解,因为当 σ 小的时候,该厂产品各袋质量很均匀,即随机

性对一袋质量的影响很小,系统性因素,即袋平均重与规格值的偏离,不致淹没在随机误差之中,而易于显露出来.反之,若 σ 很大,则该厂产品各袋质量之间差异很大.系统性偏差与这种差异混在一起,不易显露出来——除非系统性偏差,即袋平均重与规格值的偏离数值很大.从公式(7.24)也可看出:当 σ 很大时,$\bar{x}$ 与 100 即使差别很大,仍不能否定原假设 $a=100$.就是说,即使你抽查的那些袋的平均质量与 100 相去甚远,我们仍不能很有把握地指责厂方的产品(平均说来)不合规格.这意味着,如果工厂产品质量的变异性不控制在适当水平下,检查其平均质量水平是无益的,难于作出结论的.

例 7.9 据以往资料,可以认为工厂产品每袋质量指标的标准差 $\sigma=1.7$(千克,下同).现抽查 10 袋,发现其平均质量为 $\bar{x}=99$.取 $\alpha=0.05$,则 $u_\alpha=1.96$.使用双侧检验式(7.24)——这意味着用户既关心平均袋重偏低,也关心其偏高.计算出 $\sigma u_\alpha/\sqrt{n}=1.7\times1.96/\sqrt{10}\approx1.054$.但 $|\bar{x}-100|=|99-100|=1<1.054$,故当取水平 0.05 时,不能否定原假设 $a=100$.如果这个水平(0.05)是厂方与用户共同商议的,则这意味着用户尚不能向厂方提出"规格不符"的交涉.若抽查 12 袋而仍得 $\bar{X}=99$,则因 $1.7\times1.96/\sqrt{12}\approx0.962<1$,原假设 $a=100$ 已能否定.就是说,同样的表面差距(此处是 1)是否反映实质性差异与试验次数有关,这一点以前已提过多次了.

在本例中,如使用单侧检验式(7.26),且仍设 $\sigma=1.7, n=10, \bar{x}=99, \alpha=0.05$.则因 $\sigma u_{2\alpha}/\sqrt{n}=1.7\times1.645/\sqrt{10}\approx0.884<1$,原假设被否定,即认为厂方产品每袋平均重偏低于规格值 100,与前面所得的结论不一致.

这个现象初看有些使人迷惑不解,因为当用双侧检验式(7.24)时,我们是把对规格值大小两方向的偏离都视为偏离原假设,而在用单侧检验式(7.26)时,则只把对规格值往小的方向的偏离才视为偏离原假设.如此看,前一看法比后一看法更严,而检验的结果则相反,前者被认为未背离原假设,而后者反认为是背离了原假设.我们试着来解释一下.

(1) 由于使用的检验方法不同,对同一组数据而作出不同的结论,在统计上并不稀奇.这一点说明了**检验方法应在取得数据以前就定好**(如涉及几方的利益,应协商清楚),至少应在未对数据作处理前定下来.不然的话,你希望检验结果如何,就针对现有数据去选择检验方法,那就不合理了.

(2) 当用双侧检验时,样本均值 $\bar x$ 往两个方向偏离规格值,都有可能导致否定原假设.就是说,给了两边的机会,现如用单侧检验,则 $\bar x$ 大于规格值时已不被认为背离原假设,故只剩下一边的机会(小的一边).为维持同样的水平 α,这一边的机会自应给得大一些.

以前我们提到过**样本中位数** m,它是样本 $x_1,\cdots,x_n$ 按大小居正中的那一个,或(当 n 为偶数时)正中那两个的平均. m 也可以作为正态总体 $N(a,\sigma^2)$ 的均值 a 的估计.故如要检验原假设 $a=a_0$,则 $m-a_0$ 也可用于衡量样本与原假设的背离.在这个基础上,仿照用样本均值 $\bar x$ 时同样的做法,也可以算出样本的拟合优度 γ_1.这样就产生一个问题,前面我们说过,拟合优度的计算应是客观的、科学的.而现在我们又看到,它容许有不止一种看来都合理的算法,其结果不一致,这岂不是矛盾吗? 我们的回答是:拟合优度的值取决于你所用的检验统计量(如此处的 $\bar x,m$ 都是"$a=a_0$"这个原假设的检验统计量),在选定了它以后,拟合优度的计算是客观的、科学的.这其实一点也不奇怪,因为从试验数据去判断原假设是否成立,本来就不是一件绝对有把握的事,自然方法也就不止一种,正如治一种疾病没有特效药,就会有很多药声称都能治这个病.不过,这些药也并非没有优劣之分.同样,当你在检验一个原假设而可用的统计量看来很多时,它们有时也可分出优劣.这一般可从以下几个方面去考察.

(1) 使用上的方便.这在讲述 χ^2 检验时已说过了.皮尔逊对式(7.6)中系数 $c_1,\cdots,c_k$ 的选择,使检验统计量(7.6)近似地有 χ^2 分布,便于使用.在本例中,选择 $\bar x$ 也很方便,因为其分布为正态,这有表可查.相反,若选择 m,则因其分布很复杂,不论计算拟合优度或是决定是否接受原假设,都不容易.

(2) 第二类错误的概率大小.选定水平 α 后,第一类错误的概率受到制约(不超过 α).在这一点上,任何水平为 α 的检验都无高低之分,但第二类错误的概率则不然.显然,我们应当选用第二类错误的概率尽可能小的检验方法[①].拿本例来说,在理论上可以证明,在某种意义上,使用 $\bar{x}$ 的检验式(7.24)或式(7.26)、式(7.27)是最好的,因而我们不用 m 而用 $\bar{x}$.这是奈曼-皮尔逊理论的贡献.若囿于原假设而不考虑到两种错误,就难于解释这个问题.

7.8 一样本 t 检验

现仍设 X 有正态分布 $N(a, \sigma^2)$,但不假定方差 σ^2 已知.这是应用上常见的情况,原假设是

$$a = a_0 \quad (a_0 \text{ 为指定值,如 } 100) \tag{7.28}$$

X 的(现有)样本仍记为 $x_1, \cdots, x_n$,样本均值为 $\bar{x}$,$d = \bar{x} - a$.样本方差 $s^2 = \sum_{i=1}^{n}(x_i - \bar{x})^2/(n-1)$.

以 $(X_1, \cdots, X_n)$ 记一般的,即任何可能出现的样本,以 $\bar{X}$ 和 S^2 分别记其样本均值和样本方差.

为计算现有样本 $x_1, \cdots, x_n$ 与原假设式(7.28)的拟合优度 γ,基本想法与 σ 已知时一样,只是我们不用准则 $|\bar{X} - a_0| > |\bar{x} - a_0|$ 表示 $(X_1, \cdots, X_n)$ 与式(7.28)的背离比 $(x_1, \cdots, x_n)$ 更大,而用准则

$$|\bar{X} - a_0|/S > |\bar{x} - a_0|/s \tag{7.29}$$

想法是这样的:$X_1, \cdots, X_n$ 的变异(不均匀性)愈小,则我们要求其均值 $\bar{X}$ 离 a_0 更近[②].**当原假设成立时**,如在第 5 章中指出的,统计量

[①] 但有时为使用上的方便,不能完全照顾到这一点.

[②] 可能有人会问:这个想法即使当 σ 已知时也适用,为何在那里不采用 $|\bar{X} - a_0| > |\bar{x} - a_0|$?这道理将在下面说明.这个例子也显示了:所谓"甲样本比乙样本更背离原假设"并没有唯一合理的解释,其取舍与数学上的考虑有关.

$$T = \sqrt{n}(\bar{X} - a_0)/S \qquad (7.30)$$

服从自由度为 $n-1$ 的 t 分布 t_{n-1}. 由此知拟合优度

$$\gamma = P(|T| > \sqrt{n}|d|/s) \qquad (7.31)$$

可以由 t 分布算出(有表可查). 在 σ 已知时我们不引进样本方差(因为后者是估计 σ^2 的. 而 σ^2 已知, 所以无需估计). 如果这样做, 则在 σ 已知时也将导致式(7.31), 不如以前得出的式(7.23)简单, 因式(7.23)只涉及正态分布.

自此以下, 上一节 σ 已知时的一切讨论在此处全适用, 只是凡是标准正态分布的地方, 都要改成自由度 $n-1$ 的 t 分布 t_{n-1}. 例如:

(1) 若选定水平 σ, 则当且仅当

$$\sqrt{n}|\bar{x} - a_0|/s > t_{n-1}(\alpha) \qquad (7.32)$$

时才否定原假设式(7.28). $t_{n-1}(0.05)$ 的意义在第 5 章已解释过, $t_{n-1}(\alpha)$ 也类似. 实际上, 若把图 7.5 中的标准正态密度曲线改为 t_{n-1} 分布的密度曲线, 则图中的 u_α 就应改为 $t_{n-1}(\alpha)$.

式(7.32)在统计上常称为 t **检验**, 更确切地说, 它是**双侧一样本 t 检验**. "一样本"是指只有一个总体, 样本全是从中抽出的.

(2) 若我们只关心总体均值 $a < a_0$ (即当 $a > a_0$ 时, 我们并不认为违反原假设 $a = a_0$), 则可用单侧检验. 当且仅当

$$\sqrt{n}(\bar{x} - a_0)/s < -t_{n-1}(2\alpha) \qquad (7.33)$$

时, 才否定原假设. 同样, 若我们只关心不要有 $a > a_0$, 则用单侧检验. 当且仅当

$$\sqrt{n}(\bar{x} - a_0)/s > t_{n-1}(2\alpha) \qquad (7.34)$$

时, 才否定原假设.

在 σ 已知时讲过的现象, 即样本大小 n 愈大, 方差 σ^2 愈小, 愈易检查出与原假设的背离. 因为当 σ 小时, s 也倾向于小.

例 7.10 某用户由甲、乙两工厂供给同一种产品, 按规格为(平均)每袋重 100 千克. 现用户对工厂供货是否达到规格仍有怀疑, 乃抽样做检验, 在两厂各抽 5 袋, 结果(单位: 千克)是

甲厂　　99,100,99.2,99.7,99.6
乙厂　　90.5,86.3,102.2,93.8,97.2

取水平 $\alpha=0.05$,并用双侧 t 检验式(7.32).此处 $n=5$,查表得 $t_{n-1}(\alpha)$
$=t_4(0.05)=2.776$.

先看甲厂.算出 $\bar{x}=99.5$,而

$$s^2=\frac{1}{5-1}[(99-99.5)^2+(100-99.5)^2+(99.2-99.5)^2$$
$$+(99.7-99.5)^2+(99.6-99.5)^2]$$
$$=0.16$$

所以 $s=0.4$,有 $\sqrt{n}|\bar{x}-a_0|/s=\sqrt{5}|99.5-100|/0.4=2.795>2.776$,故否定原假设 $a=100$,而认为甲厂供货显著低于规格.再看乙厂,算得

$$\bar{x}=94,\quad s=6.105$$

$$\sqrt{5}|94-100|/6.105=2.198<2.776$$

因此,在水平 0.05 之下,还不能否定"乙厂供货符合规格"的原假设.

有人看到上述结论后,可能会说统计学家太荒唐了,统计学不可信.因为,甲厂被抽查的 5 袋重量都与规格值相差不多,其平均 99.5(千克)和 100(千克)很接近,反倒认为不合规格,而乙厂除 1 袋高于规格值外,其余都偏低很多,平均值 94(千克),远低于 100(千克),却被认为与规格相符.哪有这样的道理?

这里就牵涉到几个问题:① 统计显著性的意义;② 差异的存在与该差异是否有重要性;③ "不否定原假设"的解释要看具体数据.下面我们逐条解释.

(1) 甲厂 5 件产品检验结果,统计上(在水平 0.05 之下)发现有显著性,即原假设被否定,这只意味着一件事:该厂产品平均袋重确与 100 有差异.或更清楚地说,由这 5 件所发现的差异是实质性的,难于委之于抽样的随机性.

(2) 判明存在的实质差异,在应用上不一定有重要性.就本例而言,甲厂这 5 袋平均重 99.5(千克),与规格值 100(千克)只差 0.5,在实际上也许并不重要,这不是一回事.实质性差异只是指,甲厂产品袋平

均重不等于 100（千克），哪怕差 0.001（千克），也是实质性差异，因为它并非由抽样随机性而来.

(3) 乙厂检验结果，原假设未被否定，这并非等于承认它已过了关，这一点以前提过几次了.看看数据即可发现：乙厂产品质量（此处指袋重）很不均匀，其平均值与规格值的差异，被很大的随机因素作用淹没了，因而检验不出来.当然也可能，乙厂产品袋平均重确实合乎规格，但在各袋之间波动竟如此大，这难于使人们相信.

因此，更确切的结论是：① 甲厂产品各袋重颇均匀，其平均袋重虽略偏低于规格值，但程度很小，总的说还是较满意的.② 乙厂产品各袋重很不均匀，且抽样平均值 94（千克）远低于规格值，虽逃过了 t 检验，但颇使人怀疑，其产品未达到规格，应抽更多的样本再考察之.

这个例子告诫我们，不能形式上作了检验宣布其结果（接受或否定）就了事，尚需结合具体数据作进一步的研究，才能对检验结果作出切合实际的解释.

7.9 与区间估计的关系

对正态总体 $N(a,\sigma^2)$ 的均值 a，我们讨论过它的区间估计和假设检验问题.将其结果作一比较，会发现一件有趣而重要的事实.

先看 σ 已知的情况.设样本为 $x_1,\cdots,x_n$，$\bar{x}$ 为样本均值.

(1) a 的区间估计：$[\bar{x}-\sigma u_\alpha/\sqrt{n},\bar{x}+\sigma u_\alpha/\sqrt{n}]$，置信系数为 $1-\alpha$.

(2) $a=a_0$ 的检验：当且仅当 $|\bar{x}-a_0|\leqslant \sigma u_\alpha/\sqrt{n}$ 时才接受原假设 $a=a_0$，检验水平为 α.

比较二者可看出，当且仅当 a_0 落在(1)中的那个区间内时，原假设 $a=a_0$ 才被接受.这就在区间估计和假设检验之间建立了一个密切联系，使知其一便可推出其他.由区间估计推其相应的检验很简单.假设 $a=a_0$ 该不该接受？只需看 a_0 是否在 a 的区间估计（即(1)中的区间）内.若在，则接受；若不在，则不接受.

由假设检验推其相应的区间估计如下：哪些值 a_0 算作是在 a 的

区间估计内? 回答是:先检验假设 $a = a_0$,若被接受了,则 a_0 算作在 a 的区间估计内;不然,就不算.当然,这一切都是在同一个 α 之下进行的(检验水平为 α,置信系数为 $1-\alpha$).

再看 σ 未知的情况,以 s^2 记样本方差.

(1) a 的区间估计:
$$[\bar{x} - st_{n-1}(\alpha)/\sqrt{n}, \bar{x} + st_{n-1}(\alpha)/\sqrt{n}]$$
置信系数为 $1-\alpha$.

(2) $a = a_0$ 的检验:当且仅当 $|\bar{x} - a_0| \leqslant st_{n-1}(\alpha)/\sqrt{n}$ 时才接受原假设 $a = a_0$,检验水平为 α.情况与 σ 已知时完全类似:当且仅当 a_0 落在(1)中的区间之内时,才接受 $a = a_0$.

这不是出自偶然的巧合,而有普遍的规律性[1],有重要的实用和理论意义.在实用上,求出其一可决定其他.作为一个练习,我们在第5章中曾求出比率 p 的(大样本)区间估计.用这个形式,可决定"$p = p_0$"的"大样本"检验[2].在理论上,可以由其一的性质去研究其他的性质.例如,证明了当某一检验具有一种优良性质时,它所相应的区间估计也具有类似的优良性质.

7.10 两样本 t 检验

设甲、乙两个化工厂都生产同一种产品,现想要检验其纯度是否有差异.将问题模型化如下:以 X 和 Y 分别记从甲、乙两厂随机抽出的一指定体积的产品中,每单位体积所含杂质的量.假定 X,Y 分别服从正态分布 $N(a,\sigma^2)$ 和 $N(b,\sigma^2)$,则 a 和 b 分别是甲、乙两厂单位体积产品的平均杂质含量,σ^2 为其方差.假定 X,Y 有相等的方差,这里

---

[1] 其至单侧的检验式(7.26)、式(7.27)或式(7.33)、式(7.34),也可与某种形式的区间估计联系起来.不过这种区间的一端是无界的,统计学上称为置信(上、下)限.

[2] 大样本检验是指基于样本大小 n 很大时的性质的检验,它只能用在 n 相当大时,且其水平也只是近似地而不见得确切地等于指定的 α.皮尔逊的 χ^2 检验也是大样本检验,因为它所依据的 χ^2 分布只在 n 很大时才成立.

当然有一定的人为性,但为数学上简便起见,此假定很必要.我们在第 5 章作 $b-a$ 的区间估计时,引进过这同一假定.

设对 X 进行了 m 次观察,结果为 $x_1,\cdots,x_m$.就是说,从甲厂随机抽取了体积一样的 m 份产品,分析其单位体积杂质含量为 $x_1,\cdots,x_m$.同样,对 Y 进行了 n 次观察,得 $y_1,\cdots,y_n$.要检验的原假设定为

$$a = b, \quad \text{或} \quad b - a = 0 \qquad (7.35)$$

这样定的理由与以往多次申述过的一样.

我们不走从计算拟合优度出发的那条路线,而直接利用上一节谈到的事实——检验与区间估计的联系.在第 5 章中,已求得 $b-a$ 的置信系数 $1-\alpha$ 的区间估计是

$$\left[\bar{y} - \bar{x} - \sqrt{\frac{m+n}{mn(m+n-2)}} t_{m+n-2}(\alpha) s,\right.$$
$$\left.\bar{y} - \bar{x} + \sqrt{\frac{m+n}{mn(m+n-2)}} t_{m+n-2}(\alpha) s\right]$$

其中

$$\bar{x} = \sum_{i=1}^{m} x_i / m, \quad \bar{y} = \sum_{i=1}^{n} y_i / n$$

$$s^2 = \frac{1}{m+n-2}\left[\sum_{i=1}^{m}(x_i - \bar{x})^2 + \sum_{i=1}^{n}(y_i - \bar{y})^2\right]$$

取定水平 α,则根据检验与区间估计的对应关系,当且仅当上述区间包含 0 点(注意:原假设是 $b-a=0$)时,才接受原假设.或反过来说,当且仅当

$$|\bar{y} - \bar{x}| > \sqrt{\frac{mn}{mn(m+n-2)}} t_{m+n-2}(\alpha) s \qquad (7.36)$$

时,才否定原假设式(7.35).

这个检验称为**双侧两样本 t 检验**,因其涉及从两个总体中抽出的两组样本.若我们只关心出现 $b>a$ 的情况(即:当 $b<a$ 时,不算违反原假设),则可取**单侧两样本 t 检验**,当且仅当

$$\bar{y} - \bar{x} > \sqrt{\frac{mn}{mn(m+n-2)}} t_{m+n-2}(2\alpha) s \qquad (7.37)$$

时否定原假设.例如,$N(a,\sigma^2)$是用现有的方法生产的一种产品的质量指标分布(a愈大,质量愈好),$N(b,\sigma^2)$是用一种新提出的生产方法所生产的产品的质量指标分布.检验的目的是决定可否用新方法代替现有方法.原假设仍取为 $a=b$,但 $b<a$ 自然不构成用新代旧的理由,故与 $a=b$ 一视同仁,而我们关心的只在于 b 是否大于 a.

类似地,当我们只关心出现 $b<a$ 的情况时,用另一个单边检验.否定原假设当且仅当

$$\bar{y} - \bar{x} < \sqrt{\frac{mn}{mn(m+n-2)}} t_{m+n-2}(2\alpha) s \qquad (7.38)$$

在一般情况下,X,Y 分别有正态分布 $N(a,\sigma_1^2)$ 和 $N(b,\sigma_2^2)$.方差 σ_1^2 和 σ_2^2 都未知,也不必相同.在这个前提下去检验假设式(7.35),是统计学中的一个著名问题,叫作**贝伦斯-费希尔问题**,这是他们在 1929~1930 年提出的.这个问题在统计学中有大量的研究,在此不能细述了.如果 σ_1^2,σ_2^2 已知,则可用区间估计的方法解决,因为在第 5 章中,已在这个假定下求出过 $b-a$ 的区间估计.

7.11 非参数统计方法

上节讨论的两个对象比较问题,在应用上极为重要.为适应不同的情况,我们提出了许多不同的检验方法,其中一种重要的方法叫**成对比较法**,也是基于正态假定,但是使用一样本 t 检验.这个重要方法将在第 8 章介绍.现在来介绍几种不基于正态假定的方法.

(1) 符号检验法

有两种酒 A,B.为比较其优劣,由 n 名品酒师品尝.每位按随机的次序先后品尝 A,B,且品尝者也不知道他品尝的是 A 还是 B,以免有先入之见.但每位品尝者只能在"A 比 B 好"、"A 比 B 差"、"A,B 一样"这三者中决定其一,分别以符号 +、-、0 记之,而不能打出具体的分数.设 n 名品酒师给出 + 号 n_1 个、- 号 n_2 个、0 号 n_3 个.

把不表态的这 n_3 个去掉,这试验等同于两位棋手下了 $n_1 + n_2$

盘棋,结果甲胜 n_1 局,负 n_2 局.要问是否有足够根据认为两位棋手的水平有差异? 这个问题在前面曾作过仔细讨论.

这样作出的检验方法,叫**符号检验法**,因为它只用到作为试验结果的"符号".

例如,有 12 名品酒师,其中 8 名认为 A 好,2 名认为 B 好,2 名未表态,则 A 与 B 打成 8∶2 的结果.如我们在前面计算过的:即使在 $\alpha = 0.10$ 这样的水平下,也不能作出 A,B 质量有差异的结论.

(2) 秩和检验法

仍拿刚才那个品酒的例子.准备 m 杯 A 酒、n 杯 B 酒(品酒师从外形上看不出哪杯是 A,哪杯是 B.但主持试验的人心中有数).由一位品酒师去品尝①,他给每杯打上一个分数.在正态假定下,这个问题本可以用两样本 t 检验式(7.36)去处理,但因考虑到正态性假设可能不适用,而改用下面的方法:把这 $m + n$ 个分数按由小到大排列.设 A 酒的分数占据第 $R_1, \cdots, R_m$ 位(最小的是第 1 位).如果 A 比 B 好,则 $R_1, \cdots, R_m$ 应倾向于取大值;若 A 比 B 差,则 $R_1, \cdots, R_m$ 倾向于取小值.$R_1, \cdots, R_m$ 就称为 A 得分的**秩**.

一共有 $m + n$ 杯酒,其秩从 1 起到 $m + n$,总和为

$$1 + 2 + 3 + \cdots + (m + n) = \frac{1}{2}(m + n)(m + n + 1)$$

平均每杯的秩为此数除以 $m + n$,即 $(m + n + 1)/2$,故如 A,B 无差别,则

$$R = R_1 + \cdots + R_m$$

应倾向于接近此平均值的 m 倍,即 $m(m + n + 1)/2$.这个考虑引导到如下的检验法:计算 $|R - m(m + n + 1)/2|$,当它超过某个限度 c 时,就否定原假设"A,B 无优劣之分".

这个检验叫**秩和检验**,因为检验统计量 R 是 A 的各分数的秩之和.这个重要检验最初是由威尔科克森在 1945 年提出来的,所以也称

---

① 在实际工作中,一位品酒师一次不能品尝过多,这里只是作为一个例子.

为**威尔科克森检验**.

上文提到的限度 c,与 m,n 及指定的检验水平 α 有关. c 的确切计算很难,只在 m,n 都很小的时候才易做到(对较小的 m,n 与 $\alpha=0.05,0.01$ 等值, c 可通过查表得到.例如,见中国科学院系统科学研究所概率统计室编的《常用数理统计表》第 35 页).对很大的 m,n,则可以用大样本方法,通过正态分布表,用近似公式

$$c \approx \sqrt{mn(m+n+1)/12}\, u_\alpha \qquad (7.39)$$

决定 c.可惜的是,常见的情况是 m,n 不大不小:既不小到可以查表的程度,又不大到可以放心地使用近似公式(7.39)的程度.这种困难在统计中甚多.

在第 5 章中曾提到,为了解决正态假定不成立时的困难,在统计学中想了很多办法,其中之一是构造一些不依赖于正态假定的方法.此处讨论的符号检验法和秩和检验法即为其例子.在统计学中,把这种对总体分布无特定要求的方法,叫作**非参数统计方法**.

第 8 章 相关与回归

8.1 事物的联系

从哲理的意义上说,事物之间相互联系制约的存在,是自然界和社会的普遍规律.从实用的观点说,有的事物之间的关联极其微弱,以至事实上可以认为无关或独立①.例如,一个人的姓氏笔画与其寿命之间,恐怕找不到什么值得重视的联系,它们可视为独立的.

在有联系的事物之间,关系的紧密程度也各不一样.最极端的一种情况是一事物能完全决定另一事物.例如,一个人从时刻 t_0(如上午 8 时)开始,从离家 b 千米的地方,以 a 千米/时的速度朝离家的方向走去,则他在时刻 $t(t \geqslant t_0)$ 到家的距离 s 为

$$s = b + a(t - t_0) = at + c, \quad c = b - at_0 \quad (8.1)$$

所以知道 t 就能确切地定出 s.这种关系叫作**线性关系**.这是因为,若在直角坐标系中描出这个关系的图形(见图 8.1),则将是一条直线,线性关系是最简单然而也是最重要的一种关系.事物之间的这种极端的联系情况(由其一可完全决定其他)的例子很多,物理学上的许多公式就是.

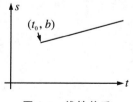

图 8.1 线性关系

---

① 在概率论中,"无关"(或"不相关")与"独立"这两个概念之间有一种微妙的差别,这在实用上不甚重要,本章也不对此加以区别.

还有不少情况是两事物之间有联系,但没有密切到可以相互完全决定的程度.例如,人的身高与其体重有联系,表现在高个子一般体重也较重.但知道身高并不能据此算出其体重,相反的情况(高而轻,矮而重)也不乏其例.人的收入与其支出有密切联系,但收入不完全决定支出,以至有的收入多而生活简朴的人,支出反比收入较他低的人还少.用功的学生成绩一般较好,但由于资质欠佳及学习方法不当等原因,反面的情况也不少见.这类例子可举出很多,其根本原因在于所考察的事物除彼此有联系外,还和许许多多的其他因素有联系,其中包括大量偶然性因素的影响.因此,从数量的角度去研究这种关系,也是统计学的一个任务.这包括通过观察和试验数据去判断事物之间有无关系(是否独立),对其关系大小作出数量上的估计(例如,人的身高与体重间的关系密切到何种程度?能否用一个数字刻画?),对互有关系的事物,通过其一去推断和预测其他,等等.为研究这类问题,在统计学中有一个分支学科,叫**相关回归分析**,或分称**相关分析**和**回归分析**. "回归"一词是英国著名生物学家兼统计学家高尔顿在 19 世纪 80 年代引进的,其意义将在后面解释.高尔顿是相关回归分析这个分支的先驱,但大的发展可以说是从费希尔 1915 年的工作开始的.到如今,这个分支已成为统计学中有重要应用,且在方法和理论上得到高度发展的分支之一.本章的介绍只是极初步的.

在统计学上喜欢谈随机变量,这是因为通过随机变量的概率分布,可使随机性起作用的方式精密化即数学化.这在前几章已有不少例子.例如,为估计总体中各个体指标值的平均,引进反映个体指标的随机变量 X,它有一定的概率分布,而估计个体指标的平均则归结为估计 X 的期望值 $E(X)$.在上一章讨论 χ^2 检验时,把要检验的原假设归结为:在那里所引进的一个随机变量 X 的分布为第 7 章式(7.1).在本章我们用随机变量的关系去表达我们所要研究的关系.

8.2 相关系数

设一总体中包含大量的个体,每个体有两项数量指标.如果总体是一大群人,每人有身高(厘米)和体重(千克)两项指标.如果总体是一大群学生,每人有每日平均学习时间(小时)和学习成绩(比如用其平均分数衡量)两项指标;如果总体是一大群职工,每人有受教育的年限与年收入(元)两项指标,等等.现在如随机地从总体中抽出一个个体,分别以 X 和 Y 记所考察的这两项指标,则 X 和 Y 都是随机变量.因为哪一个个体被抽出是随机的,因此 X,Y 的值取决于这随机试验的结果,就是随机变量.也可以这样去理解:把 X,Y 看成是总体中一流动个体的指标,它是泛指的,而不是具体指哪一个特定个体的指标.这两种看法并无差别,这在前几章就指出过了.

下一步工作就是要定义一个适当的数字,以刻画 X 和 Y 之间关系的程度.这就是一个难关,原因是所谓"关系的程度"是一个含糊的概念,从根本上说,就不可能以一种唯一的、最合理的方式去定义.这类事前面已遇到若干次,读者可能容易理解.例如,"散布度"是一个可以理解但无法确切定义的概念,"拟合优度"也无法用唯一的方式去定义(读者回忆,它的值取决于怎样去理解一样本比另一样本更背离原假设).此处"关系的程度"则尤为复杂,因此我们只能尽力设法寻找一些能在许多重要应用中较好地反映关系程度的指标.例如,方差就是反映散布度的良好指标.下面要介绍的**相关系数**也是目前应用最广,且经验证明是较好的一种指标.

分别以 a,b 记随机变量 X,Y 的均值,σ_1^2,σ_2^2 记其方差.则 $(X-a)(Y-b)$ 也是随机变量,因为它的值取决于从总体中抽出哪个个体.这个变量的均值记为 $\text{Cov}(X,Y)$,称为 X,Y 的**协方差**[①]:

[①] 有时也称作交互方差.此名称的来由是:方差 $E[(X-a)(X-a)]$ 是 $X-a$ 自乘,协方差是 $X-a$ 和 $Y-b$ "交互"相乘.

$$\mathrm{Cov}(X,Y) = E[(X-a)(Y-b)]$$

现设想 X,Y 之间毫无关系,则 $X-a$ 与 $X-b$ 的乘积的平均值应等于它们各自的平均值之积.这道理在直觉上不难理解,在较简单的情况下也不难验证.例如,上一章我们在讨论列联表时就用到过(参考第 7 章式(7.18)的论证,并注意比率也是一种平均值).一般情况下的严格论证要涉及一些高深的数学,在此就不谈了.根据这个事实,并注意到 $X-a$ 和 $Y-b$ 的平均值都是 0(因 a,b 是 X,Y 的均值),便可知道:若 X 和 Y 无关系,则 $\mathrm{Cov}(X,Y)=0$.而当 X,Y 有关系时,$\mathrm{Cov}(X,Y)$ 一般不为 0.这就初步看出,$\mathrm{Cov}(X,Y)$ 可作为衡量 X,Y 关系程度的出发点,但还需作些修正.首先,像衡量"程度"这种概念的数字,一般要求不超过 1.协方差不一定满足这个要求,尤其是协方差的值与个体指标的单位有关.例如,X 和 Y 分别为人的身高、体重,分别以米和千克为单位.若改用厘米和克为单位,则 X 和 Y 的值分别增大 100 和 1 000 倍,而其协方差将增大 $100 \times 1\,000 = 100\,000$ 倍! 克服这一点的办法是进行规格化,即以 X,Y 的标准差之积 $\sigma_1 \sigma_2$ 去除.结果就定义为 X,Y 的相关系数

$$r = r(X,Y) = \mathrm{Cov}(X,Y)/(\sigma_1 \sigma_2) \tag{8.2}$$

由于 r 有一些良好性质,所以它有资格被选用来在数量上刻画 X,Y 关系的程度.

(1) 它与测量 X,Y 用的单位无关.

因为,若 X,Y 分别变为原来的 a,b 倍,则 $\mathrm{Cov}(X,Y)$ 变为原来的 ab 倍,但 X,Y 的方差则分别变为原来的 a^2 和 b^2 倍,其标准差之积变为原来的 ab 倍.故 r 值无变化.

(2) 当 X,Y 之间有像式(8.1)那样的严格线性关系时,$r = \pm 1$.

因为,若 $Y = cX + d$(c,d 为常数,c 不为 0),则 Y 的平均值 b 将等于 $ca + d$(回忆 a 为 X 的均值),故 $Y - b = c(X-a)$.因此

$$\mathrm{Cov}(X,Y) = E[c(X-a)^2] = c\sigma_1^2$$
$$\mathrm{Var}(Y) = E[c^2(X-a)^2] = c^2 \sigma_1^2 = \sigma_2^2$$
$$\sigma_2 = |c| \sigma_1$$

而

$$r = \frac{c\sigma_1^2}{\sigma_1\sigma_2} = \frac{c\sigma_1^2}{\sigma_1 \mid c \mid \sigma_1} = \frac{c}{\mid c \mid} = \pm 1$$

当 $c>0$ 时为 1，$c<0$ 时为 -1。测量相关程度的系数 r 可以取负值，原因在于，在关系式 $Y = cX + d$ 中，若 $c<0$，则 X,Y 变化的方向相反。即当一个增加时，另一个下降。而当 $c>0$ 时，这两个的变化方向都相同。故在统计学上，当 $r(X,Y)>0$ 时，称 X,Y **正相关**；当 $c<0$ 时，称 X,Y **负相关**。

(3) 任一对随机变量 X,Y 的相关系数 r 必界于 -1 到 1 之间：

$$-1 \leqslant r \leqslant 1, \quad \text{或} \quad \mid r \mid \leqslant 1 \tag{8.3}$$

为证明式(8.3)，要利用这样一个简单事实：设 $a>0$，如 $ax^2 + bx + c$ 对一切 x 都取非负值，则必有 $4ac \geqslant b^2$。事实上，由于

$$ax^2 + bx + c = a\left(x + \frac{b}{2a}\right)^2 + \left(c - \frac{b^2}{4a}\right)$$

因此上式对一切 x 都取非负值。令 $x = -\frac{b}{2a}$，得 $c - \frac{b^2}{4a} \geqslant 0$。由 $4a>0$，乘以 $4a$，得 $4ac \geqslant b^2$。

现考虑表达式

$$E[(X-a)x + (Y-b)]^2$$
$$= E[(X-a)^2 x^2 + 2x(X-a)(Y-b) + (Y-b)^2]$$
$$= \sigma_1^2 x^2 + 2\text{Cov}(X,Y)x + \sigma_2^2 \tag{8.4}$$

因为对任何 x，$[(X-a)x + (Y-b)]^2$ 非负，故其均值也非负。即对任何 x，式(8.4)右边的二次三项式非负。按刚才证明的事实，有 $4\sigma_1^2\sigma_2^2 \geqslant 4\text{Cov}^2(X,Y)$，故得

$$r^2 = \frac{\text{Cov}(X,Y)}{\sigma_1^2\sigma_2^2} \leqslant 1$$

即式(8.3)。

这三条性质结合起来，说明了相关系数 r 适合作为两变量 X,Y 之间相关程度的数量刻画。不过，进一步的研究表明，它只是更适合于刻画 X,Y 之间的**线性相关**的程度。这一方面是由于从性质(2)看出，

当 X,Y 有完全的线性关系时，$|r|$ 达到最大值 1．当 X,Y 之间的关系具有线性趋势(图 8.2(a),(b))，但并无完全的线性关系时，$|r|$ 不为 0，但小于 1．另一方面，在有些情况下，X,Y 有明显的曲线型相关，但其相关系数 r 为 0 或接近 0(图 8.2(d))．因此，r 不能刻画 X,Y 可能存在的曲线型关系．出于这个理由，人们常把 r 称为 X,Y 的**线性相关系数**．

那么能否找到一种数量指标，可以刻画 X,Y 之间任何关系(不论是直线的或是曲线的)的程度呢？这种指标现在还没有，恐怕在将来也不见得会提出一种各方面看来都满意的指标．原因在于前面指出过的：两变量之间的关系很复杂，不是一个数字所能完全概括得了的．

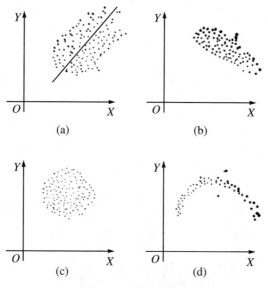

图 8.2　几种类型的相关

(a) 非完全正线性相关，$r=0.7$；(b) 非完全的负线性相关，$r=-0.9$；(c) 不相关，$r=0$；(d) 曲线相关，$r\approx 0$

8.3 相关系数的估计和检验

从总体中随机抽出 n 个个体,测得其 X,Y 指标值分别为 $(x_1,y_1),(x_2,y_2),\cdots,(x_n,y_n)$.例如,从一大群人中抽出 n 个,x_i,y_i 分别是抽出的第 i 个人的身高和体重.要利用该样本去估计 (X,Y) 的相关系数 r.

r 的表达式中包括 X,Y 的方差 σ_1^2 和 σ_2^2,以及协方差 $\mathrm{Cov}(X,Y)$.σ_1^2,σ_2^2 用样本方差估计,这在第 4 章已讲过了.记

$$\bar{x}=\frac{1}{n}\sum_{i=1}^n x_i,\qquad \bar{y}=\frac{1}{n}\sum_{i=1}^n y_i$$

$$s_1^2=\frac{1}{n-1}\sum_{i=1}^n(x_i-\bar{x})^2,\quad s_2^2=\frac{1}{n-1}\sum_{i=1}^n(y_i-\bar{y})^2$$

故只需估计 $\mathrm{Cov}(X,Y)$.类比 $\mathrm{Cov}(X,Y)$ 的定义并参考用样本方差估计(总体)方差的形式,提出用

$$s_{12}=\frac{1}{n-1}\sum_{i=1}^n(x_i-\bar{x})(y_i-\bar{y}) \tag{8.5}$$

估计 $\mathrm{Cov}(X,Y)$.s_{12} 称为**样本协方差**.其所以在式(8.5)的分母中用 $n-1$ 而不用 n 的理由,正与在样本方差中用 $n-1$ 相同.这样,我们用

$$\hat{r}=\frac{s_{12}}{s_1 s_2}=\frac{\sum_{i=1}^n(x_i-\bar{x})(y_i-\bar{y})}{\sqrt{\sum_{i=1}^n(x_i-\bar{x})^2}\sqrt{\sum_{i=1}^n(y_i-\bar{y})^2}} \tag{8.6}$$

去估计 r.称 $\hat{r}$ 为**样本相关系数**.与此对应,有时把 r 称为**总体相关系数**.在计算上常用如下的公式:

$$\sum_{i=1}^n(x_i-\bar{x})(y_i-\bar{y})=\sum_{i=1}^n x_i y_i-\frac{1}{n}\sum_{i=1}^n x_i\sum_{i=1}^n y_i \tag{8.7}$$

$$\sum_{i=1}^n(x_i-\bar{x})^2=\sum_{i=1}^n x_i^2-\frac{1}{n}\left(\sum_{i=1}^n x_i\right)^2 \tag{8.8}$$

$$\sum_{i=1}^{n}(y_i-\bar{y})^2 = \sum_{i=1}^{n}y_i^2 - \frac{1}{n}\Big(\sum_{i=1}^{n}y_i\Big)^2$$

显然,式(8.8)是式(8.7)的特例.式(8.7)的证明如下:

$$\sum_{i=1}^{n}(x_i-\bar{x})(y_i-\bar{y}) = \sum_{i=1}^{n}x_iy_i - \bar{x}\sum_{i=1}^{n}y_i - \bar{y}\sum_{i=1}^{n}x_i + n\bar{x}\bar{y}$$

注意到 $\sum_{i=1}^{n}x_i = n\bar{x}$,即得上式右边与式(8.7)右边相同.

现在来讨论相关性的检验问题.我们取原假设"X,Y 不相关",即

$$r = 0 \qquad (8.9)$$

其道理与在上一章多次讲过的一样.例如,理由之一是:宣布某两个事物有实质的关联常意味着宣告一项科学发现,对此应持慎重态度.取式(8.9)作为原假设并把检验水平 α 定得较低,就能体现这一点.

由于 $\hat{r}$ 是 r 的估计,所以在直观上看很明显:当 $|\hat{r}|$ 较大时才否定原假设式(8.9),而当 $|\hat{r}|$ 较小时则不否定.问题是要定出一个界限 c,使当且仅当

$$|\hat{r}| > c \qquad (8.10)$$

时,才否定原假设式(8.9).

如何定出这个界限 c? 关于这个问题的理论很复杂,在此无法介绍.我们只指出其结果,并有一个前提,即必须设 X,Y 服从正态分布[①].在这个前提下,这个问题又与我们前面多次碰到过的 t 分布发生了关系.结果是,当取定水平 α 时,应取

$$c = \left[\frac{t_{n-2}^2(\alpha)}{n-2+t_{n-2}^2(\alpha)}\right]^{1/2} \qquad (8.11)$$

给出 α 后,根据自由度 $n-2$,从 t 分布表查出 $t_{n-2}(\alpha)$,即可定出 c.

取 $\alpha=0.05$,并近似地以 1.96 代替 $t_{n-2}(0.05)$(后者总大于 1.96,但当 n 较大时相差无几),则得出 c 的约值如表 8.1 所示(当 $n=10$ 时,按 $t_3(0.05)=2.306$ 计算).

[①] 上一章中考察过"无关联性检验"(列联表),问题的性质与此处一样.这个假定则显示出问题不同之处:一个针对分类数据,一个针对连续数据.

表 8.1

n	10	20	30	40	50	60	70	80	90	100
c	0.63	0.42	0.35	0.30	0.27	0.25	0.23	0.22	0.21	0.19

实际上由于 $t_{n-2}(0.05) > 1.96$，c 的真正值比这还要略大一些. 由表 8.1 粗略地看出，$\hat{r}$ 要达到显著性（即达到能否定式(8.9)的程度），需要有较大的值. 例如，即使 n 大到 100，没有接近 0.2 的值也不行. 这主要是由于 $\hat{r}$ 作为 r 的估计，精度较低（方差较大）. 这就反映了我们前述的想法：要宣告两事物之间有关联，其观察到的关联要相当显著才行.

例 8.1 从某大学男生中随机抽取 10 名，测得其身高（米）、体重（千克）数值如下：

(1.71,65)，(1.63,63)，(1.84,70)，(1.90,75)，(1.58,60)

(1.60,55)，(1.75,64)，(1.78,69)，(1.80,65)，(1.64,58)

计算样本相关系数 $\hat{r}$ 的步骤如下：先计算

$$1.71 + 1.63 + \cdots + 1.64 = 17.23, \quad 65 + 63 + \cdots + 58 = 644$$

$$1.71^2 + 1.63^2 + \cdots + 1.64^2 = 29.7935$$

$$65^2 + 63^2 + \cdots + 58^2 = 41\,790$$

$$1.71 \times 65 + 1.63 \times 63 + \cdots + 1.64 \times 58 = 1\,114.88$$

再计算（注意 $n = 10$）

$$1\,114.88 - 17.23 \times 644/10 = 5.268$$

$$29.7935 - 17.23^2/10 = 0.10621$$

$$41\,790 - 644^2/10 = 316.4$$

用公式(8.6)，并注意式(8.7)、式(8.8)，得

$$\hat{r} = 5.268/\sqrt{0.10621 \times 316.4} \approx 0.91$$

这远超过了 $n = 10$ 时的 c 值 0.63，也超过了取 $\alpha = 0.01$ 时的界限 0.76.

8.4　偏相关和其他

事物（变量）之间的联系存在着两种情况：一是本来联系很紧密，

但因其他因素(包括系统性的和随机性的)的干扰,能观察到的联系减弱了;二是本来联系很弱,由于其他因素的作用,能观察到的联系加强了.

关于前者,一个极端的例子是本章开始举的那个匀速步行的例子.要是这个人行速一直严格地保持为 a,且对时间和距离的测量无误差,则时间 t 和距离 s 有确切的关系式(8.1),这联系是最紧密的了.但事实上他的行速不会总是保持为 a(即使他力图做到这一点),对时间和距离的测量也会有误差.这样,知道时间 t 并不能决定 s,它们的联系被这些干扰削弱了.

关于后者,例如,若以 X 和 Y 分别记一个既抽烟又喝酒的人在烟、酒上的花费,则 X,Y 呈一定程度的正相关.意思是说,一般在吸烟上消费较多的人,倾向于在喝酒上消费也较多.这两件事似乎没有多少因果关系,因为很难设想,一个人吸烟是造成他好酒的原因.主要的原因恐怕是取决于收入.收入高的人有能力抽甲级烟和喝名酒,收入低的人则相反.故烟酒的相关性由"收入"这个因素带动起来了.

这种简单例子所揭示的现象,在自然界和社会中相当常见.它启发我们注意两个问题.

(1) 为仔细分析事物的相关性,仅着眼于上一节所引进的相关系数 r 是不够的.r 是一种"综合性"的相关系数,它把所有其他因素对这两个事物的正、反两方的影响都考虑进来了,所以有时又称 r 为**全相关系数**.如果只停留在这里,则不能进一步了解这两事物之间的关系.为解决这个问题,在统计学中除 r 外,还引进了其他种种相关系数.例如,一种名叫**偏相关系数**的量,就是为了刻画上述例子中的现象.拿上例来说,如果想要考察在去掉"收入"这个因素的影响后,烟花费 X 和酒花费 Y 的相关还有多大,则可以引进 Z 这个变量代表收入,用适当的方法(具体见后文)从 X 中消去 Z 的影响,剩下的记为 X';从 Y 中消去 Z 的影响,剩下的记为 Y'.以 r' 记 X',Y' 的(按上节定义的)相关系数.则 r' 反映了 X,Y 的关系中并非由 Z 引起的那一部分,它称为 X,Y 对 Z 的偏相关系数,可记为 $r_{XY.Z}$.

如果我们同时考察一些事物,分别用随机变量 $X_1,\cdots,X_n$ 来描述,则我们可定义其中任意两个(例如 X_1 和 X_2)对其余的若干个(不一定一个或全部,例如 $X_3,\cdots,X_r$)的偏相关系数 $r_{X_1X_2\cdot(X_3,\cdots,X_r)}$.除此以外,还可以引进一些量去刻画一个变量与其余若干个(不一定只一个)的关系程度,例如 X_1 与$(X_2,\cdots,X_r)$的关系程度.这叫作**复相关系数**.经过这种多方面的考察,对两个或若干个事物之间关系的性质就能得到立体的认识,这些都属于相关分析的范围.

(2)此处所谈论的相关关系,不能等同于通常所理解的**因果**关系.如果发现变量 X,Y 的相关系数 r 很接近± 1,也不见得其中一是因一是果.这点从上面那个烟酒的例子就可明了.那么也许有人会问,既然这样,我们在这里讨论相关性,计算相关系数等,有何意义?这是因为统计学是从事物外在的数量表现去探求事物的规律性的,它本身并不能回答其学理上的原因.例如,我在计算 $r(X,Y)$ 时,发现它很显著,就提醒你(你也许是一个医学家)注意这件事,看有无可能把其本质搞清楚.这也不排斥在这以后一步工作中,我仍可能有可与你合作的地方.

(3)还有一点误解需要澄清:在日常生活中常听到"某某两事关系不大"的说法.它所指的与我们这里谈论的两事物(变量)的相关性,不一定是一个意思.举个很浅显的例子,例如,两变量 X,Y 之间存在由下式表达的严格关系:

$$X = 0.000\ 01 Y$$

这是一个严格的线性关系.按前面所证,X,Y 的相关系数为 1 时,达到最大.可是当 Y 变化时,X 受的影响微乎其微.比如 Y 由 0 增到 100, X 不过增加了 0.001 而已.在日常生活中人们就会说"X,Y 关系很小".这也没有什么错,但其意义与我们这里讨论的相关性概念不同.

8.5 "平均相关"的谬误

在我国,一般来说教育程度高的人,收入也倾向于高一些,但这个相关性甚弱.如果你用另一种统计方法,就可以把这个相关性突出显露出来.比如说,全国有 2 000 余个县、市,你把第 i 个县(市)中职工的平均教育程度记为 x_i,平均收入记为 y_i,则得到 2 000 余组数据 $(x_i, y_i)(i=1,\cdots,n)$.计算它们的相关系数(用式(8.6)),会发现其值很显著.如果你由此作出这二者相关很显著的结论,则未免与事实不尽符合.

另一个例子是 1955 年多尔在 11 个国家进行的一项调查.他统计了这些国家中,每一国因患癌而致死的人数与人均吸烟数.他发现这 11 组数据的相关系数约为 0.7.这个值是过于高估了.

一般地,平均相关指的是下述意思:把整个总体按某种考虑分为 n 个组.以 x_i 和 y_i 分别记第 i 组中的个体的 X 指标平均值和 Y 指标平均值,得到 $(x_1, y_1),\cdots,(x_n, y_n)$.由公式(8.6)算出的 $\hat{r}$(注意该 $\hat{r}$ 的意义已不同)就是 X, Y 的**平均相关系数**.按这个说法,平均相关系数取决于总体如何分组(例如,在"教育程度-收入"例子中,按省平均算出的与按县平均算出的不同).但理论上可证明,不论如何分组,平均相关系数的绝对值,必不会小于式(8.2)定义的相关系数 r,且组分得愈粗,平均相关系数(绝对值)也愈大.这就从理论上解释了上述"高估"的现象.也可以把原始样本先分组再按上述手续算相关系数,它可称为**样本平均相关系数**,其绝对值也不会小于式(8.6)所定义的样本相关系数.

这件事的原因,就在于相关性因有随机因素的干扰而削弱了.取平均的后果,把随机因素的干扰削弱以至消除了,使原先不甚强的相关被大为加强了.例如,本来在各地都有大量的"教育程度高者收入反低"的现象,它削弱了"一般说来,收入随教育程度的提高而提高"这个总趋势,从而削弱了二者的相关性.经过在各县取平均,因上述趋势在县这么大的范围内还是起作用的,于是我们就只见到:哪个县平均教育程度高,平均收入在大多数情况下也高,随之而来的是平均值相关大为提高了.

这个例子说明在看待统计分析结果时要谨慎.好像路上有一些陷阱,粗心大意,难免会有失足的时候.但在习惯了统计思考方法,而不只是记住了一些公式后,就能培养一种直观,它引导你不致掉入上述陷阱.对统计学了解甚少的人,有时会觉得统计方法不过就是一些简单的数字计算,其实不然.

8.6 回归与回归方程

若两变量 X,Y 有关联,则了解其一,对了解另一个有帮助.如知道一个人的身高,对了解其体重有帮助,虽然身高并不足以决定体重.无关的事物则不然,比如欲以姓氏笔画去预测一个人的体重,可谓风马牛不相及.

在实用上,这种问题常采取如下的形态:在同一个问题中,有两个互有关联的变量 X,Y.其中 X 的值是容易或至少可以测量的,甚至是可以为应用者所控制的,而变量 Y 则难于测量,或者目前不能测量.但我们又希望目前就对它可能取的值获得一些了解.总之,就是要用 X 的值去预测 Y 的值.例如,在玉米地施放化肥,每亩地化肥施放量 X 与每亩地玉米产量 Y 之间有关联.X 的值可测量且可由人控制,Y 也可以测量,但要到收获以后,而非在施肥之时.如希望在施肥之初就对未来的收获有所了解,这就产生预测问题.又如,一个工人,其工龄 X 与工资 Y 甚有关联,如我们了解某人的 X 值而不知其 Y 值,则其 X 的值对"预测"其 Y 值有些帮助,我们也常这么做.在这个例子中,预测一词并无未来的意义,但性质与上例并无区别.

在这种应用中,变量 X 和 Y 已不是处在对等的地位.在统计学中,有时把 X 称为**自变量**而 Y 称为**因变量**.这个叫法不尽妥当,因为 X,Y 之间不必有因果关系,名称无关紧要,只要读者注意到这一点就行了.

从纯方法的角度说,由 X 预测 Y 的问题,就是要利用 (X,Y) 的一些观察或试验结果

$$(x_1,y_1),(x_2,y_2),\cdots,(x_n,y_n) \qquad (8.12)$$

去建立一个公式.每有了 X 的值,就代入此公式算出一个值,作为 Y

的预测值.但是,可供选用的公式很多,如何去决定一个呢？这首先要从数据式(8.12)出发.每个(x_i, y_i)在直角坐标系中可用一个点表示,共有 n 个点,于是得到一张像图 8.2 那样的图,在统计上称为**散点图**.如果图形像图 8.2(a),(b)那样,其趋势呈一条直线,则可采用线性方程,若像图 8.2(d)那样,其趋势呈一条曲线,则要采用更复杂的非线性方程.我们这里只讨论前者,它是应用最广且在数学上最容易处理的一种形式.

决定了方程的形式,如线性方程

$$y = a + bx \tag{8.13}$$

问题并非完全解决,因为其中的系数 a, b 尚不知道.这又需要使用数据式(8.12)去进行估计.这个问题到下一节再谈.但不言而喻,系数 a, b 的决定,总要能使方程(8.13)所定出的那条直线,与散点图上的那些点尽其可能接近,如图 8.2(a)所示.因此可以把方程(8.13)的作用,看成是用一种简洁的方式概括地(因而只是近似地)表达了一大堆杂乱无章的数据式(8.12).

在由数据式(8.12)估计出 a, b 的值后,以估计值 $\hat{a}$ 和 $\hat{b}$ 分别代替式(8.13)中的 a, b,得方程

$$y = \hat{a} + \hat{b}x \tag{8.14}$$

这个方程叫**回归方程**.因它是以 y 为因变量且是线性的,也可称它为 **y 对 x 的线性回归方程**.又因这个方程的建立有赖于通过观察或试验积累的数据式(8.12),故有时又称其为**经验回归方程**,以与**理论回归方程**一词相对.后者的意义是:设想把总体中每一个体的(X, Y)值都观察了,利用其全部结果而建立回归方程(8.13),这一般是可望而不可即的.理论回归方程(8.13)中的系数 b(它是方程(8.13)所画出的直线的斜率)称为**回归系数**,而方程(8.14)中的系数 $\hat{b}$ 作为 b 的估计值,有时称为**经验回归系数**.回归分析这个统计学的分支,就是讨论回归方程的建立和使用中所涉及的种种统计问题.

读者会问,X, Y 的关系甚为复杂,以一个形如式(8.14)的公式去概括,是否过于简单？或者说,用一个像式(8.14)这么简单的公式,去

由 X 的值预测 Y 的值,误差将不小,这种做法有何用？有一点重要理由将在后面交代,这里我们先提出以下几点.

(1) 确实在有些情况下,这种简单公式的用处很小.因此,在决定是否进行这种工作时,先要对数据式(8.12)作一些分析.前面提到的看散点图就是一个粗糙的分析.如果像图 8.2(d)那种情况,明显不是直线趋势,或如图 8.2(c)那种情况看不出有何趋势,则进行线性回归确无益.更精细一些,可以计算一下数据式(8.12)的(样本)相关系数式(8.6).如果其值达不到显著性(不满足式(8.10)),则作线性回归益处不大.后面还要介绍通过考虑残差平方和去决定方程的意义大小的方法.

(2) 这个问题多少可以从聊胜于无的眼光去看.既然可用的数据只有式(8.12),而又别无良法,这么做一下总是有益无害的.譬如,你对一件事茫然无所知,有人能给你介绍一二,总比完全不知道为好.至于预测误差不小,是由现象本身的复杂性与我们掌握的资料有限所致的,不一定是方法不良之过.

(3) 如要获得更理想的结果,在可能的情况下,就需要扩大研究的规模.问题在于除 X 外,对 Y 有影响的还有其他众多的变量.如能把其中重要的一些变量,如 $U,V,W,\cdots$ 选入到研究的范围内来,则联合 $X,U,V,W,\cdots$ 一起去预测 Y,自然结果将更好.比如,仅凭化肥用量 X 一项去预测产量 Y,精确度不理想.若把播种量以及其他某些管理上以至气象上的因素加入考察,则对 Y 的预测效果将有改善.这就涉及**多变量回归分析**,或称**多元回归分析**,即以 $X,U,V,W,\cdots$ 为自变量一方,与 Y 为因变量一方所作的回归分析.这在回归分析中是重点,因较复杂,在此无法介绍,但其基本思想与只包含一个自变量的回归(又称**一元回归**)分析并无原则不同.此外,扩大研究的规模,自然还包括收集更多的数据在内.

8.7 回归方程的估计(最小二乘法)

现在来讨论如何利用数据式(8.12)去建立经验回归方程(8.14). 我们用的方法叫**最小二乘法**.这是一个著名的有广泛应用的方法.现在一般都把这个方法的提出归功于德国伟大的数学家高斯,认为是他在 1799～1809 年期间,在处理天文观测资料的误差分析时提出的[①].不过,在科学史上对这个发明权问题尚有争议.例如,有的学者认为,法国数学家勒让德在 1805 年最先清楚地表述了这个方法,时间在高斯的有关著作发表以前.

举一个简单例子解释最小二乘法的思想.设为估计某物件的质量,对它进行了 n 次称量,称量有误差,故 n 次称量结果 $x_1,\cdots,x_n$ 有差异.现如用数 T 去估计物重,则它与上述 n 次称量结果的偏差的平方和是 $\sum_{i=1}^{n}(x_i-T)^2$.根据最小二乘法,一个好的估计 T 应使这个平方和尽可能小.于是就提出了下面的估计原则:寻找 T,使上述平方和达到最小,以那个 T 作为物重的估计值.这就是最小二乘法.由这个方法作出的估计叫**最小二乘估计**.就本例而言,不难求出最小二乘估计:以 $\bar{x}$ 记 $x_1,\cdots,x_n$ 的算术平均,则

$$(x_i-T)^2=[(x_i-\bar{x})+(\bar{x}-T)]^2$$
$$=(x_i-\bar{x})^2+(\bar{x}-T)^2+2(\bar{x}-T)(x_i-\bar{x})$$

注意到 $\sum_{i=1}^{n}(x_i-\bar{x})=0$,得

$$\sum_{i=1}^{n}(x_i-T)^2=\sum_{i=1}^{n}(x_i-\bar{x})^2+n(\bar{x}-T)^2$$

显然,此式当且仅当 $T=\bar{x}$ 时达到最小值,故常见的样本均值就是最

[①] 顺便提一下,重要的正态分布也是高斯为了此项目的而提出来的,而且正态分布与最小二乘法之间还存在着某种联系.

小二乘估计.值得注意的是:平方和的最小值就是 $\sum_{i=1}^{n}(x_i-\bar{x})^2$,除以自由度 $n-1$ 就得到样本方差.可见样本方差也是一个与最小二乘法有联系的量.这一点在更复杂的情况下仍成立,例如下面要讨论的线性回归情形.

现设对变量 (X,Y) 进行了 n 次观察或试验,得到数据式(8.12). 我们想要找一条直线式(8.13),能尽可能好地"拟合"这些数据,正如图 8.2(a)所示的那样.按方程(8.13),当 X 取值 x_i 时,Y 应取值 $a+bx_i$,而实际观察到的为 y_i,这就造成偏差 $y_i-(a+bx_i)$.这个偏差相当于上述简单例子中的 x_i-T.于是仿照上例的考虑,提出目标量

$$L = \sum_{i=1}^{n}[y_i - (a+bx_i)]^2 \tag{8.15}$$

而设法找 a,b 的值,使上式达到最小.该问题比上例复杂一些,但也不难用配方法去解决.具体推导过程留待本章附录,此处先指出结果:使式(8.15)的 L 达到最小的 a,b 值分别为 $\hat{a},\hat{b}$,

$$\hat{a} = \bar{y} - \hat{b}\bar{x}, \quad \hat{b} = \frac{s_{12}}{s_1^2} = \frac{s_2}{s_1}\hat{r} \tag{8.16}$$

此处 $\bar{x},\bar{y},s_1,s_2,s_{12}$ 和 $\hat{r}$ 的意义在以前已说明过了,见式(8.5)、式(8.6)及式(8.5)前面几行.先由式(8.16)后一式算出 $\hat{b}$,再利用前一式算出 $\hat{a}$.有了 $\hat{a},\hat{b}$,就可写出经验回归方程(8.14),其中 $\hat{a}=\bar{y}-b\bar{x}$,即

$$y = (\bar{y}-\hat{b}\bar{x}) + \hat{b}x, \quad \text{或} \quad (y-\bar{y}) = \hat{b}(x-\bar{x}) \tag{8.17}$$

由式(8.17)的后一式,看出经验回归直线必通过散点图的中心点 $(\bar{x},\bar{y})$,这因为我们希望这条直线尽可能地与图中的点接近,它当然应通过图的中心.最小二乘法能满足这个要求,也说明它是一个好的方法.

如果事先已计算过样本相关系数 $\hat{r}$,则因在算 $\hat{r}$ 的过程中要算出统计量 s_{12} 和 s_1^2,用公式(8.16)算出 $\hat{a},\hat{b}$ 是很容易的.

例 8.2 在例 8.1 中,测量了某大学 10 个男生的身高、体重,发现其身高、体重数据相关性很强.因此,建立一个线性回归方程,通过身高去预测体重.根据该例的计算,有(注意 $n=10$)

$$\bar{x} = \frac{17.23}{10} = 1.723, \quad \bar{y} = \frac{644}{10} = 64.4$$

$$(10-1)s_{12} \approx 5.268, \quad (10-1)s_1^2 = 0.106\,21$$

用公式(8.16),算得

$$\hat{b} = \frac{5.268}{0.106\,21} \approx 49.6$$

$$\hat{a} = 64.4 - 49.6 \times 1.723 \approx -21.06$$

而经验回归方程为

$$y = -21.06 + 49.6x \tag{8.18}$$

(注意 x 和 y 的单位分别为米和千克).如抽到一个男生,量出其身高为1.62米而未量体重,则据此公式,算出其体重的预测值为

$$-21.06 + 49.6 \times 1.62 = 59.29 \text{(千克)}$$

就本例而言,X 和 Y 多少处在同等地位,故也可以建立 X 对 Y 的回归方程,以通过 Y 的值预测 X 的值.若以为既然有了方程(8.14),它可表为 $x = (y - \hat{a})/\hat{b}$ 的形状,就可用它由 Y 预测 X 了.一般来说,这是不行的,因为这二者的结果不同.若以

$$x = c + dy$$

记 X 对 Y 的回归方程,则为了用最小二乘法得到 c, d 的估计值,只需在式(8.16)中,更换 x 和 y 的位置即可.由此得

$$\hat{c} = \bar{x} - \hat{d}\,\bar{y}, \quad \hat{d} = \frac{s_{12}}{s_{22}} \tag{8.19}$$

对本例的数据,由式(8.19),可得

$$\hat{c} = 0.65, \quad \hat{d} = 0.017$$

回归方程为

$$x = 0.65 + 0.017y \tag{8.20}$$

而按式(8.18),则得出

$$x = \frac{y + 21.06}{49.6} = 0.42 + 0.020y \tag{8.21}$$

式(8.21)与式(8.20)有相当的差距.

一般地，在本例 X,Y 处在对等的情况下，则各自用各自的方程. 在 X,Y 有因果关系时，往往不把 X 看成随机的，而只把 Y 看成随机的. 在这种情况下，不作 X 对 Y 的回归.

8.8 残差、残差平方和与偏相关

在称物重那个简单例子中，第 i 次称量结果 x_i 与物重的最小二乘估计 $\bar{x}$ 间有偏差 $x_i - \bar{x}$. 偏差的存在，意味着估计值 $\bar{x}$ 与真正物重间有误差，即天平本身有误差. 误差大小可通过样本方差 $\frac{1}{n-1}\sum_{i=1}^{n}(x_i - \bar{x})^2 = s^2$ 或样本标准差 s 去衡量，这在第 4 章已讲过了. 按照这些想法可推到回归问题上来.

如果回归方程 $y = \hat{a} + \hat{b}x$（$\hat{a},\hat{b}$ 由式(8.16)估计）绝对无误地反映了 X 和 Y 之间的关系，则当 X 取值 x_i 时，Y 应取值 $\hat{a} + \hat{b}x_i$，而实际观察到的却是 y_i，二者之间有偏差

$$\delta_i = y_i - (\hat{a} + \hat{b}x_i) \qquad (8.22)$$

式(8.22)所定义的 δ_i 称为样本点 (x_i,y_i) 的**残差**. 此名称的意义是，y_i 这个值的来由有二：一是通过与 X 的关系而来；二是其他原因（包括随机因素）. 其与 X 关系而来的那部分已总结在 $\hat{a} + \hat{b}x_i$ 内. **残留**的部分（残差）是 δ_i，反映其他来源. 若 X,Y 的相关性很强，则由 X 的值"几乎"可决定 Y，因而残差 δ_i 应倾向于小，反之则倾向于大. 因此，残差反映了 X,Y 相关性的强弱，而后者又反映了通过 X 能决定 Y 到怎样的程度，因而也就决定回归方程的价值如何.

与前述称物的例子一样，把偏差（此处叫残差）平方起来求和，即得残差平方和

$$RSS = \sum_{i=1}^{n}(y_i - \hat{a} - \hat{b}x_i)^2 \qquad (8.23)$$

这相当于在称物例子中，样本方差的地位，只差没有用自由度去除，前例自由度为 $n-1$，其所以减 1，是因为有一个未知数（即物重），要用数

据去估计,这"占去"了一个自由度.现此处有两个未知数 a,b 要由数据去估计,故自由度=样本大小-2=$n-2$[①].这样得到

$$\hat{\sigma}^2 = \frac{RSS}{n-2} \tag{8.24}$$

它起着样本方差的作用.

如果我们假定 X,Y 服从正态分布,则因正态分布落在 ± 2 倍标准差(更确切些是 1.96)之间的概率约为 0.95,我们就可以引出如下的结果:用 $\hat{a}+\hat{b}x$ 去预测 Y(已知 X 的值为 x)时,真正的 y 值落在 $\hat{a}+\hat{b}x\pm 2\hat{\sigma}$ 内的可能性约为 0.95. $\hat{a}+\hat{b}x\pm 2\hat{\sigma}$ 可称为 Y 值的**区间预测**.如我们用这个区间预测,出错(即 Y 的真正值不在这区间内)的机会约为 0.05.这只是一个很粗糙的规则,确切的区间预测形式涉及 t 分布,而且不同的 x 值所作出的对 Y 的预测也不同.在已有数据式(8.12)的前提下,x 距离中心 $\bar{x}$ 愈近,即 $|x-\bar{x}|$ 愈小,预测区间也愈短,即在出错机会相同的情况下,预测精度要高一些.这确切的公式是(若要使出错机会为 α,则改 $t_{n-2}(0.05)$ 为 $t_{n-2}(\alpha)$ 即可)

$$\hat{a}+\hat{b}x \pm \left[1+\frac{1}{n}+\frac{(x-\bar{x})^2}{\sum_{i=1}^{n}(x_i-\bar{x})^2}\right]^{1/2} \hat{\sigma} t_{n-2}(0.05) \tag{8.25}$$

用公式(8.23)直接计算残差平方和很费事.下面的重要公式解决了它的计算问题:

$$RSS = (1-\hat{r}^2)\sum_{i=1}^{n}(y_i-\bar{y})^2 \tag{8.26}$$

通过这一公式再次看到相关系数的意义.右边的量 $\sum_{i=1}^{n}(y_i-\bar{y})^2$ 与 Y 的样本方差只差一常数因子($n-1$),它是衡量 $y_1,\cdots,y_n$ 的散布度的.经过消除 y_i 中的 x_i 的影响后,得到残差 $\delta_1,\cdots,\delta_n$,其散布程度

[①] 或以为数据式(8.12)中包含 $2n$ 个数,故这里自由度应为 $2n-2$.其实不然,因 (x_i,y_i) 是一次观察的结果,是从同一个体来的.

$\sum_{i=1}^{n}(\delta_i - \bar{\delta})^2 = \sum_{i=1}^{n} \delta_i^2 = RSS$ 就缩小了[①].缩小多少呢? 这就要看 X, Y 相关性的强弱了.相关性愈强,y_i 受 x_i 的影响就愈大,残差 δ_i 就愈小. 公式(8.25)表明 RSS 缩小为 $\sum_{i=1}^{n}(y_i - \bar{y})^2$ 的 $1 - \hat{r}^2$ 倍,与此符合.公式 (8.25) 的推导放在本章附录里.

例 8.3 在例 8.1 中已算出 $\hat{r} = 0.91$,$\sum_{i=1}^{10}(y_i - \bar{y})^2 = 316.4$.用公式 (8.26) 得 $RSS = (1 - 0.91^2) \times 316.4 = 54.389$,再用式(8.24),注意 $n = 10$,得 $\hat{\sigma} = 2.61$.因此,粗略地得 y 的预测区间为 $-21.06 + 49.6x \pm 5.22$. 例如,若一男生的身高为 1.62 米,则其体重预测在 59.29 ± 5.22 即 54.07 到 64.51(千克)之间,出错的机会是 5%.

用确切的公式(8.25)(出错机会仍为 0.05)算出的结果是 $-21.06 + 49.6x \pm 6.59$.

残差还可用于偏相关.设有三个变量 X, Y, Z.前已说过,X, Y 对 Z 的偏相关系数,就是在 X, Y 中消除掉 Z 的影响后,剩余部分 X',Y' 的相关系数.现可以把这"剩余部分"明确地定义为残差.即若 X 对 Z 和 Y 对 Z 的回归方程分别为 $x = a + bz$ 和 $y = c + dz$,则

$$X' = X - (a + bZ), \quad Y' = Y - (c + dZ)$$

而 X, Y 对 Z 的偏相关系数 $r_{XY,Z}$ 定义为 X',Y' 的相关系数.可以证明

$$r_{XY,Z} = \frac{r(X,Y) - r(X,Z)r(Y,Z)}{\sqrt{[1 - r^2(X,Z)][1 - r^2(Y,Z)]}} \tag{8.27}$$

例 8.4 以 X, Y, Z 记一个既吸烟又喝酒的人的烟酒支出及其收入.它们之间的相关系数分别是

$$r(X,Y) = 0.41, \quad r(X,Z) = 0.75, \quad r(Y,Z) = 0.72$$

[①] 易见 $\bar{\delta} = \sum_{i=1}^{n} \delta_i = 0$,因为

$$\sum_{i=1}^{n} \delta_i = \sum_{i=1}^{n} y_i - n\hat{a} - \hat{b}\sum_{i=1}^{n} x_i = n\bar{y} - n(\bar{y} - \hat{b}\bar{x}) - n\hat{b}\bar{x} = 0$$

由式(8.27)算出

$$r_{XY,Z} = \frac{0.41 - 0.75 \times 0.72}{\sqrt{(1-0.75^2)(1-0.72^2)}} \approx -0.28$$

烟、酒支出之间为正相关,但除去收入这个因素的影响后,其相关就变成负的了.这不难理解,因为一般说来,在收入一定的情况下,一个人要抽好烟,他在喝酒上就不能不委屈一些.

8.9 回归用于估计条件平均值

经验回归方程(8.14)(其中 $\hat{a},\hat{b}$ 由式(8.16)定出)的另一个应用,也许是更为重要的应用,即估计在固定 $X=x$ 时,Y 的条件平均值 $m(x)$.条件平均值的意思是指求平均不是对全部个体,而是对适合某种条件的全部个体.比方说,所有工资在 100 元以上的职工的平均工资;某国内所有 18 岁以上的男性的平均身高;在一大群人中,其身高为1.70米的所有男性的平均体重等.由这些例子看出,条件平均值是一个应用上常碰到的概念.这样,我们就有两个问题要讨论清楚.

(1) 已知变量 X 的值为 x,要据以预测变量 Y 的值 y.

(2) 给定变量 X 的值为 x,要估计在条件"$X=x$"之下,Y 的条件平均值 $m(x)$.

第一个问题我们在前面已讨论过了,现在我们要明确一下这两个问题的区别何在.

首先,第一个问题,我们在前面称为预测问题,其预测对象(Y)本身就有随机性.例如,要预测两个身高 1.70 米的人($X=1.70$)的体重 Y,相当于先把整个人群(总体)中,凡身高为 1.70 米的人都叫来关在一间房子里,让你从这房间里随机地抽出一人而预测其体重(你知道这房间中所有的人身高都是 1.70 米).因为这房间内人很多,其体重各不一样.在你实际抽出一个人之前,每个人都有可能被抽出,故事先并无一确定的预测答案(正确答案依赖你抽样的结果).由此看出,一般说来预测精度是颇低的.

第二个问题则不然,它只要求估计这个房间里(身高1.70米的人)所有人的平均体重.这个值是一个确定的值,不带随机性,其估计当然易于准确些.注意我们不称预测而称估计,是因为$m(x)$的值在给定x后就完全确定了.只要你有了数据式(8.12)并给了x,就可以去估计$m(x)$,而不需说明它是哪一个体的X指标值.第一个问题则不然,它必须明确X是哪一个体的x指标值,而预测的目标就是这一个体的Y指标值.

在许多应用问题中,这个估计$m(x)$的问题常比预测问题更重要.例如,X是影响产品质量指标Y的某种因素.现在我们把X的值控制在x,而希望估计在这种条件下生产出的全部产品的平均质量指标$m(x)$,这一般是我们最关心的.至于随机抽出一个产品,测得其X的值为x,而要据此去预测其质量指标的问题,用处则不大.当然,在有些应用中,预测是主要的目的.例如,根据某些因素预测未来某个时刻一种商品的价格.

交代了这个问题的性质及其与预测问题的区别后,我们来讨论估计$m(x)$的方法.答案很简单,设有了数据式(8.12),按式(8.16)算出$\hat{a},\hat{b}$,得经验回归方程(8.14),就用$\hat{a}+\hat{b}x$作为$m(x)$的估计.换句说,估计$m(x)$的结果与由x预测Y的结果完全一样.

读者会问,为什么这两个性质不一样的问题,其处理方法却相同?这是因为经验回归直线$y=\hat{a}+\hat{b}x$(图8.3)是与散点图拟合得最好的一条直线,它从"居中"的位置穿过这张图.因此,以这条直线x点处的纵坐标,即$\hat{a}+\hat{b}x$去估计$m(x)$是合理而自然的.

预测问题相当于从总体中抽了一个个体,除了知道这个个体落在图8.3中那两条虚线之间外,其他一无所知.要根据这一点信息去预测其纵坐标值.我们除了知道A点是这个范围内纵坐标比较居中的一点外,其他一无所知.我们一般不愿把预测值定在高低两个极端,因此我们选择点A,即与估计$m(x)$时一样.从图8.3也可看出,估计$m(x)$的精度一般比预测Y值(已知$X=x$)大.在图上两条虚线之间,点散布的范围(沿垂直方向)还很广,在这么广的范围内随机抽一个点而要预测其位置,当然是很不容易的.

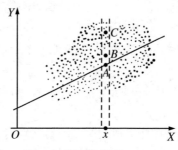

图 8.3 预测与估计 $m(x)$

直线是 $y = \hat{a} + \hat{b}x$. B 点的纵坐标是 $m(x)$,即图中 x 附近两条虚线之间 Y 的平均值,C 是 X 指标为 x(紧旁)的一个个体的指标点

估计 $m(x)$ 比知道 $X = x$ 去预测 Y 值要准,还可以从"区间估计"中清楚看出来.可以证明,$m(x)$ 的区间估计是

$$\hat{a} + \hat{b}x \pm \left[\frac{1}{n} + \frac{(x - \bar{x})^2}{\sum_{i=1}^{n}(x_i - \bar{x})^2}\right]^{1/2} \hat{\sigma} t_{n-2}(0.05) \qquad (8.28)$$

置信系数为 0.95(若要置信系数为 $1 - \alpha$,改 0.05 为 α 即可),即区间式(8.28)出错(不包含点 $m(x)$)的机会为 0.05.在同样的出错机会之下,区间式(8.28)的长度比预测区间式(8.25)要小.且当 n 很大时,区间式(8.28)的长一般很小,即当样本大小 n 很大时,$m(x)$ 可估计得很精确.式(8.25)则不然,不论 n 多大,其长始终不能小于 $2\hat{\sigma} t_{n-2}(0.05)$,而后者大于 $3.92\hat{\sigma}$.就是说,不论你以前积累的资料有多少,预测精度也不会超过一定的限度.这自然是因为预测对象是一个随机抽得的个体的 Y 值,抽样中随机性的影响是这次抽样固有的,并不因你过去积累的资料而消除.

式(8.28)中各记号的意义与式(8.25)一样,应用式(8.28)的条件

包括 X, Y 服从正态分布①,且散点图的趋势是直线型的.严格说来,式(8.25)和式(8.28)的应用,都要求有这样的条件: $m(x)$ 应有 $a+bx$ 的形状.但这个理论上的条件难于核验,一般只好看散点图的趋势,若它呈直线趋势,就认为上述理论上的条件基本成立.至于 X, Y 有正态分布一条,除了必要时可用统计方法去检验外,一般都是按理论指导和经验上的了解去接受它(或不接受它,此时式(8.25)、式(8.28)就不能用).

例 8.5 对例 8.1 的 10 个数据,已算出其经验回归方程为 $y = -21.06 + 49.6x$.现要估计身高为 1.62 米的男生的平均体重,则估计值仍为例 8.2 中算出的 59.29(千克),要算其区间估计(置信系数 0.95).先算出

$$\sqrt{\frac{1}{n} + \frac{(x - \bar{x})^2}{\sum_{i=1}^{n}(x_i - \bar{x})^2}} = \sqrt{\frac{1}{10} + \frac{(1.62 - 1.723)^2}{0.106\,21}} = 0.447$$

又前已算出 $\hat{\sigma} = 2.61$,而查 t 分布表,得 $t_{10-2}(0.05) = t_8(0.05) = 2.306$. $0.447 \times 2.61 \times 2.306 \approx 2.69$,故平均体重的区间估计为 $59.29 \pm 2.69 = [56.60, 61.98]$.这比在已知一男生身高 1.62 米时去预测其体重的结果(按式(8.25)算的)$59.29 \pm 6.59 = [52.70, 65.88]$ 要精确得多.

8.10 回归名称的由来

我们所讨论的问题是两变量 X, Y 之间的关系——通过 X 的值去预测 Y 的值等等.这个问题初一看与**回归**一词的含义风马牛不相及,怎么会冠以回归的名称呢?这有其历史上的原因.

19 世纪 80 年代高尔顿就开始思考父代和子代相似(身材、性格及其他种种特质)的问题,就是人们常说的遗传现象.我们知道,子代的

---

① 更确切地说,这要求只是针对 X 也是由观察所得,因而带随机性的情况(如抽出一人测其身高、体重).若 X 是在试验中可由人控制的变量,则不要求它有正态性.

特征有与父代相似的地方,但父代的特征并不能完全决定子代,即有的方面关系大些,有的则小些甚至无关.因此,这是一种典型的非确定型的相关关系.

高尔顿选择父母的平均身高(X)与其一子的身高(Y)的关系,作为研究对象.他观察了 1 074 对父母及其一子,将结果描成散点图,发现趋势近乎一直线.总的说是父母平均身高(X)增加时,其一子的身高(Y)也倾向于增加.这是意料中的结果,有意思的是,高尔顿发现这 1 074 对父母平均身高的平均值为 68 英寸[①]时,而 1 074 个儿子的平均身高为 69 英寸,比父母平均值大 1 英寸.于是自然地会推想,当父母平均身高为(比方说)72(英寸)时,其子的平均身高大致应为 $72+1=73$(英寸);父母平均身高为 64 英寸时,其子平均身高(指这 1 074 对父母中,所有那些平均身高为 64 英寸的父母的儿子的平均身高)应为 $64+1=65$(英寸).但观察结果却与此不符.高尔顿发现前一情况儿子身高平均为 71 英寸,反比父母平均值低;后一情况为 67 英寸,高于父母的平均值.

高尔顿对此的解释是:"大自然"有一种约束力,使人类身高在一定时期是相对稳定的.如果父母高(矮)了,其子女又比他们更高(矮),则人类的身材将向高矮两个极端分化."大自然"不这样做,它让身高有一种回归到中心的作用.例如,父母平均身高 72 英寸,这超过了平均值 68 英寸,所以这些父母属于高的一类,其子也倾向于属高的一类(其平均 71 英寸,大于子代平均 69 英寸),但不像父母离中心那么远($71-69<72-68$).反之,父母平均身高 64 英寸时,它小于平均值 68 英寸,这些父母属于矮的一类,其子也倾向于属矮的一类(其平均 67 英寸小于子代平均 69 英寸),但不像父母离中心那么远($69-67<68-64$).

因此,身高有回归于中心的趋势.由于这个性质,高尔顿就把"回归"这个词引进到问题的讨论中来,这就是该名称的由来.当然,这是

[①] 1 英尺 = 12 英寸 = 0.305 米.

本问题中特有的现象,在其他涉及两变量的关系中,多未必如此.因此,从全面看,"回归"这名称不见得恰当,但既经高尔顿这样的大家品题,后人又沿用成习,现在要提出修改这个名称,反觉得多此一举了.

高尔顿提出的"回归于中心"的趋势,相应于回归方程 $y = \hat{a} + \hat{b}x$,即 $(y - \bar{y}) = \hat{b}(x - \bar{x})$ 中, $0 < \hat{b} < 1$ 的事实(x——父母的平均身高,y——儿子的身高).当 x 大于平均值 $\bar{x}$ 时,属于高的一类.因 $\hat{b} > 0$,$y - \bar{y} > 0$,$y > \bar{y}$,y 也属高的一类.但因 $\hat{b} < 1$,$y - \bar{y}$ 小于 $x - \bar{x}$,即离中心近些.反方向的情况也相似.据公式(8.16),$\hat{b} = r \dfrac{s_2}{s_1}$,在此问题中,$r < 1$ 而 $\hat{b}$ 接近 1(父子两代身高情况变化很少),故 $r < \hat{b}$,因而必须有 $s_2 > s_1$,即子代身高方差大于父代身高方差.用通俗的语言说,一代一代身高不齐的程度愈来愈大,这与我们平日获得的粗浅印象符合.

8.11 几点注意事项

回归分析是统计学上应用最广的方法之一.国外有的计算中心在统计各类问题所占计算时间时,发现回归问题占了相当的比重,但是像许多统计方法那样,用得不当,也会将人引入歧途.现提出几点在应用中需要注意的地方.

1. 外推问题

比方说,以往在"化肥用量(X) - 产量(Y)"的关系上,积累了一些资料(即式(8.12)),并发现散点图趋势近乎直线,故直线回归可用.但要注意,如果我们积累的资料中,X 的值主要限于 30~40(斤)范围,则我们以后在使用由这些资料所建立的经验回归方程时,x 的值也应落在这个范围内或与之很接近.例如,用此方程我们可预测当 $X = 34$ 时 Y 的值,但用于预测 $X = 60$ 时 Y 的值则不可.凡是把应用范围推到原有数据范围之外(像此处,60 在(30,40)这区间之外)的做法,在统计上称为**外推**.一般有两种情况:一种情况是回归方程(或其他形式的预测方程,本书只提了线性回归一种)的建立,有充分可靠的理论根据.比方说,如果知道在给定 $X = x$ 时,Y 的条件平均值 $m(x)$ 有 $a +$

bx 的形式（只不知 a，b），且这个形式在我们应用所及的范围内确实成立，那么即使你在建立经验回归方程时，只用了一个较小范围的观察值，所建立的方程仍可作外推使用．但这种情况在实际问题中是少见的．另一种常见的情况是我们仅依据观察资料式(8.12)的直线趋势去建立经验回归方程．我们并无把握使这个直线趋势在更大的范围内仍能保持．而外推使用正好是建立在这种趋势仍能保持的前提下，因此就难免有问题．

拿此处的"施肥量－产量"来说，情况是再清楚不过了．在一定的范围内，施肥量的增加导致产量的增加．如果我们在 $[c,d]$ 范围内收集 X 数据，则我们将得出大体上的直线趋势，而配出回归直线 l．但在 e 点作外推使用时，结果很不理想．因为施肥过多对增产无益甚至有害，直线趋势只在一定范围内保持（图 8.4）．

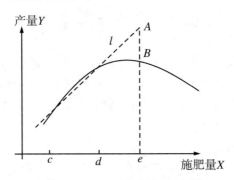

图 8.4　施肥量 X 与产量 Y 的关系

在 $c \leqslant X \leqslant d$ 范围内，Y 大致随 X 呈直线增长，过此范围则变缓而终归下降．如在 e 点用配出的线性回归方程（图中的 l）去预测产量，则将得 A，与真实值 B 相去甚远

总之，回归方程用于**内插**（在资料所在范围内使用）是可以的，而用于**外推**则务必慎重．

2. 回归系数的解释问题

为明确起见，我们先交代清楚，以下的讨论都是在回归方程可以使用（非外推）的情况下进行的．

设想我们建立了一个回归方程

$$y = \hat{a} + \hat{b}x \tag{8.29}$$

则从表面上看,当 X 增加(减少)c 单位时,Y(平均说)要增加(减少) $\hat{b}c$ 单位,不少人是这么理解的,有些书上也这么说,对不对? 我们说,也对也不对,要看具体情况而定.

我们知道,影响 Y 值的,除 X 外,还有许多其他变量(或称因素). 这些因素中有些是系统性的,可以为人所控制,而另一些属随机性的,是人所无法控制的.在有些应用中,人们在建立回归方程时,已把上面提到的那种系统因素控制在一定的水平上.在以后的应用中(用于预测等),若这些系统性因素仍如在建立回归方程时那样控制在同一水平上,则上述解释有效,否则就不行.如在"施肥量-产量"例子中,在建立回归方程时,已固定了播种量和一些管理上的因素.如果你以后种一块地,其播种量和管理因素与建立方程时相符,则确实当施肥量增加 c 千克时,产量平均说能增加 $\hat{b}c$ 千克.不然的话,如果你在种这块地时,播种量比原来建立方程时少,管理工作又做得差,你就是增加化肥施用量 c 千克,产量也不见得能增加 $\hat{b}c$ 千克.

在 (X, Y) 是由观察所得而更不能为人控制时,情况更复杂.比如,体重重的人身高一般也高.通过回归方程,你可算出,平均来说,体重每增加 1 千克,身高约增加 2 厘米.假如你观察一个人(当然这个人处在长身体时期),他在某时刻为 52 千克,身高为 158 厘米.到后来一个时候,你发现他长到 53 千克,你预测他身高约 160 厘米,这种用法合理,因一切是"听其自然"演变的.反之,一个胖子重 85 千克,使用强力的减肥措施,一个月内降至 75 千克,你预测他身高减少 20 厘米,恐怕就不合事实.原因是身高、体重都是大量因素综合作用的结果.你抓住其中一两个因素做不自然的改变,而不使其他因素相应改变(你无法做到这一点,因为因素极多,有的你甚至不了解),自然就会出错了.

在美国有人提到这样的例子,也很说明问题(此例当然只适用美国及与之类似的国家).受教育年限 X 与其收入 Y 有关.比方说,由回归方程算出,每增加一年教育,平均说来年收入增加 1 500 美元.如果你在路上随机地碰到两个人,根据他们受教育年限差 2 年,而预测(不是预测未来,是指你不知他们的收入)他们年收入约相差 3 000 美元,这种用法合理.但如你把一个中学程度的职工强使他多读一年书,而预测他能增加年收入 1 500 美元,则不合理.因为他之所以只读完中学就去工作,可能有其资质差和不好学的原因,而在你强令他多读一年书时,这一情况多半无根本变化,因而你作的预测也就要落空了.

总结起来,在使用回归方程时,

(1) 若 X 在试验中可控制,且在建立方程时,其他重要的可控因素已固定在某个水平上,如在以后某个情况下,上述重要的可控因素仍能维持在当时的水平上,则可用回归方程通过 X 的值去预测 Y 的值或估计 $m(x)$,否则就会出错.

(2) 若 X, Y 都是由观察所得,则只有当 x 是"自然地"观察到的某个体的 X 值时,才能根据回归方程去预测该个体的 Y 值.如想要通过有意识地改变某个体的 X 值,而希望使其 Y 值发生一种预期的改变,那就是缘木求鱼了.

附录 式(8.16)和式(8.26)的证明

1. 式(8.16)的证明

要找 a, b 的值,使式(8.15)定义的 L 达到最小.为此,把 $y_i - a - bx_i$ 写成 $(y_i - \hat{a} - \hat{b}x_i) + (\hat{a} - a) + (\hat{b} - b)x_i$,平方并逐次相加,得

$$L = \sum_{i=1}^{n}(y_i - a - bx_i)^2$$

$$= \sum_{i=1}^{n}(y_i - \hat{a} - \hat{b}x_i)^2 + n(\hat{a} - a)^2$$

$$\quad + (\hat{b} - b)^2 \sum_{i=1}^{n} x_i^2 + 2(\hat{a} - a)\sum_{i=1}^{n}(y_i - \hat{a} - \hat{b}x_i)$$

$$\quad + 2(\hat{b} - b)\sum_{i=1}^{n}(y_i - \hat{a} - \hat{b}x_i)x_i$$

$$+ 2(\hat{a} - a)(\hat{b} - b)\sum_{i=1}^{n} x_i \quad (8.30)$$

因为 $\hat{a} = \bar{y} - \hat{b}\bar{x}$，有 $y_i - \hat{a} - \hat{b}x_i = (y_i - \bar{y}) - \hat{b}(x_i - \bar{x})$，故得

$$\sum_{i=1}^{n}(y_i - \hat{a} - \hat{b}x_i) = \sum_{i=1}^{n}(y_i - \bar{y}) - \hat{b}\sum_{i=1}^{n}(x_i - \bar{x}) = 0 \quad (8.31)$$

由式(8.31)，得 $\sum_{i=1}^{n}(y_i - \hat{a} - \hat{b}x_i)\bar{x} = 0$，故

$$\sum_{i=1}^{n}(y_i - \hat{a} - \hat{b}x_i)x_i$$
$$= \sum_{i=1}^{n}[(y_i - \bar{y}) - \hat{b}(x_i - \bar{x})](x_i - \bar{x})$$
$$= \sum_{i=1}^{n}(y_i - \bar{y})(x_i - \bar{x}) - \hat{b}\sum_{i=1}^{n}(x_i - \bar{x})^2$$
$$= 0 \quad (8.32)$$

最后一步推理用到 $\hat{b}$ 的表达式(8.16)．又

$$\sum_{i=1}^{n} x_i = n\bar{x}$$
$$\sum_{i=1}^{n} x_i^2 = \sum_{i=1}^{n}[(x_i - \bar{x}) + \bar{x}]^2 = \sum_{i=1}^{n}(x_i - \bar{x})^2 + n\bar{x}^2 \quad (8.33)$$

于是，由式(8.30)~式(8.33)，得

$$L = \sum_{i=1}^{n}(y_i - \hat{a} - \hat{b}x_i)^2 + n(\hat{a} - a)^2$$
$$+ (\hat{b} - b)^2\sum_{i=1}^{n}(x_i - \bar{x})^2 + (\hat{b} - b)^2 n\bar{x}^2$$
$$+ 2(\hat{a} - a)(\hat{b} - b)n\bar{x} \quad (8.34)$$

又因

$$n(\hat{a} - a)^2 + n(\hat{b} - b)^2\bar{x}^2 + 2n(\hat{a} - a)(\hat{b} - b)\bar{x}$$
$$= [\sqrt{n}(\hat{a} - a) + \sqrt{n}(\hat{b} - b)\bar{x}]^2$$

再由式(8.34),得

$$L = \sum_{i=1}^{n}(y_i - \hat{a} - \hat{b}x_i)^2 + (\hat{b} - b)^2 \sum_{i=1}^{n}(x_i - \bar{x})^2$$

$$+ [\sqrt{n}(\hat{a} - a) + \sqrt{n}(\hat{b} - b)\bar{x}]^2 \quad (8.35)$$

右边最后两项皆非负,故不论 a,b 如何,都有

$$L \geqslant \sum_{i=1}^{n}(y_i - \hat{a} - \hat{b}x_i)^2 \quad (8.36)$$

要使式(8.36)的等号成立,必须有

$$(\hat{b} - b)^2 \sum_{i=1}^{n}(x_i - \bar{x})^2 = 0$$
$$\sqrt{n}(\hat{a} - a) + \sqrt{n}(\hat{b} - b)\bar{x} = 0 \quad (8.37)$$

因为 $\sum_{i=1}^{n}(x_i - \bar{x})^2 \neq 0$(否则 $x_1 = x_2 = \cdots = x_n$,所有点都在一条垂直线上,这种情况要排除),故必有 $b = \hat{b}$.再由 $b = \hat{b}$ 及式(8.37)后一式,知 $a = \hat{a}$.因此,由式(8.36)证明了 $\hat{a},\hat{b}$ 使 L 达到最小,且式(8.37)以下的推理证明了只有 $\hat{a},\hat{b}$ 才能使 L 达到最小.

2. 式(8.26)的证明

$$RSS = \sum_{i=1}^{n}(y_i - \hat{a} - \hat{b}x_i)^2$$

$$= \sum_{i=1}^{n}[(y_i - \bar{y}) - \hat{b}(x_i - \bar{x})]^2$$

$$= \sum_{i=1}^{n}(y_i - \bar{y})^2 + \hat{b}^2 \sum_{i=1}^{n}(x_i - \bar{x})^2$$

$$- 2\hat{b}\sum_{i=1}^{n}(x_i - \bar{x})(y_i - \bar{y}) \quad (8.38)$$

用 $\hat{b}$ 的表达式(8.16)及 $\hat{r}$ 的表达式(8.6),得

$$\hat{b}^2 \sum_{i=1}^{n}(x_i - \bar{x})^2 = \hat{b}\sum_{i=1}^{n}(x_i - \bar{x})(y_i - \bar{y})$$

$$= \frac{\left[\sum_{i=1}^{n}(x_i - \bar{x})(y_i - \bar{y})\right]^2}{\sum_{i=1}^{n}(x_i - \bar{x})^2}$$

$$= \hat{r}^2 \sum_{i=1}^{n}(y_i - \bar{y})^2$$

由此式及式(8.38),即得式(8.26).

第 9 章 方差分析法

9.1 基本思想

两物件的质量 a,b 都未知,把它们各放在一架天平上称若干次,要根据其结果来判断 a 和 b 是否相同.天平称量的结果带有随机误差,故通过称量结果对 a,b 作估计,其估计值不一定可靠.显然,这是一个假设检验格局的问题,在第 7 章曾用两样本 t 检验法处理过.

现在我们从另一个角度来考察这个问题,由此引出一个重要的思想——方差分析的思想.

以 $x_1,\cdots,x_m$ 记对 a 称量 m 次的结果,以 $x_{m+1},\cdots,x_n$ 记对 b 称量 $n-m$ 次的结果,全部试验数据为 $x_1,\cdots,x_n$.这组数据有一定的**散布度**,可以用

$$SS_T = \sum_{i=1}^n (x_i - \bar{x})^2 \quad \left(\bar{x} = \frac{1}{n}\sum_{i=1}^n x_i\right) \tag{9.1}$$

去衡量.把这个量记为 SS_T,是方差分析中的习惯记法,因在方差分析中,把这个量叫作**总平方和**,也有叫总变差平方和的.

为什么会形成这个散布度呢?显然有两个原因:一是 a,b 可能不同,这使全部数据 $x_1,\cdots,x_n$ 有两个"中心";二是随机误差的影响,使数据在每个中心附近有散布.a,b 差别愈大,前一条愈重要,即它在构成 SS_T 中占的份额大.若 $a=b$,则 SS_T 全部是由随机误差而来的.因此,若能把 SS_T 用适当方式分解为两部分:

$$SS_T = SS_1 + SS_2 \tag{9.2}$$

使 SS_1 和 SS_2 分别能反映在构成 SS_T 中,由"$a \neq b$"和"有随机误差"这两个原因所占的份额,可知 SS_1/SS_2 愈大,判断 $a \neq b$(就是说否定原

假设 $a=b$）就愈有理由.如果物件不止 2 个,而有 3 个、4 个,或一般地有 c 个,则上述思想仍适用.

现在我们把 c 个物件看成是一个因子的 c 水平,而物重则看成是与该因子有关的我们感兴趣的某项指标.例如,c 个玉米品种,指标是玉米的亩产量（千克）；或 c 种配方方案,指标是产品的强力,等等. SS_T 的分解式(9.2)可用于考察这 c 个水平对指标的作用是否有差异,或者说,因子对指标是否有影响[①].

这种思想可直接推广到多因子的试验中.设为试制一种新产品,其某项质量指标 X 可能与所用的配方以及一些工艺因子（例如反应温度和压力）有关.挑选了四种配方参加试验,又经过考虑,认为合适的反应温度应在 80~100 ℃ 范围内,于是选定了 80 ℃、85 ℃、90 ℃、95 ℃、100 ℃ 这五个值试验.类似地,在压力的一定范围内选定三个值进行试验.这是一个 $4\times5\times3$ 的试验,也可能只做其部分实施,或许还要分成若干个区组.试验的目的是要考察所选定的这些因子对产品质量指标有无显著影响.若某个因子,例如温度对质量指标无显著影响,则这个因子不重要,这意味着在以后的生产中,不必把温度控制在一定的水平上[②].若有显著影响,则需要进一步探究,在以后的生产中,此因子需要控制在怎样的水平上,才能取得良好的效果.

为此目的,设全部试验结果为 $x_1,\cdots,x_n$,按式(9.1)算出其总平方和 SS_T. SS_T 值的形成,或者说 $x_1,\cdots,x_n$ 之所以各不相同,是因为各次试验的配方、温度、压力有差别,以及存在随机误差.因此,如能设法把 SS_T 分解为几部分的和：

$$SS_T = SS_{配方} + SS_{温度} + SS_{压力} + SS_{区组} + SS_e \qquad (9.3)$$

其中 $SS_{配方}$ 是由于各次试验配方不尽相同而带来的平方和. $SS_{温度}$,

[①] 若 c 水平对指标的作用无差异,则不论你选择哪个水平都是一样的,故在改善这一指标的努力中,不必考虑该因子,这时称因子对指标无影响.

[②] 也有可能是因为试验规模不够大,或随机误差太大,或 80~100 ℃ 这个范围定得不恰当（真正对产品质量指标有影响的温度值不在此范围内）,必要时应重新安排试验,以作进一步的研究.

$SS_{压力}$，$SS_{区组}$也有类似的解释．SS_e则是因随机误差的存在而带来的平方和．当然，SS_T是否能作式(9.3)这样的分解，如何分解，取决于具体的设计——水平取多少个，多少部分实施，怎样分区组等．在第3章中我们曾提到，优良设计的一项标准是要便于以后的统计分析，现在可以把这一点说得更具体些：**设计要使得能作出像式(9.3)那样的分解**．

一经作出了像式(9.3)这种分解，则正如在分解式(9.2)中拿SS_1和SS_2相比一样，我们可以把式(9.3)右边前四项都与SS_e相比．若$SS_{配方}/SS_e$比值很大，则说明配方这个因子对质量指标所起的影响远比随机误差的影响大，因此它是一个值得注意的因子，统计学上把这说成**配方因子有显著性**．反之，若这个比值不大，则说明配方因子对质量指标所起的影响与随机误差所起的影响相同．因此在目前这个随机误差的水平上，这个因子没有什么重要作用，它在统计上没有显著性．

方差分析法是费希尔20世纪20年代在英国罗瑟姆斯泰德农业试验站工作时发展起来的．当时在该试验站有一个由卡·皮尔逊领导的统计分析室．费希尔于1921年来此工作后，即从事研究田间试验的设计及其统计分析的研究．关于田间设计的问题，在费希尔以前就有人作过研究并写了著作．但费希尔全面革新了设计的思想，提出了随机化、重复与分区组三大原则，奠定了统计试验设计的扎实基础．他还发展了方差分析法作为分析这种试验数据的有力方法（费希尔的第一篇方差分析论文是1923年发表的）．这种方法经过后来学者的研究大大推广和精确化，并用到其他领域中去了．试验设计和方差分析是统计学发展史上一座重要的里程碑．

有趣的是，在统计学近代发展的早期中，生物科学起了主要的推动作用．这里讲的费希尔在田间试验的研究中发现了试验设计和方差分析法是一个例子．更早一些，在1900年前后几十年里，高尔顿、皮尔逊和费希尔发展了一些统计方法是为了适应遗传学和优生学方面的需要．造成这种现象的原因，除了这些大师个人的因素外，可能主要是当时工业技术和比较精密的科学对统计方法的要求不迫切，而生物上变异性大，主要又是一门实验科学，因此统计方法就显得很重要．

在下面几节中我们将具体给出几种重要设计的方差分析形式,然后再讨论因子显著性的检验问题及有关的估计问题.

9.2 完全随机化设计

在第 3 章中,我们曾指出,完全随机化设计指的是不分区组,试验单元指给哪个处理,全凭实施随机化的结果.

设有 c 个玉米品种,要选一个品种在田间大面积播种.经过随机化设计,预先决定第 i 个品种重复 n_i 次(在 n_i 块试验地上种植).试验结果(每亩产量以千克计)为 $x_{i1}, x_{i2}, \cdots, x_{in_i}$ ($i = 1, \cdots, c$).全部数据

$$x_{11}, x_{12}, \cdots, x_{1n_1}; x_{21}, x_{22}, \cdots, x_{2n_2}; \cdots; x_{c1}, x_{c2}, \cdots, x_{cn_c} \quad (9.4)$$

的算术平均值为

$$\bar{x} = \sum_{i=1}^{c} \sum_{j=1}^{n_i} x_{ij} / n = \sum_{i=1}^{c} n_i \bar{x}_i / n$$

其中 $n = n_1 + n_2 + \cdots + n_c$, $\bar{x} = \sum_{j=1}^{n_i} x_{ij} / n_i$. 于是得到数据式(9.4)的总平方和为

$$SS_T = \sum_{i=1}^{c} \sum_{j=1}^{n_i} (x_{ij} - \bar{x})^2 \quad (9.5)$$

现在要设法把这个量分解为两部分,其一可解释为因各品种产量不同所引起的,另一则解释为因随机误差所引起的.为此,注意

$$(x_{ij} - \bar{x})^2 = [(x_{ij} - \bar{x}_i) + (\bar{x}_i - \bar{x})]^2$$
$$= (x_{ij} - \bar{x}_i)^2 + (\bar{x}_i - \bar{x})^2 + 2(\bar{x}_i - \bar{x})(x_{ij} - \bar{x}_i)$$

固定 i,对 j 从 1 到 n_i 求和.注意到 $\bar{x}_i - \bar{x}$ 在求和时保持不变,而 $\sum_{j=1}^{n_i} (x_{ij} - \bar{x}_i) = 0$,所以

$$\sum_{j=1}^{n_i} (x_{ij} - \bar{x})^2 = \sum_{j=1}^{n_i} (x_{ij} - \bar{x}_i)^2 + n_i (\bar{x}_i - \bar{x})^2$$

于是得到

$$SS_T = \sum_{i=1}^{c} n_i (\bar{x}_i - \bar{x})^2 + \sum_{i=1}^{c} \sum_{j=1}^{n_i} (x_{ij} - \bar{x}_i)^2$$
$$= SS_A + SS_e \tag{9.6}$$

这个分解满足所提的要求(已用 A 记"品种"这个因子).因为 $\bar{x}_i$ 是第 i 个品种(平均)产量的估计值,而 $\bar{x}$ 是 $x_1, \cdots, x_c$ 的加权平均 $\left(\bar{x} = \sum_{i=1}^{c} \frac{n_i}{n} \bar{x}_i, \text{而} \sum_{i=1}^{c} \frac{n_i}{n} = 1 \right)$,故如果各品种产量有较大差距,则 $\bar{x}_1, \cdots, \bar{x}_c$ 倾向于有较大差距,而 SS_A 将倾向于取较大的值,故 SS_A 这一项确实反映了因"品种"这个因子各水平的差别而在 SS_T 中作出贡献的部分,它称为**品种平方和**.至于 SS_e,因为 $x_{i1}, \cdots, x_{in_i}$ 是同一品种的 n_i 次重复试验的结果,故这组数据的散布度(以 $\sum_{j=1}^{n_i} (x_{ij} - \bar{x}_i)^2$ 来刻画)纯系由随机误差而来.因此 SS_e 确实是由随机误差的存在而引起的,它理所当然地称为**误差平方和**.

这样,我们在这一最简单的试验设计中,轻易地得出了其方差分解式(9.6).其实,式(9.6)右边第一项反映了数据式(9.4)的 c 个"中心"的散布程度,而第二项则反映了围绕各中心的散布程度.

为判定品种这个因子是否显著(这个提法解释得详细些,就是试验所得数据,对由于"品种不同而使产量有影响"这一点上,是否提供了"显著的证据".以后当我们谈到某因子是否显著时,都是按这个意思去理解),需要把 SS_A 与 SS_e 作比较.但在比较前,需要"规格化"一下,把每个平方和去除以其**自由度**,得平均平方和 MS_A 和 MS_e.

(1) SS_A 的自由度为 $c-1$,等于其水平数 c 减 1.读者可能奇怪,为什么自由度不等于水平数而要减去 1 呢?原因是若只有一个品种,则无比较的余地,自由度为 0;若有两个品种,则有一个比较,自由度为 1;若有三个品种,则有两个"独立"的比较(第 2,3 个与第 1 个比较;第 2,3 个之间的比较可通过它们与第 1 个的比较转算出来,不是独立的比较).以此类推,可知道水平数为 c 的因子,自由度应定为 $c-1$,而其

平均平方和为 $MS_A = SS_A/(c-1)$.

(2) SS_e 的自由度为 $\sum_{i=1}^{c}(n_i - 1) = n - c$.这有两个算法,一是第 i 品种的 n_i 个数据有 $n_i - 1$ 个自由度给予误差,总共为 $\sum_{i=1}^{c}(n_i-1)$,即 $n-c$;另一个算法是,一共有 $n = n_1 + \cdots + n_c$ 个数据,其自由度为 $n-1$(这一点在第 5 章讲 t 分布的自由度时已提到过了),其中品种占了 $c-1$ 个自由度,剩下有 $(n-1)-(c-1)$ 个自由度给予误差平方和.这后一算法的优点是:在较复杂的试验设计中,直接算误差平方和 SS_e 的自由度不易,但其他各项的自由度易算.把总自由度 $n-1$ 减去其他各项自由度的和,就得到 SS_e 的自由度.

误差平均平方和为 $MS_e = SS_e/(n-c)$.把以上计算的结果列成表 9.1,它称为完全随机化的**方差分析表**.

表 9.1

项目	SS	自由度	MS	F 比	显著性
品种(A)	SS_A	$c-1$	MS_A	MS_A/MS_e	(待定)
误差	SS_e	$n-c$	MS_e	—	—
总和	SS_T	$n-1$	—	—	—

(凡未填的栏都不计算)F 比这名称的来由及显著性的定法将在后面解释.

例 9.1 设有三个玉米品种甲、乙、丙.划出 12 块面积形状一样和条件相似的地块.用随机化的方法决定其中 4 块给品种甲,5 块给品种乙,3 块给品种丙,试验结果(千克/亩)如下:

甲:390,410,372,385;

乙:375,348,354,364,362;

丙:413,383,408.

全部 12 个数据的平均为 377,总平方和为

$$(390-377)^2 + (410-377)^2 + \cdots + (408-377)^2 = 5\,408$$

自由度为 12 - 1 = 11.因为
$$\bar{x} = 377, \quad \bar{x}_甲 = 379.25$$
$$\bar{x}_乙 = 360.60, \quad \bar{x}_丙 = 401.33$$
$$n_1 = 4, \quad n_2 = 5, \quad n_3 = 3$$
所以算出品种平方和为
$$SS_A = 4(379.25 - 377)^2 + 5(360.6 - 377)^2 + 3(401.33 - 377)^2$$
$$= 3\,141.383$$
自由度为 3 - 1 = 2.相减得误差平方和
$$SS_e = 5\,408 - 3\,141.383 = 2\,266.617$$
自由度为 $n - c = 12 - 3 = 9$.故
$$MS_A = \frac{3\,141.383}{2} = 1\,570.692$$
$$MS_e = \frac{2\,266.617}{9} = 251.846$$
列成方差分析表,见表 9.2.

表 9.2 例 9.1 的方差分析

项目	SS	自由度	MS	F 比	显著性
品种(A)	3 141.383	2	1 570.692	6.237	*
误差	2 266.617	9	251.846	—	
总和	5 408	11	—	—	

显著性一栏标一个"*"号,其意义将在后面解释.

9.3 随机区组设计

设有 c 个玉米品种,在 d 个区组内进行试验,每区组包含 c 个试验单元,即 c 块大小形状一样而条件很接近的地块.在各区组内分别施行随机化,以决定哪个品种占哪块地.现以 x_{ij} 记第 i 品种在第 j 区组内的试验结果(千克/亩),$i = 1, \cdots, c, j = 1, \cdots, d$,共有 $n = cd$ 个试验

结果,它们的算术平均值是

$$\bar{x} = \sum_{i=1}^{c} \sum_{j=1}^{d} x_{ij}/n \quad (n = cd)$$

总平方和是

$$SS_T = \sum_{i=1}^{c} \sum_{j=1}^{d} (x_{ij} - \bar{x})^2$$

现在要把 SS_T 分解为三部分:

$$SS_T = SS_A + SS_I + SS_e$$

其中 SS_A 为品种平方和,反映品种间差异对 SS_T 贡献的部分;SS_I 为**区组平方和**,反映区组间条件的差异(它使 x_{ij} 有更大的散布)对 SS_T 贡献的部分;SS_e 为误差平方和,其意义见前文.为此目的,引进以下的平均值:

品种 i(因子 A 的水平 i)的平均

$$x_{i\cdot} = \sum_{j=1}^{d} x_{ij}/d \quad (i = 1,\cdots,c)$$

区组 j 的平均

$$x_{\cdot j} = \sum_{i=1}^{c} x_{ij}/c \quad (j = 1,\cdots,d)$$

$x_{i\cdot}$,$x_{\cdot j}$ 这种记法在方差分析中很通用,哪个位置打一个点,就表明对哪个下标取平均(其他下标固定).易见

$$\sum_{i=1}^{c} (x_{i\cdot} - \bar{x}) = \sum_{j=1}^{d} (x_{\cdot j} - \bar{x}) = 0 \tag{9.7}$$

$$\sum_{i=1}^{c} (x_{ij} - x_{i\cdot} - x_{\cdot j} + \bar{x}) = 0 \quad (j = 1,\cdots,d) \tag{9.8}$$

$$\sum_{j=1}^{d} (x_{ij} - x_{i\cdot} - x_{\cdot j} + \bar{x}) = 0 \quad (i = 1,\cdots,c) \tag{9.9}$$

式(9.7)很显然.为证式(9.9),只要注意到 $\sum_{j=1}^{d}(\bar{x} - x_{\cdot j}) = 0$,$\sum_{j=1}^{d}(x_{ij} - x_{i\cdot}) = 0$,以及

$$\sum_{j=1}^{d}(x_{ij}-x_{i.}-x_{.j}+\bar{x}) = \sum_{j=1}^{d}(x_{ij}-x_{i.}) + \sum_{j=1}^{d}(\bar{x}-x_{.j})$$

即可.式(9.8)的证明与式(9.9)相似.现有

$$(x_{ij}-\bar{x})^2 = [(x_{i.}-\bar{x})+(x_{.j}-\bar{x})+(x_{ij}-x_{i.}-x_{.j}+\bar{x})]^2$$
$$= (x_{i.}-\bar{x})^2 + (x_{.j}-\bar{x})^2 + (x_{ij}-x_{i.}-x_{.j}+\bar{x})^2$$
$$+ 2(x_{i.}-\bar{x})(x_{ij}-x_{i.}-x_{.j}+\bar{x})$$
$$+ 2(x_{.j}-\bar{x})(x_{ij}-x_{i.}-x_{.j}+\bar{x})$$
$$+ 2(x_{i.}-\bar{x})(x_{.j}-\bar{x}) \tag{9.10}$$

把式(9.10)对 i,j 求和,则后三项之和为 0.这是因为从式(9.7)~式(9.9),可得

$$\sum_{i=1}^{c}\sum_{j=1}^{d}(x_{i.}-\bar{x})(x_{.j}-\bar{x}) = \sum_{i=1}^{c}(x_{i.}-\bar{x})\sum_{j=1}^{d}(x_{.j}-\bar{x})$$
$$= 0$$

$$\sum_{i=1}^{c}\sum_{j=1}^{d}(x_{i.}-\bar{x})(x_{ij}-x_{i.}-x_{.j}+\bar{x})$$
$$= \sum_{i=1}^{c}(x_{i.}-\bar{x})\sum_{j=1}^{d}(x_{ij}-x_{i.}-x_{.j}+\bar{x}) = 0$$

等等.再注意到

$$\sum_{i=1}^{c}\sum_{j=1}^{d}(x_{i.}-\bar{x})^2 = d\sum_{i=1}^{c}(x_{i.}-\bar{x})^2 \tag{9.11}$$

$$\sum_{i=1}^{c}\sum_{j=1}^{d}(x_{.j}-\bar{x})^2 = c\sum_{j=1}^{d}(x_{.j}-\bar{x})^2 \tag{9.12}$$

即得

$$SS_T = \sum_{i=1}^{c}\sum_{j=1}^{d}(x_{ij}-\bar{x})^2$$
$$= d\sum_{i=1}^{c}(x_{i.}-\bar{x})^2 + c\sum_{j=1}^{d}(x_{.j}-\bar{x})^2$$
$$+ \sum_{i=1}^{c}\sum_{j=1}^{d}(x_{ij}-x_{i.}-x_{.j}+\bar{x})^2 \tag{9.13}$$

这就是所要求的总平方和分解式,右边三项可分别记为 SS_A(A 表"品

种"这个因子),SS_I(I 表区组)和 SS_e.它们分别反映品种、区组和随机误差对 SS_T 的贡献.前两项的解释与以前一样.例如,$x._1,\cdots,x._d$ 分别是 d 个区组内试验结果的平均.当各区组的条件有较大差异时,$x._1,\cdots,x._d$ 这 d 个平均值倾向于有较大的差异,而这将使 SS_I 增大.最后一项为误差平方和,可从两个途径去看:其一是既然品种和区组对总平方和的贡献已除去了,剩下的只能是随机误差的贡献.另一个是:设随机误差根本不存在,则 x_{ij} 应有 a_i+b_j 的形式,a_i 和 b_j 分别反映品种 i 和区组 j 对产量的贡献,则有

$$x_i. = a_i + \bar{b}, \quad x._j = \bar{a} + b_j, \quad \bar{x} = \bar{a} + \bar{b}$$

其中 $\bar{a} = \sum_{i=1}^{c} a_i/c, \bar{b} = \sum_{j=1}^{d} b_j/d$.故有

$$x_{ij} - x_i. - x._j + \bar{x}$$
$$= (a_i + b_j) - (a_i + \bar{b}) - (\bar{a} + b_j) + (\bar{a} + \bar{b})$$
$$= 0$$

因此将有 $SS_e = 0$.就是说,随着随机误差的消失,SS_e 也消失了.这可以作为 SS_e 是由随机误差所引起的一种证明.

SS_A,SS_I,SS_e 的自由度分别为 $c-1,d-1$,以及

$$(cd-1) - (c-1) - (d-1) = cd - c - d + 1$$
$$= (c-1)(d-1)$$

前两个自由度算法的理由前面已经解释过了.SS_e 的自由度是根据总自由度(即 $n-1$,等于 $cd-1$)减去其他各项的自由度而得到的,直接算 SS_e 的自由度在此已较困难.这样得出下述方差分析表,见表 9.3.

表 9.3

项 目	SS	自由度	MS	F 比	显著性
品种(A)	SS_A	$c-1$	MS_A	MS_A/MS_e	(待定)
区组(I)	SS_I	$d-1$	MS_I	MS_I/MS_e	(待定)
误差	SS_e	$(c-1)(d-1)$	MS_e	—	—
总和	SS_T	$cd-1$		—	—

$MS = SS/$自由度.

把式(9.11)、式(9.12)与完全随机化设计下品种平方和的公式 $SS_A = \sum_{i=1}^{c} n_i (\bar{x}_i - \bar{x})^2$ 相比,我们看出,虽说这两种设计不一样,区组和品种意义上也有差别,但其形式却一样,都是

$$\text{平方和} = \sum \text{水平 } i \text{ 的重复度} \cdot (\text{水平 } i \text{ 的平均} - \text{总平均})^2$$
(9.14)

求和是对一切水平 i.例如,在随机区组设计中,品种每水平重复 d 次(在每区组内有一次).又如形式上把区组看作一个因子,则这"因子"有 d 个水平(每一区组是一个水平),且每水平重复 c 次(因为属于同一区组的有 c 个试验结果).检查式(9.11)、式(9.12),看出它们都符合式(9.14).

例 9.2 设有四个品种 1,2,3,4.在 5 个区组 1,2,3,4,5 内做随机区组试验,结果为表 9.4(单位:千克/亩).

表 9.4

区组 品种	1	2	3	4	5
1	292	316	325	313	326
2	310	318	317	345	339
3	320	319	310	320	357
4	350	318	331	353	339

这 20 个数据的总平均为 $\bar{x} = 325.9$.各品种各区组的平均分别为

$x_{1\cdot} = 314.4, \quad x_{2\cdot} = 325.8, \quad x_{3\cdot} = 325.2, \quad x_{4\cdot} = 338.2$

$x_{\cdot 1} = 318, \quad x_{\cdot 2} = 317.75, \quad x_{\cdot 3} = 320.75$

$x_{\cdot 4} = 332.75, \quad x_{\cdot 5} = 340.25$

总平方和为

$SS_T = (292 - 325.9)^2 + \cdots + (339 - 325.9)^2$ (共 20 项)
$= 5\,257.8$

品种与区组的平方和分别为

$$SS_A = 5\left[(314.4 - 325.9)^2 + \cdots + (338.2 - 325.9)^2\right]$$
$$= 1\ 420.2$$
$$SS_I = 4\left[(318 - 325.9)^2 + \cdots + (340.25 - 325.9)^2\right]$$
$$= 1\ 632.8$$

SS_e 由相减得到:
$$SS_e = SS_T - SS_A - SS_I = 2\ 204.8$$

它们的自由度分别是 $4-1=3, 5-1=4, 3\times 4=12$. 故 $MS_A = 1\ 420.2/3 = 473.4, MS_I = 1\ 632.8/4 = 408.2, MS_e = 2\ 204.8/12 = 183.73$. 方差分析表如表 9.5 所示.

表 9.5　例 9.2 的方差分析

项　目	SS	自由度	MS	F 比	显著性
品种(A)	1 420.2	3	473.4	2.58	
区组(I)	1 632.8	4	408.2	2.22	
误差	2 204.8	12	183.73	—	—
总和	5 257.8	19	—	—	—

显著性一栏都未填,表示未达到显著.

9.4　对　比　试　验

当品种只有两个,或当有两个对象需要比较时(这两个对象看成一个因子的两个水平),相应的完全随机区组试验叫**对比试验**.一个最显著的例子是两个同卵双生兄弟(或姊妹)构成一个区组.当要研究(比如说)两种不同的教育方法、两种不同的营养配餐,以及两种不同的后天因素对个体某项指标的影响时,使用同卵双生的人作为试验对象,可免除由遗传因素不同而带来的干扰.其他如要比较两种不同的化学分析法,而每份材料只够分成两半做试验;若干个品酒师比较两种酒,每一位对两种酒各品尝一次这类设计,都属于成对比较.

设要比较的两个品种为 1,2.其平均产量分别为 a 和 b.在第 i 区组内,两品种的试验结果分别为 x_{1i} 和 x_{2i} ($i = 1, \cdots, n$).这样,品种 1

有 n 个试验结果 $x_{11},\cdots,x_{1n}$,品种 2 也有 n 个试验结果 $x_{21},\cdots,x_{2n}$.要检验的原假设为"$a=b$".若各区组的条件一致,且假定试验值服从正态分布,则这个问题可用第 5 章介绍的两样本 t 检验去解决.但此处不行,因各区组条件不一.事实上,两品种在不同区组内的平均产量各不相同,第 i 个区组内品种 $1,2$ 的平均产量分别应为 $a+g_i$ 和 $b+g_i$.g_i 的值与 i 有关,反映该区组条件的优劣,条件愈优,g_i 愈大.$g_1,\cdots,g_n$ 都是未知的.

但如果我们令 $Y_i=x_{2i}-x_{1i}$,并记 $h=b-a$,则 Y_i 的均值 $E(Y_i)=(b+g_i)-(a+g_i)=b-a=h$,与 i 无关.再加上正态性假定,则 $Y_1,\cdots,Y_n$ 是从正态分布 $N(h,\sigma^2)$ 中抽得的样本,要检验的原假设是"$h=0$".这个问题属于第 5 章介绍的一样本 t 检验的范围,做法是算出

$$\bar{Y}=\sum_{i=1}^n Y_i/n, \quad s^2=\frac{1}{n-1}\sum_{i=1}^n(Y_i-\bar{Y})^2 \qquad (9.15)$$

并给定检验水平 α,则当

$$|\sqrt{n}\bar{Y}/s|>t_{n-1}(\alpha) \qquad (9.16)$$

时否定原假设 $h=0$,即 $a=b$,不然就不否定.也可得出 $b-a$ 的置信系数 $1-\alpha$ 的区间估计为 $\bar{Y}\pm\dfrac{s}{\sqrt{n}}t_{n-1}(\alpha)$.

我们这里要指出的是,检验式(9.16)与我们用方差**分析法得出的一致**.为此,注意到

$$x_{\cdot i}=\frac{1}{2}(x_{1i}+x_{2i}), \quad \bar{x}=\frac{1}{2}(x_{1\cdot}+x_{2\cdot})$$

$$x_{2\cdot}-x_{1\cdot}=\bar{Y} \quad (Y_i=x_{2i}-x_{1i} \text{ 已定义})$$

有

$$x_{1i}-x_{1\cdot}-x_{\cdot i}+\bar{x}$$
$$=x_{1i}-x_{1\cdot}-\frac{1}{2}(x_{1i}+x_{2i})+\frac{1}{2}(x_{1\cdot}+x_{2\cdot})$$
$$=\frac{1}{2}(x_{1i}-x_{2i})-\frac{1}{2}(x_{1\cdot}-x_{2\cdot})$$

$$= \frac{1}{2}(\bar{Y} - Y_i)$$

同法算得 $s_{2i} - x_{2.} - x_{.i} + \bar{x} = \frac{1}{2}(Y_i - \bar{Y})$,故

$$SS_e = \sum_{i=1}^{n}(x_{1i} - x_{1.} - x_{.i} + \bar{x})^2 + \sum_{i=1}^{n}(x_{2i} - x_{2.} - x_{.i} + \bar{x})^2$$

$$= \sum_{i=1}^{n}\left[\frac{1}{2}(\bar{Y} - Y_i)\right]^2 + \sum_{i=1}^{n}\left[\frac{1}{2}(Y_i - \bar{Y})\right]^2$$

$$= \frac{1}{2}\sum_{i=1}^{n}(Y_i - \bar{Y})^2 = \frac{1}{2}(n-1)s^2 \quad (s^2 \text{ 见式}(9.15))$$

自由度为 $(c-1)(d-1) = (2-1)(n-1) = n-1$,故 $MS_e = \frac{1}{2}s^2$. 又

$$SS_A = n[(x_{1.} - \bar{x})^2 + (x_{2.} - \bar{x})^2]$$

$$= n\left\{\left[x_{1.} - \frac{1}{2}(x_{1.} + x_{2.})\right]^2 + \left[x_{2.} - \frac{1}{2}(x_{1.} + x_{2.})\right]^2\right\}$$

$$= n(x_{2.} - x_{1.})^2 = \frac{1}{2}(n-1)\bar{Y}^2$$

其自由度为 $2-1=1$,故 $MS_e = SS_e = \frac{1}{2}n\bar{Y}^2$.二者之比为

$$\frac{MS_A}{MS_e} = \frac{n\bar{Y}^2}{s^2}$$

"因子(即品种)对产量无影响"相当于原假设"$a=b$".按方差分析的思想,此假设应当在 MS_A/MS_e 足够大时被否定,即在 $|\sqrt{n}\bar{Y}/s|$ 足够大时被否定,这就是检验式(9.16).只是在式(9.16)中,我们利用 t 分布明确定出了否定的界限 $t_{n-1}(\alpha)$.

  以上的讨论是就两个玉米品种的比较来写的.不言而喻,这个讨论适用于任意两个对象的对比试验.

  有一点值得提出一下,如果全体 $2n$ 个试验单元的条件都一致,则无必要分区组,而可以用两样本 t 检验去处理,这时自由度为 $2n-2$. 因试验单元不均匀而分区组后,只能用一样本 t 检验去处理,自由度

降为 $n-1$，只有原来的一半．自由度的下降相当于样本的损失（即：虽然我们有 $2n$ 个试验数据，但其作用只相当于在全体试验单元条件一致的情况下，$2n-(n-1)=n+1$ 个试验数据）．这损失的 $n-1$ 个自由度到哪里去了呢？原来在本设计中，"区组"有 $n-1$ 个自由度，在过渡到 $Y_i = x_{2i} - x_{1i}$ 时，我们已把区组的作用消去了，为做到这一点，付出了 $n-1$ 个自由度的代价．或改一个说法，那 $n-1$ 个自由度其实并未损失，它仍有用——用于比较各区组条件是否均匀．但这一点与我们直接研究的目的无关．

9.5 拉丁方设计

在第 3 章曾提到拉丁方设计可用于两种情况：一是只有一个因子（如在 n 个玉米品种的试验中，唯一的因子就是"品种"，这时拉丁方的行列起着"双向区组"的作用，即为消除朝两个方向上可能有的系统误差）；二是三因子各 n 水平试验（n^3 试验）的 $1/n$ 实施．如图 9.1 的三阶拉丁方，作为三个玉米品种 1, 2, 3 的田间试验，标明了各品种占哪块地．行列起双向区组作用．但若有 A, B, C 三个因子，其中 A 的水平由行区分，B 由列区分，而 C 由图中的数字区分，则这个拉丁方表示 3^3 试验的一个 $1/3$ 实施，做试验的 9 个处理为

$$(111),(122),(133),(212),(223),(231)$$
$$(313),(321),(332)$$

但不论是哪种情况，方差分析的程序是一样的．为确定计，设有 $A, B,$ C 三个因子，各有 n 水平，取定了一个 n 阶拉丁方，由它定出一个 $1/n$ 部分实施（具体哪些处理做试验，当然要看所取的具体拉丁方）．

1	2	3
2	3	1
3	1	2

图 9.1

以 x_{ijk} 记 (ijk) 这个处理(即 A 取水平 i, B 取水平 j, C 取水平 k)的试验结果. i, j, k 可取 $1, 2, \cdots, n$ 等值,但不是每一个这范围内的三元组都可以取.一共有 n^2 个 (ijk),它满足对固定的 i(当然是在 1 到 n 之间,下同), j, k 都是由 1 到 n 各取一次.对固定的 j, i, k 都是由 1 到 n 各取一次.这是拉丁方定义的直接结果.由此可以推出,对固定的 k, i, j 也是从 1 到 n 各取一次.

把 A 的 i 水平试验结果平均值记为 $x_{i..}$, $x_{.j.}$ 和 $x_{..k}$ 的意义类推.要注意的是, $x_{i..}$ 不是像以前那样对其他下标无限制地求平均,而是要在拉丁方格局的限制下.例如

$x_{1..}$ = 在设计中规定要做试验而得出的 x_{ijk} 中,凡 $i=1$ 者都加起来,再除以 n

其他意义自然与此类似.总平均记为 $\bar{x}$.

利用式(9.14),注意到各因子各水平都是重复 n 次,即算得

$$SS_A = n \sum_{i=1}^{n} (x_{i..} - \bar{x})^2 \qquad (9.17)$$

$$SS_B = n \sum_{j=1}^{n} (x_{.j.} - \bar{x})^2 \qquad (9.18)$$

$$SS_C = n \sum_{k=1}^{n} (x_{..k} - \bar{x})^2 \qquad (9.19)$$

总平方和仍如前,为 $SS_T = \sum_{(ijk)} (x_{ijk} - \bar{x})^2$.当然,这里只能对那些实际做了试验的 (ijk) 去求和.相减,得误差平方和

$$SS_e = SS_T - (SS_A + SS_B + SS_C) \qquad (9.20)$$

SS_A, SS_B, SS_C 的自由度都是 $n-1$(n 为水平数).又因为总自由度为 n^2-1,故 SS_e 的自由度为

$$\begin{aligned} n^2 - 1 - 3(n-1) &= n^2 - 3n + 2 \\ &= (n-1)(n-2) \end{aligned} \qquad (9.21)$$

这样就可列出拉丁方试验设计的方差分析表,见表 9.6.

表 9.6

项目	SS	自由度	MS	F 比	显著性
A	SS_A	$n-1$	MS_A	MS_A/MS_e	(待定)
B	SS_B	$n-1$	MS_B	MS_B/MS_e	(待定)
C	SS_C	$n-1$	MS_C	MS_C/MS_e	(待定)
误差	SS_e	$(n-1)(n-2)$	MS_e	—	—
总和	SS_T	n^2-1			

读者可能会有疑问,公式(9.14)毕竟是在两个特例中得出的,其普遍性如何尚不知道,特别是在此处的拉丁方设计下是否适用.在理论上可以证明公式(9.14)的广泛适用性,但此处我们不必求助于这个理论,而可以仿照以前的做法,从

$$x_{ijk} - \bar{x} = (x_{1..} - \bar{x}) + (x_{.j.} - \bar{x}) + (x_{..k} - \bar{x}) + (x_{ijk} - x_{i..} - x_{.j.} - x_{..k} + 2\bar{x})$$

出发,两边平方,再对设计中容许的一切(ijk)求和,则左边得 SS_T.右边四个项平方之和中,前三项不难看出依次为 SS_A,SS_B 和 SS_C.例如,取

$$\sum_{(ijk)} (x_{i..} - \bar{x})^2 \tag{9.22}$$

这一项观察.固定 i 时,按拉丁方性质,(jk)容许的对子数(即那些 jk,它与 i 配成 ijk 后,出现在设计规定要做试验的处理中)为 n.故得知式(9.22)即为式(9.17).第四个平方和为

$$\sum_{(ijk)} (x_{ijk} - x_{i..} - x_{.j.} - x_{..k} + 2\bar{x})^2$$

直接算不方便,用式(9.20)更好些.另外,还有六个交叉乘积和,它们根据前面提到的性质(i,j,k 中固定一个时,另两个从 1 到 n 各取 1 次),都等于 0.例如

$$\sum_{(ijk)} (x_{i..} - \bar{x})(x_{ijk} - x_{i..} - x_{.j.} - x_{..k} + 2\bar{x})$$

先固定 i,对 j,k 求和,则在这条件下,x_{ijk} 的和为 $nx_{i..}$,$x_{i..}$ 的和为 $nx_{i..}$,$x_{.j.}$ 与 $x_{..k}$ 之和都是 $n\bar{x}$,而 $2\bar{x}$ 的和为 $2n\bar{x}$.故此式固定 i 时

对 j,k 求和的结果为 0.

还有一个问题就是怎样能把式(9.17)~式(9.20)定义的量解释为因子 A,B,C 和误差对总平方和的贡献.前三者与前面讨论的两种设计相同.式(9.20)的解释也与我们在随机区组设计场合给出的一样,可以从两个角度去看.

例 9.3 为考察配方、原材料和设备对一种产品质量指标的影响,把这 3 个因子各取 3 个水平,取图 9.1 的拉丁方已做成这 3^3 试验的 1/3 实施.9 次试验的结果如图 9.2(括号内的数字是试验结果)所示.这里我们是以行表示配方,列表示原材料,拉丁方中的数字表示设备.例如,205 这个数,是用第二种配方、第一种原材料和第二种设备做试验的结果.

1 (168)	2 (203)	3 (223)
2 (205)	3 (250)	1 (291)
3 (277)	1 (297)	2 (345)

图 9.2

9 个数据的平均为 $\bar{x}=251$.各因子各水平的平均为

$$x_{1..}=198, \quad x_{2..}=746/3, \quad x_{3..}=919/3$$
$$x_{.1.}=650/3, \quad x_{.2.}=250, \quad x_{.3.}=859/3$$
$$x_{..1}=252, \quad x_{..2}=251, \quad x_{..3}=250$$

算得

$$SS_T=(168-251)^2+\cdots+(345-251)^2 \quad (共 9 项)$$
$$=25\,322$$
$$SS_A=3[(198-251)^2+(746/3-251)^2+(919/3-251)^2]$$
$$=52\,886/3$$
$$SS_B=3[(650/3-251)^2+(250-251)^2+(859/3-251)^2]$$
$$=7\,282$$

$$SS_C = 3[(252-251)^2 + (251-251)^2 + (250-251)^2]$$
$$= 6$$
$$SS_e = 25\,322 - 52\,886/3 - 21\,846/3 - 6 = 1\,216/3$$

方差分析如表 9.7 所示. 注意 SS_A, SS_B, SS_C 和 SS_e 的自由度分别为 2, 2, 2 和 $(3-1)(3-2)=2$.

表 9.7　例 9.3 的方差分析

项 目	SS	自由度	MS	F 比	显著性
配方	52 886/3	2	26 443/3	43.49	*
原材料	7 282/3	2	3 641/3	5.99	
设备	6	2	3	0.015	
误差	1 216/3	2	608/3	—	—
总和	25 322	8		—	—

显著性一栏的解释以后再讲.

9.6　正交表设计

我们举例来说明正交表设计的方差分析法. 例子中说明的算法对一般情况也适用.

例 9.4　设要通过试验去考察配方、反应温度和反应压力对一种产品的某项质量指标的影响. 对配方取 4 个水平, 温度和压力各取 2 个水平, 这个 $4 \times 2 \times 2$ 试验的全面实施共 16 次, 做其 1/2 实施, 共 8 次, 且在两个区组内进行.

根据第 3 章所述, 这里应选择正交表 $L_8(4 \times 2^4)$ 来安排. 配方因子应安排在 4 水平列上, 其余两因子可任意安排在其他两列, 且区组也可以像因子那样占一列. 设计如表 9.8 所示, 试验结果写在表 9.8 的最右边一列. 行号又称**试验号**(不是指试验次序). 例如, 第一号试验为 (1111), 表示三因子都取水平 1, 且试验在第一区组内进行, 结果为 134; 第五号试验为 (3121), 表示配方因子取水平 3, 温度取水平 1, 压力取水平 2, 在第一区组内进行, 结果为 268; 等等.

第9章 方差分析法

表 9.8

列号 行号	1 (配方)	2 (温度)	3 (压力)	4 (区组)	5	试验结果
1	1	1	1	1	1	134
2	1	2	2	2	2	220
3	2	1	1	2	2	188
4	2	2	2	1	1	242
5	3	1	2	1	2	268
6	3	2	1	2	1	290
7	4	1	2	2	1	338
8	4	2	1	1	2	320

8 个试验结果的平均为 250. 故总平方和为

$$SS_T = (134-250)^2 + \cdots + (320-250)^2 \quad (共 8 项)$$
$$= 32\,832$$

再算出各因子各水平试验结果的平均值. 按配方、温度、压力、区组的次序,沿用前面的记号,有

$$x_{1\cdots} = \frac{134+220}{2} = 177, \quad x_{2\cdots} = 215$$

$$x_{3\cdots} = 279, \quad x_{4\cdots} = 329$$

$$x_{\cdot 1 \cdot \cdot} = \frac{134+188+268+338}{4} = 232, \quad x_{\cdot 2 \cdot \cdot} = 268$$

$$x_{\cdot \cdot 1 \cdot} = \frac{134+188+290+320}{4} = 233, \quad x_{\cdot \cdot 2 \cdot} = 267$$

$$x_{\cdot \cdot \cdot 1} = \frac{134+242+268+320}{4} = 241, \quad x_{\cdot \cdot \cdot 2} = 259$$

按公式(9.14)算出各平方和[①]:

$$SS_{配方} = 2[(177-250)^2 + \cdots + (329-250)^2] = 27\,272$$
$$SS_{温度} = 4[(232-250)^2 + (268-250)^2] = 2\,592$$
$$SS_{压力} = 4[(233-250)^2 + (267-250)^2] = 2\,312$$

---

① 第3章中曾提到,在设计中,"区组"可以占据表中不止一列. 这时, $SS_{区组}$ 的计算要考虑所谓"交互效应列"(见后文),情况就复杂些.

$$SS_{区组} = 4[(242-250)^2 + (258-250)^2] = 648$$
$$SS_e = 32\,832 - 27\,272 - 2\,592 - 2\,312 - 648 = 8$$

前四项的自由度为水平数减 1, 即所在列的最大数字减 1, 分别为 3, 1, 1, 1. SS_e 的自由度为总自由度 8-1=7, 减去上述自由度之和, 得 1. 由此列出方差分析表 (见表 9.9).

表 9.9 例 9.4 的方差分析

项目	SS	自由度	MS	F 比	显著性
配方	27 272	3	27 272/3	1 136.33	* *
温度	2 592	1	2 592	324	*
压力	2 312	1	2 312	289	*
区组	648	1	648	81	
误差	8	1	8	—	—
总和	32 832	7	—		

本例的算法对一般正交表的情况也适用, 不需作什么修改.

还有一点要注意, 本设计有一个**空白列**(第 5 列). 若设想这列头上排有因子 A, 而按例中交代的方法算出 SS_A, 则因子 A 的两个水平试验结果的平均分别为 $(134 + 242 + 290 + 338)/4 = 251$ 和 249, 得

$$SS_A = 4[(251-250)^2 + (249-250)^2] = 8$$

恰与 $SS_e = 8$ 相同, 且 SS_e 的自由度 1 也与因子 A 所在列的自由度 $2-1=1$ 符合. 这不是一个偶然的巧合, 可以证明, **对一个完全的正交表**(见第 3 章. 用现在的话说, 即满足

行数 $-1=$ 各列自由度之和

的那种正交表)**来说, 若用该表设计时, 剩下几个列, 则 SS_e 就等于所剩各列的平方和相加, 而 SS_e 的自由度就等于所剩各列自由度之和.**

因此, 在用一张正交表安排试验时, 如需要在方差分析表中算出 F 比, 则至少应有一个空白列. 不然的话, 误差平方和 SS_e 及其自由度都为 0, 而 MS_e, F 比都无法计算了.

9.7 F 检 验

我们在前面已讲过,为了检验因子 A(或区组)对指标是否有影响,要算出该因子的 MS 与误差的 MS 之比:MS_A/MS_e.当这个值超过某一限度(与指定的检验水平有关)时,就说它达到了显著性,即判断该因子对指标有显著影响.通常,若取水平 $\alpha=0.05$ 而能使 MS_A/MS_e 超过界限,则在方差分析表中"显著性"一栏内加上一个 * 号;若对 $\alpha=0.01$ 而仍能超过界限,则加上两个 * 号.而如当 $\alpha=0.05$ 时不超过界限,则显著性栏内不做记号.这就是以上各例中,显著性一栏中各种不同记法的意义.

在谈到上述界限如何决定之前,先解释一下为什么要取 MS_A 和 MS_e 的比.我们以前曾指出:最初是算出 SS_A,它愈大,反映因子 A(A 也可以是区组)对指标的影响也愈大.由 SS_A 转化到 MS_A,只除以了一个常数,无本质变化.但是,为什么不用 MS_A 本身,而要用比值 MS_A/MS_e 呢? 这是因为 MS_A **与指标值的单位有关**.例如,指标值单位为厘米时算出的 MS_A 数值将是指标值单位改为米时所算出的 MS_A 的数值的 100^2 倍.所以孤立看这个值的大小不行.但比值 MS_A/MS_e 则与单位的取法无关.那么为什么不取比值 SS_A/SS_T 呢? 这个比值表面上看有很多优点,如它与单位取法无关,它是因子 A 在总平方和中贡献的份额,即比率.但要考虑到:① 单是这个比值不能与随机误差对 SS_T 的贡献去比较,因而就无法知道相对于随机误差的影响而言 A 的作用如何;② 如果试验中考虑的因子较多,则 SS_T 分散给各个来源,这时,即使因子 A 相对说来较重要,比值 SS_A/SS_T 也不会很高.这样,孤立地一个一个因子看,可能会认为所有的因子都不重要.

采用比值 MS_A/MS_e 就克服了这些缺点.**第一**,它把因子 A 的作用与随机误差的作用直接对比,好比把随机误差的影响(规格化为 MS_e)作为一把尺子,拿这把尺子去量别的因子的影响(当然也应规格化)MS_A.若在这个尺度上 MS_A 的值显著,则其作用显著胜过随机误差的作用，这才有实际意义．好比你与某人比谁体重重，在秤上称量结果显示，你比某人重 3 千克．但如这台秤的误差能达到 ±5 千克的幅度，则你表面上比他重的数值，还比不上随机误差可能带来的影响，因而你是否真比某人重，单凭这个结果就难说了．这里取比值 MS_A/MS_e 的意思，其实与这个简单例子并无不同．这个问题还可以从通信工程中的"信噪比"这个概念去类比．因子 A 对指标影响的存在，好比某种信号的存在，而随机误差的影响，相当于噪声．只有信号强度能压过噪声，即信噪比超过一定限度，这信号才能被检出．**第二**，如果有若干因子 $A, B, C, \cdots$，则比值之和 $MS_A/MS_e + MS_B/MS_e + \cdots$ 并不以 1 为界，故每一个的平方和是各自起作用，不受其他因子的影响．

采用比值 MS_A/MS_e 还有一个很重要的好处：在试验结果服从正态分布的条件下，这个比值作为一个随机变量（它是随机变量，因为其值取决于试验结果，而后者有随机性），有一种在统计学上称为 F 分布的简单分布，这正是把这个比值称为 F 比的原因．这个 F 分布的表达式并不复杂，但我们不在此写出了，只指出，它的密度函数的形状与第 7 章中介绍的 χ^2 分布的密度函数形状大体相似（图 7.1）．与 χ^2 分布不同的是，χ^2 分布只有一个自由度，而 MS_A/MS_e 的 F 分布有自由度 n_1, n_2，其中 n_1, n_2 分别为 MS_A 和 MS_e 的自由度（次序不能乱）．自由度为 (n_1, n_2) 的 F 分布常记为 F_{n_1, n_2}．现在就可以由这个 F 分布定出所要的界限：给定水平 α 后，从 F 分布表上查出值 $F_{n_1, n_2}(\alpha)$，它就是所要的界限．用这个界限，即当

$$MS_A/MS_e > F_{n_1, n_2}(\alpha) \qquad (9.23)$$

时，否定"因子 A 对指标无影响"的原假设，不然就不否定．照这样做，犯第一种错误（即：当因子 A 其实对指标无影响时，而判断它有影响）的概率不超过 α．检验式 (9.23) 叫作 F **检验**，因为它所依据的分布是 F 分布．

$F_{n_1, n_2}(\alpha)$ 的意义，参考图 7.3 对 $\chi_n^2(\alpha)$ 的解释，就不难理解，这个量与自由度 n_1, n_2 及指定的水平 α 都有关，故列表不易，本书附录中附了一个极简短的表，只是为了对付这里的几个例题．

我们还可以借助 F 分布,计算试验数据对于"因子 A 对指标无影响"这个原假设的拟合优度,而不一定只看界限式(9.23)决定一个截然的取舍.但这样做需要有范围大而很详细的 F 分布表,因而并非易行.

例 9.5(续例 9.1～例 9.4) 诸例中的显著性问题现可回答.

(1) 例 9.1 由表 9.1,F 比为 6.237,自由度为 $(2,9)$.查书末所附 $F_{n_1,n_2}(\alpha)$ 表,取 $\alpha=0.05$ 和 0.01,有

$$F_{2,9}(0.05)=4.26, \quad F_{2,9}(0.01)=8.02$$

故 F 比 6.237 超过了 $F_{2,9}(0.05)$ 而小于 $F_{2,9}(0.01)$.按我们前面指出的约定,因子 A 达到显著而非高度显著,只给一个 $*$ 号.

(2) 例 9.2 由表 9.2,有

品种 A 的 F 比 $= 2.58$, 自由度为 $(3,12)$

区组 I 的 F 比 $= 2.22$, 自由度为 $(4,12)$

查附表,知 $F_{3,12}(0.05)=3.49, F_{4,12}(0.05)=3.26$.二者都没有达到显著性.就是说,在 0.05 的水平上,本试验的结果没有给予足够证据表明品种不同会对产量有影响,也没有表明区组间的条件有显著差异.这意味着分区组并无必要,或者分区组的方法不成功.

当然,正如我们在第 7 章曾指出过的,当检验结果肯定"无差别"(即维持原假设)时,这不等于证明了确实无差别,只是说试验结果提供的证据不足,而这又可能与试验规模太小,随机误差的影响过大有关.

(3) 例 9.3 据表 9.7,有

配方因子的 F 比 $= 43.49$, 自由度为 $(2,2)$

原材料因子的 F 比 $= 5.99$, 自由度为 $(2,2)$

设备因子的 F 比 $= 0.015$, 自由度为 $(2,2)$

查附表,有 $F_{2,2}(0.05)=19.0, F_{2,2}(0.01)=99.0$.故这三个因子中,只有配方达到显著,但非高度显著.就是说,从试验结果看,不同配方对产品质量有显著影响,而对在试验中使用的几种原材料和设备而言,它们对质量指标影响的证据尚嫌不够.

(4) 例 9.4 与上述几例一样,由表 9.9 中的 F 比值,与查表得出的

$$F_{3,1}(0.05) = 216, \quad F_{3,1}(0.01) = 540, \quad F_{1,1}(0.05) = 161$$

比较,可看出配方因子对指标的影响达到高度显著(两个 * 号),温度、压力因子达到显著而非高度显著.区组因子未达到显著.不过,$F_{1,1}(0.10) = 39.9$.区组的 F 比 81 超过了它很多,因此可以说,区组因子"接近于"显著,就是说,分成区组做试验在抑制误差上起了一些作用.

9.8 估计问题和最优处理的选定

如果一个因子经 F 检验未达到显著性,则一般我们认为该因子无重要性.这时我们不去考虑涉及该因子的估计问题.原则上说,在以后实际使用时,可任意挑选它的一个水平.这可以挑在试验中表现最好的(即使它未达到显著性,但试验中表现最好,其优于其他水平或许更有可能一些),也可以挑一种最易得的.例如三个玉米品种甲、乙、丙,经检验,对产量无显著差别.而品种丙在本地区最易得到,就取它.

若对某因子 A 作 F 检验的结果显著,则我们认为因子 A 的各水平之间在实效上有显著差别.这不是说任一对水平之间都有显著差别,而只意味着"有些水平之间有显著差别".这时需要进一步作估计.主要有两种,通过例 9.1 来解释.

(1) 点估计 我们已算出三个品种的试验平均值分别为 379.25,360.60 和 401.33(千克/亩),此即作为各品种亩产量的点估计.若要估计两品种在产量上的差别,则相减即可.例如,甲、乙两品种亩产估计相差 $379.25 - 360.60 = 18.65$(千克).

(2) 区间估计 对一个水平,公式为

$$点估计值 \pm \frac{1}{\sqrt{r}} \sqrt{MS_e} \, t_g(\alpha) \qquad (9.24)$$

这里 r 为该水平的重复度,g 为 MS_e 的自由度,$1 - \alpha$ 为置信系数.例如,取例 9.1 中的品种甲.用公式(9.24),取 $\alpha = 0.05$,得区间估计为(注

意 $r=4, MS_e=251.846, g=9, t_9(0.05)=2.262)$

$$379.25 \pm \frac{1}{\sqrt{4}}\sqrt{251.846}\, t_9(0.05) = [359.30, 397.20]$$

即可以 95% 的可靠程度,估计用品种甲时,亩产平均在 359.30 千克到 397.20 千克之间.

对同一因子,两水平之差为

$$\text{点估计值} \pm \sqrt{\frac{1}{r_1}+\frac{1}{r_2}}\sqrt{MS_e}\, t_g(\alpha) \qquad (9.25)$$

此处 r_1, r_2 是所比较的那两个水平的重复度, $t_g(\alpha)$ 的意义同上.例如,要估计例 9.1 中的品种甲、乙平均亩产量之差.前已算得点估计为 18.65(千克/亩).又 $r_1=4, r_2=5, MS_e=251.846, g=9, t_g(0.05)=2.262$.用公式(9.25),得置信系数 0.95 的区间估计为

$$18.65 \pm 24.08 = [-5.43, 42.73]$$

这个区间包含 0.按我们在第 7 章中关于检验和区间估计关系的论述,这意味着在 $\alpha=0.05$ 的水平上,"甲、乙两品种无差别"这个原假设不能被否定.这与"品种因子对产量有显著影响"的结论(由 F 检验所得)并不矛盾,因为如我们说过的,这个结论并不意味着任两个水平之间必有显著差异.如果我们用公式(9.25)估计丙、乙之间产量的差异,则置信系数 $1-\alpha=0.95$ 的区间估计可算得为 [7.67, 73.79],都在 0 点的右边,这证实了(在 0.05 水平上)丙、乙之间存在显著差异.类似算出丙、甲之间在 0.05 水平上差异也不显著.整个结论可形象地表示为

乙　甲　丙

凡是两个字用横线连起来的,就代表无显著性,故上述图形的意思是:从表面估计看,丙最好,甲次之,乙最差.而检验结果是在 0.05 水平上,甲、乙之间,甲、丙之间,均未发现显著差异,但乙、丙之间有显著差异.

这样一种形式的统计推断,在统计学中叫**多重比较**,因为它把许多水平之间的比较放在一起来讨论.点估计、区间估计与多重比较,把由方差分析表中作出的 F 检验的结论更进一步精细化了.但上述关于

多重比较的推理中,有一个漏洞,就是我们作了三个区间估计:甲—乙、丙—乙、丙—甲,就每个区间估计孤立而言,它正确的机会都是95%,但"三者同时正确"的机会一般就会低于95%.好比在一袋中放有白球5个、红球95个,每次抽一个球,"抽出红球"的机会都是95%.但如连抽三次,则"三次全抽出红球"的机会,就不到95%.抽的次数愈多,至少碰到一个白球的机会就愈大.因此,上述图形中所包含的结论,其可靠性不到95%,到底低多少也不清楚.为使其仍保持95%的正确机会,区间估计就不能取成式(9.25)的形式,而是要更长些.统计学中给出了具体公式,这里不能细谈了.

最后考虑"选优"的问题.这个问题很简单,对已判定为显著的因子,选其试验值平均最大的那个水平.若某因子被判定为不显著,则如前所说,原则上其水平可任意挑选,但实际上,总是也取其试验值平均最大的那个水平,或根据工作上的方便去挑选.

拿例9.4来说,所考虑的三个因子都被判定为显著.若产品质量指标是愈大愈好,则根据对每因子每水平试验值平均的计算,看出配方因子应挑水平4,温度挑水平2,压力挑水平2.

9.9 交互效应

举一个简单例子来说明这个概念.设在一个关于玉米产量的试验中,考察"播种量"和"施肥量"这两个因子,指标是亩产量.播种量的不同对产量有影响,因此,播种量这个因子对指标(产量)有其效应.同样,施肥量这个因子对指标也有其效应,这是各因子单独起作用的部分.另外,还有一种效应是由于这两个因子的相互关系而来的.表现在增加施肥量对产量所起的效果与播种量有关.在播种量较大(但仍在合理的范围内)时,增加施肥量的作用大.反之,若播种量过少,则增肥所起的作用就小了.这种现象,即两因子有相互影响而使效果加强或削弱,在试验设计中称为**交互效应**.如本例,播种量与施肥量这两个因子有交互效应[①].

一个没有交互效应的理想例子是两个物件,它们的质量分别称为 a 和 b,合在一起为 $a+b$.放在一起称这个做法,并没有带来因相互关系而加强或削弱的效果.但根据自然界的普遍规律,事物之间有联系是常见的,故一般地讲,交互效应是很普遍地存在着.在实际应用中,有时交互效应不很严重,近似地可作为无交互效应处理.

由于交互效应的存在,无论在试验的设计上、试验数据的统计分析上和分析结果的解释上,都大为复杂化了,因此,本书作为一本通俗性的介绍读物,在第3章介绍试验设计和本章介绍这些试验的统计分析时,都没有考虑交互效应(即假定交互效应不存在).但为引起读者对这个问题的注意,并使我们所描绘的这幅图景更完整一些,我们在此略花一点篇幅交代一下,当交互效应存在时所引起的问题.

(1) 在设计上,无论有多少因子,多少水平,只要是做全面实施,交互效应并不引起什么麻烦.就是说,在总平方和 SS_T 的分解式中,除因子 A,B,C(假定共三个因子)的平方和 SS_A,SS_B 和 SS_C 外,还可以分解出相应于 A 与 B、B 与 C、A 与 C 的交互效应的平方和,记为 SS_{AB},SS_{BC},SS_{AC}(具体表达式不写了).误差平方和 SS_e 则由总平方和 SS_T 减去 $SS_A+SS_B+SS_C+SS_{AB}+SS_{BC}+SS_{AC}$ 得到.SS_{AB} 的自由度则等于 A,B 自由度之积,剩下 SS_e 的自由度则由总自由度 $n-1$ 减去全部 $SS_A,SS_{AB},\cdots$ 的自由度而得.对交互效应也算出 F 比 MS_{AB}/MS_e,进行 F 检验,以判定交互效应是否显著.

若设计是部分实施,则问题就复杂化了.一般地说,只有在 2^k 型和 3^k 型试验中才比较好处理,这就要用正交表,例如,2^6 型试验(6个因子,各2个水平)的 1/4 实施,有16次试验,要分4个区组进行.在 A,B,C,D,E,F 六个因子中,我们事先经过分析,认为只有 AB 和 DF 这两个交互效应可能存在.这时,取用作16次试验的 $L_{16}(2^{15})$ 正交表(这与第3章的 $L_8(2^7)$ 正交表相似,不过有16行、15列,每列由数字

[①] 与此相应,单个因子自身的效应常称为该因子的主效应.

1,2构成,适合第3章中正交表的条件).这样一个正交表附有一个**交互表**,它的作用是指出 $L_{16}(2^{15})$ 表中任两列的交互列是哪一列.设计的步骤如下.

① 先拿出任两列作为"区组".这两列同行的数字配成(1,1),(1,2),(2,1),(2,2)这四种组合,每组合有四个.凡是对应于同一组合的那4行所相应的试验,就构成一区组,共得4个区组.

但这样做时,要把所选的那两列的交互列也排除(不能排任何因子).这样,"区组"一共在表中占三列.由于每列都有一个自由度,所以共有三个自由度.这与4区组有 4−1=3 个自由度符合.

② 在剩下的12列中选两列安排因子 A 和 B,条件是:这两列的交互列不能是在构成区组时已用去的那三列.把交互效应 AB 排在交互列头上.这样,一共用去了6列,还剩9列,在其中选两列安排 D 和 F,条件与上同,这两列的交互列不能在已用去的那6列中.把交互效应 DF 排在这交互列头上,这样一共用去9列,还剩6列.在其中任挑两列放因子 C 和 E.这就完成了设计,还有4个空白列.

在写下实地做试验的16个处理时,只看排有因子 $A \sim F$ 的那6列,交互效应和区组都不看.就每行,按 $A \sim F$ 的次序,把那6列的数字写下,例如,若为(1 2 2 1 1 1),则表示在这次试验中,A,D,E,F 取水平1,B,C 取水平2.

(2) 按前面指出的方法,计算16个数据的总平方和 SS_T.又把已用的各列(包括交互和区组)的平方和都算出来(参看例9.4的算法,或看公式(9.14)).如果那列头上排的是因子 A(交互效应 AB,…),则该列的平方和即为 SS_A(SS_{AB},…).$SS_{区组}$ 是由区组所占那三列的平方和相加而得的(若只分两个区组,则区组只占一列,$SS_{区组}$ 当然就是这列的平方和).各项目的自由度依其所占列数而定:因子与交互效应为1,区组为3.

误差平方和 SS_e.可由 SS_T 减去各项目的 SS 而得.也可以把空白列的平方和都算出来,相加即得 SS_e.一般同时进行这两个计算,以核验计算是否有错(在本例中,SS_e 的自由度为4——空白列数).

经过这步工作就完成了方差分析表,可以进行 F 检验,以判定哪些因子和交互效应是显著的或不显著的.

(3) 作区间估计,多重比较,与前面讲的一样.

(4) 最后麻烦的就是选优问题.若经检验,交互效应都不显著,则可认为交互效应不存在,一切与前无异.若有些交互效应显著,如在本例中,设经检验,AB 显著而 DF 不显著,则 C,D,E,F 四个因子最佳水平的选定与以前一样.至于 A,B,则因交互效应存在,各自分别去选就不行(有可能 A,B 各自选其最好的,但组合起来就不好了.当交互效应不存在时,这种现象不会出现),而只能就 (A,B) 水平的 4 种组合 $(1,1),(1,2),(2,1),(2,2)$,分别由试验结果估计其平均值.比方说,若 $(2,1)$ 的试验结果平均值最大,则 A 取水平 2,B 取水平 1.在存在着若干个交互效应时,这种定法有时会引起矛盾.

这个复杂性是由于当交互效应存在时,因子本身的效应的意义就复杂化了.这是这套分析方法中的一个困难之点,但为回避这个问题而拒绝考虑交互效应或否认其存在,也是不恰当的.因为交互效应是客观存在的,我们可以在它不甚显著时排除它,可以想种种办法去处理它.完全不考虑交互效应,固然使统计分析简化了,使设计工作简单了,结果的解释也清楚了,但如与现实不符合,则这一切都是徒劳的.

附　　表

1. 标准正态分布简表

此表中列出的是标准正态密度曲线下 x 点左边的面积，即图中斜线画出的那块面积，且只列了 $x \geqslant 0$ 的部分。因由标准正态曲线的对称性可知，若以 $\Phi(x)$ 记上述面积，则有 $\Phi(-x) = 1 - \Phi(x)$，故 $x < 0$ 的部分可由 $x > 0$ 的部分算出。

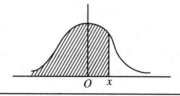

x	0.00	0.02	0.04	0.06	0.08
0.0	0.500 0	0.508 0	0.516 0	0.523 9	0.531 9
0.1	0.539 8	0.547 8	0.555 7	0.563 6	0.571 4
0.2	0.579 3	0.587 1	0.594 8	0.602 6	0.610 3
0.3	0.617 9	0.625 5	0.633 1	0.640 6	0.648 0
0.4	0.655 4	0.662 8	0.670 0	0.677 2	0.684 4
0.5	0.691 5	0.698 5	0.705 4	0.712 3	0.719 0
0.6	0.725 7	0.732 4	0.738 9	0.745 4	0.751 7
0.7	0.758 0	0.764 2	0.770 3	0.776 4	0.782 3
0.8	0.788 1	0.793 9	0.799 5	0.805 1	0.810 6
0.9	0.815 9	0.821 2	0.826 4	0.831 5	0.836 5
1.0	0.841 3	0.846 1	0.850 8	0.855 4	0.859 9
1.1	0.864 3	0.868 6	0.872 9	0.877 0	0.881 0
1.2	0.884 9	0.888 8	0.892 5	0.896 2	0.899 7
1.3	0.903 20	0.906 58	0.909 88	0.918 09	0.916 21
1.4	0.919 24	0.922 20	0.925 07	0.927 85	0.930 56

(续表)

x	0.00	0.02	0.04	0.06	0.08
1.5	0.933 19	0.935 74	0.938 22	0.940 62	0.942 95
1.6	0.945 20	0.947 38	0.949 50	0.951 54	0.953 52
1.7	0.955 43	0.957 28	0.959 07	0.960 80	0.962 46
1.8	0.964 07	0.965 62	0.967 12	0.968 56	0.969 95
1.9	0.971 28	0.972 57	0.973 81	0.975 00	0.976 15
2.0	0.977 25	0.978 31	0.979 32	0.980 30	0.981 24
2.1	0.982 14	0.983 00	0.983 82	0.984 61	0.985 37
2.2	0.986 10	0.986 79	0.987 45	0.988 09	0.988 70
2.3	0.989 28	0.989 88	0.990 36	0.990 86	0.991 34
2.4	0.991 80	0.992 24	0.992 66	0.993 05	0.993 43
2.5	0.993 79	0.994 13	0.994 46	0.994 77	0.995 06
2.6	0.995 34	0.995 60	0.995 86	0.996 09	0.996 32
2.7	0.996 53	0.996 74	0.996 93	0.997 11	0.997 28
2.8	0.997 45	0.997 60	0.997 74	0.997 88	0.998 01
2.9	0.998 13	0.998 25	0.998 36	0.998 46	0.993 56

2. 标准正态分布双侧分位数 u_α 表

(u_α 的定义见 7.7 节)

α	0.0	0.1	0.2	0.3	0.4
0.00		1.644 9	1.281 6	1.036 4	0.841 6
0.01	2.575 8	1.598 2	1.253 6	1.015 2	0.823 9
0.02	2.326 8	1.554 8	1.226 5	0.994 5	0.806 4
0.03	2.170 1	1.514 1	1.200 4	0.974 1	0.789 2
0.04	2.053 7	1.475 8	1.175 0	0.954 2	0.772 2
0.05	1.960 0	1.439 5	1.150 3	0.934 6	0.755 4
0.06	1.880 8	1.405 1	1.126 4	0.915 4	0.738 8
0.07	1.811 9	1.372 2	1.103 1	0.896 5	0.722 5
0.08	1.750 7	1.340 8	1.080 8	0.877 9	0.706 3
0.09	1.695 4	1.310 6	1.058 1	0.859 6	0.690 3

3. t 分布双侧分位数 $t_n(\alpha)$ 表

n \ α	0.1	0.05	0.02	0.01
1	6.314	12.706	31.821	63.657
2	2.920	4.303	6.965	9.925
3	2.353	3.182	4.541	5.841
4	2.132	2.776	3.747	4.604
5	2.015	2.571	3.365	4.032
6	1.943	2.447	3.143	3.707
7	1.895	2.365	2.998	3.499
8	1.860	2.306	2.896	3.355
9	1.833	2.262	2.821	3.250
10	1.812	2.228	2.764	3.169
11	1.796	2.201	2.718	3.106
12	1.782	2.179	2.681	3.055
13	1.771	2.160	2.650	3.012
14	1.761	2.145	2.624	2.977
15	1.753	2.131	2.602	2.947
16	1.746	2.120	2.583	2.921
17	1.740	2.110	2.567	2.898
18	1.734	2.101	2.552	2.878
19	1.729	2.093	3.539	2.861
20	1.725	2.086	2.528	2.845
21	1.721	2.080	2.518	2.831
22	1.717	2.074	2.508	2.819
23	1.714	2.069	2.500	2.807
24	1.711	2.064	2.492	2.797
25	1.708	2.060	2.485	2.787
26	1.706	2.056	2.479	2.779
27	1.703	2.052	2.473	2.771
28	1.701	2.048	2.467	2.763
29	1.699	2.045	2.462	2.756
30	1.697	2.042	2.457	2.750

4. χ^2分布上侧分位数 $\chi^2_n(\alpha)$ 表

n \ α	0.1	0.05	0.02	0.01
1	2.706	3.841	5.412	6.635
2	4.605	5.991	7.824	9.210
3	6.251	7.815	9.837	11.345
4	7.779	9.488	11.668	12.277
5	9.236	11.070	13.388	15.068
6	10.645	12.592	15.033	16.812
7	12.017	14.067	16.622	18.475
8	13.362	15.507	18.168	20.090
9	14.684	16.919	19.679	21.666
10	15.987	18.307	21.161	23.209
11	17.275	19.675	22.618	24.725
12	18.549	21.026	24.054	26.217
13	19.821	22.362	25.472	27.688
14	21.064	23.685	26.873	29.141
15	22.307	24.996	28.259	30.578
16	23.542	26.296	29.633	32.000
17	24.769	27.587	30.995	33.409
18	25.989	28.869	32.346	34.805
19	27.204	30.144	33.687	36.191
20	28.412	31.410	35.020	37.566
21	29.615	32.671	36.343	38.932
22	30.813	33.924	37.659	40.289
23	32.007	35.172	38.968	41.638
24	33.196	36.415	40.270	42.980
25	34.382	37.652	41.566	44.314
26	35.563	38.885	42.856	45.642
27	36.741	40.113	44.140	46.963
28	37.916	41.337	45.419	48.278
29	39.087	42.557	46.693	49.588
30	40.256	43.773	47.962	50.892

5. F 分布上侧分位数 $F_{m,n}(\alpha)$ 表 ($\alpha = 0.05$)

n \ m	1	2	3	4	5	6	7	8
1	161	200	216	225	230	234	237	239
2	18.5	19.0	19.2	19.2	19.3	19.3	19.4	19.4
3	10.1	9.55	9.28	9.12	9.01	8.94	8.89	8.85
4	7.71	6.94	6.59	6.39	6.26	6.16	6.09	6.04
5	6.61	5.79	5.41	5.19	5.05	4.95	4.88	4.82
6	5.99	5.14	4.76	4.53	4.39	4.28	4.21	4.15
7	5.59	4.74	4.35	4.12	3.97	3.87	3.79	3.73
8	5.32	4.46	4.07	3.84	3.69	3.58	3.50	3.44
9	5.12	4.26	3.86	3.63	3.48	3.37	3.29	3.23
10	4.96	4.10	3.71	3.48	3.33	3.22	3.14	3.07
11	4.84	3.98	3.59	3.36	3.20	3.09	3.01	2.95
12	4.75	3.39	3.49	3.26	3.11	3.00	2.91	2.85
13	4.67	3.81	3.41	3.18	3.03	2.92	2.83	2.77
14	4.60	3.74	3.34	3.11	2.96	2.85	2.76	2.70
15	4.54	3.68	3.29	3.06	2.90	2.79	2.71	2.64
16	4.49	3.63	3.24	3.01	2.85	2.74	2.66	2.59
17	4.45	3.59	3.20	2.96	2.81	2.70	2.61	2.55
18	4.41	3.55	3.16	2.93	2.77	2.66	2.58	2.51
19	4.38	3.52	3.13	2.90	2.74	2.63	2.54	2.48
20	4.35	3.49	3.10	2.87	2.71	2.60	2.51	2.45
21	4.32	3.47	3.07	2.84	2.68	2.57	2.49	2.42
22	4.30	3.44	3.05	2.82	2.66	2.55	2.46	2.40
23	4.28	3.42	3.03	2.80	2.64	2.53	2.44	2.37
24	4.26	3.40	3.01	2.78	2.62	2.51	2.42	2.36
25	4.24	3.39	2.99	2.76	2.60	2.49	2.40	2.34
26	4.23	3.37	2.98	2.74	2.59	2.47	2.39	2.32
27	4.21	3.35	2.96	2.73	2.57	2.46	2.37	2.31
28	4.20	3.34	2.95	2.71	2.56	2.45	2.36	2.29
29	4.18	3.33	2.93	2.70	2.55	2.43	2.35	2.28
30	4.17	3.32	2.92	2.69	2.53	2.42	2.33	2.27

6. F 分布上侧分位数 $F_{m,n}(\alpha)$ 表 ($\alpha = 0.01$)

n \ m	1	2	3	4	5	6	7	8
1	405	500	540	563	576	586	593	598
2	98.5	99.0	99.2	99.2	99.3	99.3	99.4	99.4
3	34.1	30.8	29.5	28.7	28.2	27.9	27.7	27.5
4	21.2	18.0	16.7	16.0	15.5	15.2	15.0	14.8
5	16.3	13.3	12.1	11.4	11.0	10.7	10.5	10.3
6	13.7	10.9	9.78	9.15	8.75	8.47	8.26	8.10
7	12.2	9.55	8.45	7.85	7.46	7.19	6.99	6.84
8	11.3	8.65	7.59	7.01	6.63	6.37	6.18	6.03
9	10.6	8.02	6.99	6.42	6.06	5.80	5.61	5.47
10	10.0	7.56	6.55	5.99	5.64	5.39	5.20	5.06
11	9.65	7.21	6.22	5.67	5.32	5.07	4.89	4.74
12	9.33	6.98	5.95	5.41	5.06	4.82	4.64	4.50
13	9.07	6.70	5.74	5.21	4.86	4.62	4.44	4.30
14	8.86	6.51	5.56	5.04	4.70	4.46	4.28	4.14
15	8.68	6.36	5.42	4.89	4.56	4.32	4.14	4.00
16	8.53	6.23	5.29	4.77	4.44	4.20	4.03	3.89
17	8.40	6.11	5.18	4.67	4.34	4.10	3.93	3.79
18	8.29	6.01	5.09	4.58	4.25	4.01	3.84	3.71
19	8.18	5.93	5.01	4.50	4.17	3.94	3.77	3.63
20	8.10	5.85	4.94	4.43	4.10	3.87	3.70	3.56
21	8.02	5.78	4.87	4.37	4.04	3.81	3.64	3.51
22	7.95	5.72	4.82	4.31	4.99	3.76	3.59	3.45
23	7.88	5.66	4.76	4.26	4.94	3.71	3.54	3.41
24	7.82	5.61	4.72	4.22	4.90	3.67	3.50	3.36
25	7.77	5.57	4.68	4.18	4.86	3.63	3.46	3.32
26	7.72	5.53	4.64	4.14	4.82	3.59	3.42	3.29
27	7.68	5.49	4.60	4.11	4.78	3.56	3.39	3.26
28	7.64	5.45	4.57	4.07	4.75	3.53	3.36	3.23
29	7.60	5.42	4.54	4.04	4.73	3.50	3.33	3.20
30	7.56	5.39	4.51	4.02	4.70	3.47	3.30	3.17

中国科学技术大学出版社中学数学用书

高中数学竞赛教程/严镇军　单墫　苏淳　等
中外数学竞赛/李炯生　王新茂　等
第 51—76 届莫斯科数学奥林匹克/苏淳　申强
全国历届数学高考题解集/张运筹　侯立勋
中学数学潜能开发/蒋文彬

同中学生谈排列组合/苏淳
趣味的图论问题/单墫
有趣的染色方法/苏淳
组合恒等式/史济怀
集合/冯惠愚
不定方程/单墫　余红兵
概率与期望/单墫
组合几何/单墫
算两次/单墫
几何不等式/单墫
解析几何的技巧/单墫
构造法解题/余红兵
重要不等式/蔡玉书
高等学校过渡教材读本：数学/谢盛刚
有趣的差分方程(第 2 版)/李克正　李克大
抽屉原则/常庚哲
母函数(第 2 版)/史济怀
从勾股定理谈起(第 2 版)/盛立人　严镇军
三角恒等式及其应用(第 2 版)/张运筹
三角不等式及其应用(第 2 版)/张运筹

反射与反演(第2版)/严镇军
数列与数集/朱尧辰
同中学生谈博弈/盛立人
趣味数学100题/单壿
向量几何/李乔
面积关系帮你解题(第2版)/张景中
磨光变换/常庚哲
周期数列(第2版)/曹鸿德
微微对偶不等式及其应用(第2版)/张运筹
递推数列/陈泽安
根与系数的关系及其应用(第2版)/毛鸿翔
怎样证明三角恒等式(第2版)/朱尧辰
帮你学几何(第2版)/臧龙光
帮你学集合/张景中
向量、复数与质点/彭翕成
初等数论/王慧兴
漫话数学归纳法(第4版)/苏淳
从特殊性看问题(第4版)/苏淳
凸函数与琴生不等式/黄宣国
国际数学奥林匹克240真题巧解/张运筹
Fibonacci数列/肖果能
数学奥林匹克中的智巧/田廷彦
极值问题的初等解法/朱尧辰
巧用抽屉原理/冯跃峰
统计学漫话(第2版)/陈希孺 苏淳

学数学.第1卷/李潜
学数学.第2卷/李潜
学数学.第3卷/李潜